湖南省建行学校的老师们

与湖南省建行学校的毕业生合影

出席全省建行系统先进集体先进个人表彰大会

省分行人教处的同事们

省分行营业部的同事们

省分行办公室的同事们

建设银行衡阳市分行第五届职工代表大会第一次会议暨2012年工作会

2012.03.

衡阳市分行的同事们

省分行产品创新与管理部的同事们

参加全省财贸战线学雷锋巡回演讲报告团

获得财政国库集中支付代理银行资格

开办个人外汇买卖业务

发行旅游联名龙卡

发行公积金龙卡

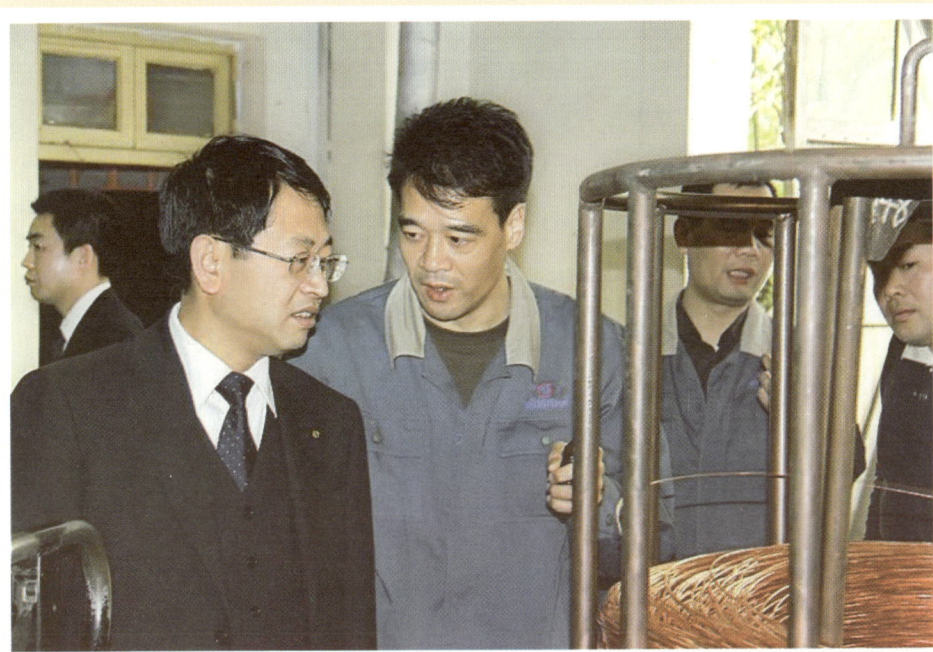

走访客户

深化客户合作

主办银企座谈会

主办银企联谊晚会

开展银政合作

召开年度工作会议

主办年度员工表彰晚会

在井冈山学习

在总行党校学习期间赴延安学习

在清华大学学习

在纽约城市大学学习

在美国银行跟岗培训

与同事们在海南三亚休假

新年团拜会

大合唱 红旗飘飘

登顶祝融峰　再创新辉煌
——建行衡阳分行第七届职工登山比赛

徒步登顶南岳祝融峰

衡阳市首届十大杰出经济人物

荣获全国金融五一劳动奖章

FENGYU XUXING

风雨徐行

李振球 著

湖南师范大学出版社

图书在版编目（CIP）数据

风雨徐行／李振球著. —长沙：湖南师范大学出版社，2017. 8
ISBN 978 - 7 - 5648 - 2962 - 9

Ⅰ. ①风…　Ⅱ. ①李…　Ⅲ. ①社会科学—文集　Ⅳ. ①C53

中国版本图书馆 CIP 数据核字（2017）第 209364 号

风雨徐行
◇李振球　著

◇责任编辑：黄道见
◇责任校对：张晓芳
◇出版发行：湖南师范大学出版社
　　　　　　地址／长沙市岳麓山　邮编／410081
　　　　　　电话／0731 - 88873070　88873071　传真／0731 - 88872636
　　　　　　网址／http：//press. hunnu. edu. cn
◇经销：湖南省新华书店
◇印刷：永清县晔盛亚胶印有限公司
◇开本：710mm×1000mm　1/16
◇印张：14. 5
◇插页：16
◇字数：262 千字
◇版次：2017 年 8 月第 1 版　2024 年 8 月第 2 次印刷
◇书号：ISBN 978 - 7 - 5648 - 2962 - 9
◇定价：58. 00 元

自　序

　　1984 年 7 月，那个阳光明媚的上午，我揣着高校毕业生报到证找建设银行报到，一路上边走边问，知道建行的人很少，到上午快下班时才找到湖南省分行——那时的省分行机关院子还是一个正在建设中的基建工地呢。

　　那年 10 月，省分行举行行庆 30 周年征文活动，我是评委之一。很多老领导、老同志深情回忆了 30 年来建设银行的发展历程和重大事件，生动描述了很多先进人物和先进事迹。建设银行前 30 年的风雨历程、那些故事和人物、那种精气神，就是以这一篇篇征文稿的形式，深深地烙在了我的脑海里。从此，那个来自偏远山区的乡里伢子，那个师范院校中文系的毕业生，在这个陌生城市，在这个陌生行业中，开始坚定地前行，去追寻一个银行人的职业梦想。

　　2014 年，建设银行成立 60 周年，我获得了总行颁发的荣誉证书："李振球同志：感谢您与建设银行风雨同舟，在建设银行服务满 30 年。为表彰您为建设银行发展做出的贡献，特颁发此证书。"

　　看着证书，我想："贡献"不好怎么说，"30 年"确是实实在在的。

　　30 年，是建设银行从国家专业银行到国有商业银行，再到国家控股、境内外上市的世界大银行的伟大跨越；是湖南省分行从没有现金业务、不太为大众所知的"账簿"银行，到银行业务指标遥遥领先于湖南银行同业、有"三湘金融领头羊"美誉且在全国建行系统内排名前列的省级分行的光辉历程。

30年，是我从省建行学校到省分行人事教育处（1991年1月），从省分行营业部（2001年11月）到省分行办公室（2003年11月），从衡阳市分行（2009年2月）到省分行产品创新与管理部（2013年4月）的一路风尘。

"创新部"会是我职业人生的终点站吗？来不及多想，建设银行转型创新的号角阵阵催人急。又一次出发了，我问自己：还记得来时的路吗？那一路的风雨坎坷、一路的激情高歌？那些困惑与坚定的、落寞与辉煌的闪亮的日子？

巧的是，创新正是我职业人生的起点。当年，作为省建行学校的语文老师，我认为中专语文教学就是要培养能说会写的实用型人才，于是开展调研、自编教材，把语文课改为了"口语"课和"建设银行应用文写作"课。也许是因为这一"创举"，我被评为全省建行系统先进工作者，后来还担任了学生科长、人事科长。1990年，我入选全省财贸战线学雷锋先进事迹巡回演讲报告团，演讲题目是高大上的"理想之路"，还有个豪迈的结尾："脚踏实地，勇于创新，让理想之路在我工作的每个岗位上延伸。"

在省分行人事教育处工作的那些年，正是建设银行几次重大转型、组织人事工作体制机制发生深刻变化的时期。在推进全员劳动合同制、党组织关系垂直管理、养老保险医疗保险社会化、人事激励约束机制改革、省市分行合并等国家和总行部署的重大改革的同时，省分行不断创新和完善各项人事制度和机制，大量储备各类专业人才和优秀管理人才，为全行发展提供了坚实的人才支持和组织保障。记不清那时我是怎样从主任科员到副处长到处长的，但从当时留下来的10来篇工作研究性文章中，还能清晰地看到建设银行在不同发展阶段组织人事工作的脉络和重点，有的文章还有一定立论高度和理论思辨色彩，如《国有商业银行组织人事工作的基本思路》、《关于国有商业银行人力资源管理制度创新的探讨》、《以人为本是建设银行人才战略的根本思想》等。这些文章的构思和写作，表明了一种工作方法和工作习惯的养成，那就是：干什么就学什么琢磨什么，并从宏观着眼从微观着手，努力寻求从实务到理论的提升和理论对实务的观照，从而形成清晰的工作思路和明确的行动路径。

在建行上市前，怀着"办出现代好银行"的梦想，我来到省分行营业部，用一年时间酝酿和制定了综合改革方案：实施机构扁平化管理，将内部机构整合为营销、结算、管理三大体系并对应实施三种考核办法，并成立 10 多个独立考核的营销团队、对各项业务和产品实行计价考核，这一做法在当时尚属首创，影响颇大，并一直沿用至今。方案的实施，重塑了营业部，我过了一把在省会城市进行经营机构体制机制改革创新之瘾。离开营业部在省分行办公室工作 5 年后，我又到了地市分行——衡阳市分行任职，这是一个让我接受全面考验、才能得到全面展示的平台。4 年多时间，衡阳分行业务指标翻番，资产质量优良，内控管理扎实，文化氛围浓厚，品牌形象提升，获得了很多荣誉。对我个人来说，聊以自慰的不是这些业绩和荣誉，而是由它们检验和证明了的我提出和实施的那些关于商业银行基层机构经营管理的思路、办法和措施。这些工作思路、办法和措施，有的是我现场的讲话，有的已见之于报刊。"员工是立行之本，客户是业务之源，合规是生命，服务是饭碗"等观点，成为我后来作为特聘教师在总行、省行举办的基层机构负责人培训班讲课的主要内容。

时光荏苒，30 年了，很多东西已随风而逝，只有这些文字，还静静地散落在尘封的岁月里，像是一路上那些错落的、或深或浅的脚印，在记忆深处偶尔闪出一线不易察觉的光亮。于是就把它们收集起来，编成了这本个人文集。

按照时序兼顾类别，文集分为五篇。第一篇是职工教育与人力资源管理类，第二篇是基层机构经营管理类，第三篇是银行产品创新与管理类。第四篇是我在人教处综合组、在办公室时发表的一些宣传报道稿，讲的是先进人物、先进事迹和建行这个光荣的团队，有了这一篇，这本个人文集似乎就不仅仅是"个人"的文集了。第五篇是其他类，或曰"感怀"类，一路走来，有沿途的风景和小情趣，有长途跋涉后的感怀和顿悟，形式上有散文、评论，还有"打油诗"，如《无尘境界》、《老婆语录》、《"治大国"与"烹小鲜"》、《我们一起走过》等。

这本个人文集不仅仅是"个人"的文集，还因为有的文章是与领导、同事合写的，并以"附件"的形式选编了同事、朋友的几篇文章和文章摘录，还选用了30多幅我所在工作团队的集体照和工作、学习、活动场景照，所以要特别致谢，感谢您一路上的帮助和扶持。一路风雨，是您，是我，是我们一起走过。

现在是农历三月，连日来一直下着雨。写完这个《自序》，明天就向出版社交稿了，心里顿觉轻松。抬头看窗外，雨停了，天边还现出了几道阳光。此时不由想起苏轼的那首《定风波》："回首向来萧瑟处，归去，也无风雨也无晴。"

2016 年 4 月 9 日于长沙韭菜园

目　录

一、职工教育与人力资源管理

二、基层机构经营管理

三、银行产品创新与管理

四、宣传报道

五、感怀

一、职工教育与人力资源管理

紧密联系专业实际
培养能说会写的投资管理人才

我校是培养固定资产投资管理人才的中等专业学校。投资管理工作要求我校毕业生具备怎样的语文知识和语文能力？怎样根据专业需要搞好学校语文教学呢？为此，在 1986 年底，我们对直接从事投资管理工作的建设银行部分省、地、县分支机构进行了书面调查和实地调查。他们充分肯定了我校语文课的重要性并对我们的工作寄予了厚望。某地区中心支行领导同志深有感触地说："语言文字工作在社会各项工作中都是极重要的，在我们建行，每个科室都离不开语言文字工作。但现在我们工作中很多情况没有用语言文字及时准确地反映出来。"这是我们调查中普遍听到的反映。而"近来从学校分配到建行工作的年轻同志，大多数语文水平低，表达能力差，远远不能适应银行工作的需要"。（湖南省投资研究所复函）因此，建行同志对我校语文教学提出了全面具体的要求和建议，使我们这次调查达到了预期的目的。

一、语文基础知识方面

某地区中心支行人教科负责同志向我们反映：有位刚毕业的中专生在其不到五百字的自传中，竟有七个错别字，三处语法错误！我们了解到，像这样的情况并不是个别的，不少年轻同志的文章中，错字、别字、不规范的简化字时有所见，标点符号不能正确运用，文章观点与材料缺乏逻辑联系，等等。因此，学校语文教学应大大加强语文基础知识的教学，从字、词、句到语法、修辞、逻辑各方面都不可忽视。

二、语文基本能力方面

在语文基本能力方面，汉字书写能力是最基本的语文能力。俗话说：

字是一块牌。在财经工作中，正确、美观、整齐、流利的书写尤其重要。建行许多领导同志反映：现在有些年轻同志书写潦草，书写基本功差，字写得好些的也"上不得壁"。因此，学校要对学生进行严格的经常性的书写基本功训练，使之养成良好的书写习惯并具备一定的书法基础。

写作能力是最重要的语文能力。调查中我们了解到：不少从学校分配到建行工作的年轻同志不太愿意动笔写作，原因是写不好，拿不出手。有的年轻同志说："几次我把写好的文稿给科长看，他总说学生味太浓了。"在学校毕业生的应用写作中，"学生腔"是一种普遍存在的现象。实际工作中的应用写作不像学校写作文那么单纯。应用写作既要简练准确、主次分明，又要考虑到事物之间复杂、微妙的关系。所以从内容的详略安排到遣词造句，都不可草率从事。而刚从学校毕业的年轻同志往往注意不到这一点。"学生腔"表现在语言上，往往追求辞藻的华丽，追求"文学色彩"，这与应用写作简练、准确、朴实的语言要求是不符的。为使学生适应工作，在学校应用写作教学中就应该让学生重视并努力克服"学生腔"。

中专学生应具备的写作能力主要是应用文体的写作能力，我校是培养投资管理专业人才的学校，建设银行是管理固定资产投资的专业银行。因此，掌握建行工作中的常用应用文体就是我校学生应用写作能力培养的主要目标。那么，哪些是建行工作中常用的应用文体呢？调查结果表明：各类公文、调查报告、工作总结和工作报告、典型材料、情况反映和情况分析、经济合同、项目评估报告、经济信息及经济论文等，是建行管理工作和业务工作中最重要、最常用的文体。调查中，各地建行还热情地为我们提供了大量范文。我校现在的应用写作教学，正是以此作为主要内容的。

当然，应用写作水平和业务水平是分不开的，一个不懂业务的人，是无法写出好的应用文来的。因此，不可孤立地为学写作而学写作。

在语文能力方面，重"文"轻"语"是中国的传统。但这次调查中我们了解到：从事投资管理工作不仅要能写，还要会说。广西分行在给我校的复函中说："口语不仅是一个人学识水平、工作能力的标志之一，而且与社会主义精神文明建设有着密切关系。所以，中专毕业生应具有一定的口语能力，即工作接洽能力、口头工作汇报能力和主持会议的能力等，并要掌握一般的交际、礼貌用语。"某地区中心支行领导同志强调说："建设银行要与建设单位、施工企业、勘探设计部门打交道，要加强横向经济联系，不断开拓新业务，要作各项有关政策的宣传，非得有一定的口语能力不可。甚至，在发生经济工作上的争执与纠纷的场合下，更需要有点辩才。"很多年轻同志也以自己的切身体会说明了口语能力的重要性。因此，口语能力是现代中专毕业生不可缺少的语文能力之一，口语能力的培养应作为学校语文教学的一个重要内容。

总之，我们这次调查的收获是全面、具体的，它对我校教学工作具有启发性和实用性意义。我们深切地感受到：社会对人才的需求是多么迫切而又严格！学校担负的责任是多么光荣而又重大！而以往的语文教学却未能满足社会的需求。因此，我校的语文教学必须改革！改革的指导思想就是：紧密联系专业实际，培养能说会写的投资管理人才。

我校是招收高中毕业生的两年制中专学校，语文课开设两个学期。本学期我们开设了口语课，颇受学生欢迎。根据调查得来的资料，我们在应用写作教学中加入了新内容和新范文，教学效果较好。配合上述内容，在教学方法和考核方式上也作了些新的尝试。课外，我们举办了几次知识讲座，组织、指导学生开展各项活动，多渠道地培养学生语文能力。为了提高师资水平，我们要求语文教师学习投资管理理论知识，并到基层实习、调查。现正准备自编学校语文教材。

我校是新办的学校，教学改革才刚刚起步，面临的困难很多。但有领导、同志们的支持和帮助，我们一定能培养出符合社会要求的合格人才来！

注：本文发表于《投资与信用研究》1987 年第 9 期，署名"湖南省建设银行学校李振球"，故文中称"我校"。

优化职工教育师资队伍的几点思考

一

党的"十三大"报告提出了"百年大计，教育为本"的战略思想，并指出："从根本上说，科技的发展、经济的振兴，乃至整个社会的进步，都取决于劳动者素质的提高和大量合格人才的培养。"现代管理理论也告诉我们：产品质量是企业所有工作质量的综合反映。产品质量决定于企业的技术素质、管理素质和职工素质，其中最关键的是企业职工素质。建设银行是管理和经营固定资产投资的国家专业银行，今后改革和发展的方向是逐步实现企业化经营，成为"自主经营、自负盈亏、自担风险"的金融经济实体。其业务范围将进一步扩大，除了要继续办好固定资产投资拨、贷款管理和施工企业财务管理等传统业务外，还要开办储蓄、租赁、咨询、房地产开发、证券交易、代理国家或企业发行债券、股票、国际金融等新业务，逐步向"一业为主，多种经营"的方向过渡。其工作要向两头延伸，从项目投资的实施，延伸到项目投资前的预测和项目投产后的管理。这就要求建设银行的每个职工在更新观念的同时，还必须具备多种专业知识和专业技能，成为一专多能的人才。人才决定着建设银行的前途和命运。

党的十一届三中全会以后，建设银行系统的职工教育出现了前所未有的好形势，其主要标志是：创建了干部教育的培训基地；建立了一支专业的师资队伍；通过电大、函大、干部专修科（班）、各类短训等多种形式，培养了一大批专业人才。职工队伍结构发生了明显变化，业务素质有了明显提高。到 1987 年底止，全行系统 10 万名职工，具有大中专学历的人员所占比例由 1980 年的 22.2% 提高到 48.34%。但是，目前建设银行系统职工队伍文化程度偏低，人才层次和专业结构不够合理的情况仍然存在。近两年来，根据业务需要，从部队转业、外系统调入等新入行的人员，约占总人数的三分之一以上，其共同点是对业务不熟悉，需要进行严格的专业培训。还有相当一部分职工，虽在建设银行工作多年，有比较丰富的实践经验，但由于文化程度偏低，对本专业一些新的知识汲取甚少，理论水平较差，需要进行系统的专业教育。随着金融体制改革的深入，建设银行职能的转换和业务的发展，相当一部分职工原来所学专业与建行的各项业务发展不相适应，需要不断更新和补充专业知识，改善知识结构。特别是金融业务基础知识普遍比较薄弱，是一个亟待解决的问题。因此，我们必须大力开展建设银行职工教育工作。

当前，经济体制改革正在逐步深入，政治体制改革已提上议事日程，干部管理制度要改革，建设银行的干部教育将进入一个新的发展时期。在这种形势下，干部教育面临的任务，我们认为，主要有以下四个：一是有步骤地开展对各类干部的岗位培训；二是按照新形势的要求，对未达到岗位规范所要求的学历的干部，继续开展学历教育；三是对专业技术人员和领导干部进行以知识更新为主要内容的继续教育；四是对新招收的干部进行普通教育后的职业教育。

任何一种教育形式都是教与学的双边活动，其中教师是起主导作用的一方。"名师出高徒"，职工教育教师队伍素质直接影响着职工教育的教学质量。所以，要进行卓有成效的职工教育，必须建立一支素质优良的教师队伍。

对教师素质的要求，必须符合职工教育的特点。我们认为，职工教育与其他教育形式比较，具有以下特点：（一）教育意义的直接性。它能"直接有效地提高劳动者和工作人员的素质，从而可以直接提高经济效益和工作效率"。（二）教学内容的实用性。教学内容必须与工作生产的实际需要紧密结合，讲求实效。其中除了知识的传授外，还要特别注意培养学员的实际"动手"能力。（三）教学对象的复杂性。学员在年龄、文化程度等方面往往彼此差别很大。（四）教学方法的灵活性。根据教学内容和教学对象的特点，干部教育应采取灵活多样的教学方法。目前各地已试行的导学式、研究式、单元教学式和设问式、答疑法、讨论法、案例法等，都是成功的经验。

职工教育的任务和特点，客观地要求职工教育教师具备如下素质：在思想素质上，必须具备教师应有的道德修养，能为人师表，热爱职工教育事业,有强烈的责任感。在业务素质上,一是要具备教育学、心理学等方面的教育基本理论知识,并不断探索、积累、总结教学经验和教学方法,二是不仅要有本专业扎实的理论水平,而且要有较强的实际工作能力和一定的工作经验,对教学内容不仅要有理性认识,而且还要有丰富的感性认识,力避"以空对实"。

二

目前,建设银行系统职工教育教师队伍基本上由专职教师和兼职教师两部分组成,兼职教师所占比例较小。专职教师主要由本系统实际工作岗位上转行的科研、管理人员和近几年从大专院校分配来的大学毕业生组成,这样的师资结构,在总体上具有一定的理论水平和较丰富的实践经验。

目前职工教育教师队伍的现状与新形势下的教学任务还存在一定差距:

(一)近几年来,一批非师范院校的毕业生充实到我行职工教育师资队伍中,他们接受了本专业的系统的理论学习,有较扎实的理论水平。但是在职工教育教师岗位上,表现出三个方面的问题:一是对教师岗位的重要性认识不足,专业思想不稳定。二是作为教师自身所需要的知识结构还有某些缺陷,缺乏教育学、心理学等方面的教育理论知识和教学方法、手段等方面的教学技能,教学中往往照搬大学课堂的教学方法。三是缺乏本专业的实际知识和实践经验,教学中往往从书本到书本,放不开,讲不活。况且,原来书本上的东西,有的已在实际工作中做了改动。上述问题的存在,给教学质量的提高带来了严重困难。

(二)在目前职工教育师资队伍中,还有相当一部分是从本系统实际工作岗位上转行的教师,他们具有较丰富的实际工作经验,有的还具有一定的理论水平,因此,他们的教学较能适应职工教育的特点。但也存在一些共同的不足,有的对教学规律和教学方法研究、探索不够,往往不能有意识地运用与教学内容相适应的方法进行教学,教学中难免单调呆板,无生气。有的缺乏从理论的高度观照具体的实践工作的能力,不能对具体的实践从理论的角度进行思考、总结和提高,因此教学中往往使学生只知其然不知其所以然。

(三)文化基础课和专业基础课是职工教育中不可忽视的部分,这些基础课的教学必须服务于职工教育的任务,必须体现职工教育的特点,在保持其本身的教育特点时，必须与专业课联系起来。但是目前基础课教师基本上不是专业院校毕业的，对于所教专业的基础知识和实际工作，可以说，他们是"门外汉"。所以专业的隔阂使基础课的教学与专业课教学之间有脱离的现象。

在兼职教师中，因各人具体情况不同，也不同程度地存在着上述情况中的一些问题。

由此看来，要提高职工教育的质量，关键在于优化教师队伍，这已是当前职工教育中一项刻不容缓的任务。

三

我们认为：建立一支正规的、完善的、相对稳定而又能合理流动的师资队伍，是我国职工教育师资队伍建设的大目标。目前，我们应在总结前几年师资队伍建设经验的基础上，进一步采取优化措施。

（一）尊重教师、关心教师，充分调动教师的积极性

职工教育的任务和特点，对教师的自身素质要求很高。因此要在业务上关心他们，鼓励他们不断地学习和提高，支持他们大胆地创新和探索。

教师的工作有不同于其他工作的特点，我们要在生活、福利待遇等方面给予应有的关心，使他们能集中精力进行教学。

只有教师积极性的提高，才有教师素质的根本提高。

（二）以更新知识为主，改善教师队伍的知识结构

现有教师队伍中，文化基础课、公共理论课教师需要学习所在学校的专业课知识，专业课教师要补充教育学、心理学等方面的知识外，也要针对知识老化，与专业发展不相适应的情况，进行本专业的知识更新。我们认为教师队伍的知识更新，可采取如下途径：一是建议部门和部门间联合创办专业性职工教育学院，或专业性师资进修班，负责在职职工教育师资的培训。二是到学术水平较高的学校进修，有针对性地进行相关学科的学习。三是通过广播、电视、函授、自学等方式，更新和改善知识结构。

（三）以丰富实践经验与实际知识为主，全面提高教师的业务素质

从事职工教育的教师，应具备较好的思想素质和一定的理论水平，而更重要的是必须具有较丰富的教学经验，特别是教育对象工作岗位的实际知识和工作经验，只有这样，才能真正贯彻理论联系实际的教学原则，才能体现职工教育的实用性原则。但是目前教师素质中最缺乏的就是这一点。我们必须通过多种渠道，采取多种办法解决这个问题，如建立学校与业务岗位之间的联系点；有计划地选派教师到基层见习或代职锻炼；组织教师根据教学需要进行社会调查；组织教师以帮助工作的形式获取信息；鼓励教师参加学术活动；组织科研活动；通过为社会提供咨询服务取得实践经验等。只有这样，才能使教师素质有一个根本性的全面提高。

（四）实行教师工作量制和民主考核相结合的制度，加强师资队伍的管理

教师的劳动以个体劳动的形式为主，因此在教师的工作管理上，应取消坐班制，实行工作量制。并适当放宽政策，对超额完成工作量的教师，给予一定的课时补助；允许满工作量的教师经过批准在校外兼课或为社会提供咨询服务。实践证明，教师工作量制是教师岗位责任制的较好形式，它能调动广大教师刻苦学习、勤奋工作的积极性。

在进一步完善教师工作量制的同时，应把竞争机制引入教学中，如建立教学质量评分制度，由学校组织学生对教师的教学质量进行全面评析，对分数高的教师予以奖励；建立与教师合格证制挂钩的教师聘用制，学校对教师的素质进行全面考核，合格者发给合格证书，并予聘用，不合格者无证书亦不予聘用，或继续培训或另行安排；建立教研奖励基金制度，学校拨出专款，对一定时期内在教学、科研活动中作出突出贡献的教师予以奖励等等。这些管理制度的建立，能有力地促进教师提高自己的业务素质。

（五）鼓励教师积极开展职工教育理论研究

职工教育尽管新中国成立初期就已开始，但全民性的职工教育毕竟是十一届三中全会以后的崭新事业，因此，大力开展职工教育理论研究是我国职工教育事业发展的需要，也是推动从事职工教育的教师提高自身素质的重要途径，教学和科研是互相促进的。

我们认为，除了学校建立有关制度鼓励教师从事职工教育理论研究外，社会和有关部门也应为此提供环境，创造条件：（一）成立多层次的研究团体，如成立全国性的、部门性的、综合性的、学科性的学术研究团体及建立校际之间的教学、科研信息网络等。现在，全国金融职工教育研究会和建设银行总行职工教育研究会都已相继成立，这将有力地推动我行的职工教育研究工作，也正符合我行职工教育教师的心愿。（二）大力开辟研究阵地。现在不少职工教育教师有心从事职工教育和教学的研究，但却为无对口合适的刊物投稿所苦。因此，随着职工教育理论研究的发展，创办理论研究刊物已是很迫切的了。

此外，对兼职教师应建立明确的聘任制度。首先，必须有明确的聘任标准。兼职教师除了应具备较丰富的实际工作经验外，还必须具备一定的专业理论水平和教学基本素质。第二，要调动兼职教师的积极性，增强其责任感。聘期以三至四年为宜，聘任期间，兼职教师除任课外，应参加学校重要的教学、科研、实习指导等活动，为教学提供实际材料，对教学及有关工作提出意见、建议。对兼职教师的聘金可设任课聘金与课外聘金两种。第三，加强对兼职教师的管理。可比照专职教师管理办法，对兼职教师的教学及有关工作进行定期考评。

总之，职工教育师资队伍的素质问题是提高职工教育教学质量的根本问题。对此，我们需要审慎地思考，要有切实可行的对策，但更需要实际行动。

注：本文作者陈晚菏 郭雄武 李振球 赵文明，由本人执笔，入编 1988 年《中国人民建设银行职工教育研究会第一届年会资料汇编》，并被中国金融职工教育研究会评为 1989 年度优秀论文。

试论朗读声音形式的具体性

朗读，是把文字语言转化为有声语言的创造性活动。但在目前的朗读实践中，比较普遍地存在着以相同相近的声音形式表现不同的文字内容的现象，刻板雷同，单调乏味。造成这种现象的一个主要原因是：对朗读的规律认识不清，缺乏声音形式的具体性。

朗读的语言单位有词、句、段、篇等层次，朗读的声音形式的具体性体现于这些不同层次的语言单位之中。

词是朗读材料的最基本单位。因为词义的同义、反义，词的感情色彩、运用场合各有不同，朗读者对词的感受和表现都应该是具体而富有个性的。如："得到母亲去世的消息，我很悲痛。"（朱德《母亲的回忆》）这个句子是由八个词组成的，按照语法关系，除虚词"的"外，每个词都可以被语法作用相同的其他词所替换。但在朗读中，其声音形式是不可互相替换的。如用读"妈妈"一词的声音形式去读"母亲"，就是不贴切的，尽管它们是等义词，但其感情色彩不同。如此替换，与全篇朴质深沉的感情基调相悖。

柯岩的《周总理，你在哪里》一诗中，"周总理"一词反复出现数次，因为它处于不同的语言环境中，处在感情发展的不同环节上，其具体的感情内涵决定了它们的声音形式有各自的具体性。

句子是表达一个相对完整的意思并有一个特定语调的语言单位。因此，朗读声音形式的具体性不仅要求不同类型的句子的声音形式不可雷同，即使是同一类型的句子，其声音形式也要求是各具个性的。如艾青的《大堰河——我的保姆》一诗中有这样一段（注：下列数码是为便于分析所加上的）：

大堰河，今天，你的乳儿是在狱里，写着一首给你的赞美诗：
①呈给你│黄土下紫色的│灵魂，│
②呈给你│拥抱过我的│直伸着的│手，│

③呈给你｜吻过我的唇，｜

④呈给你｜泥黑的温柔的｜脸颜，｜

⑤呈给你｜养育了我的｜乳房，｜

⑥呈给你的儿子们，｜我的兄弟们，｜

⑦呈给大地上一切的，｜我的大堰河般的褓姆｜和她们的儿子，｜

⑧呈给爱我如爱她自己的儿子般的，｜大堰｜河。｜

我们在这段诗中所做的语节划分表明：①③⑤句比②④句的语流速度快，因为其语节中所含音节多。这五句快慢相间，错落有致。⑥⑦⑧句中每语节所含音节逐渐增多，语流速度不断加快，最后"大堰河"一词有两个语节，语速由快而慢，使其得以突出。与语流速度相适应，在语气色彩上，①至⑤句是柔缓的，其中②④句比①③⑤句语势略高，⑥至⑧句语气色彩步步加强，表现为语势的逐渐升高。

这样处理，朗读时就可免于单调呆板，从而较准确具体地表现诗的内蕴丰富的感情韵致。

朗读实践中，我们还会碰到同一个句子反复出现的情况。如鲁迅的《记念刘和珍君》中有这样一段话：

"始终微笑的和蔼的刘和珍君确是死掉了，这是真的，有她自己的尸骸为证；沉勇而友爱的杨德群君也死掉了，有她自己的尸骸为证。"这段话中"有她自己的尸骸为证"一句反复出现两次，朗读时如果后句的语气色彩比前句稍重些，再突出句子重音的变换，那么，既表现了作者对死者悲痛之沉重，又表现了作者对卖国政府愤慨之强烈。如以相同的调子读之，就不能表现出如此丰富、深刻的内涵了。可见，相同句子的反复出现，其声音形式也是各有其具体性的。

一次完整的朗读要求朗读材料的相对完整，一篇完整的朗读材料往往包含着几个段落层次。段落层次是作者在作品中思想感情发展的阶段性的表现，各层各段都有具体的内涵。所以，朗读的声音形式也要表现其具体的内涵和情、理发展的阶段性，即把段落层次作为一个朗读单位，表现出不同于其他段落层次的具体性。同时，词、句的具体声音形式也就统一于段、层的整体性之中了。

朗读实践中往往存在这样的现象：有些人读感情激昂篇，总是一喊到底，读沉郁悱恻篇，始终声轻气弱，既无词、句的具体声音形式，也无

"这一篇"的具体的朗读效果。而不同的文字作品，因为不同作家的风格有别，写作时的心境、背景不同，其作品从内容到形式都呈现着不同的风采：朱德的《母亲的回忆》不同于朱自清的《背影》，茅盾的《白杨礼赞》不同于陶铸的《松树的风格》，就是同一作家的作品，也要注意区分各自不同的地方，如朱自清的《荷塘月色》不同于《绿》，鲁迅的《记念刘和珍君》与《为了忘却的记念》有别……因此，对于不同的朗读材料，是没有固定的声音形式可以套读的。

也许有人会产生这样的疑问：一篇朗读材料的具体、准确的声音形式是否是唯一的呢？回答是否定的。因为朗读是一项复杂的创造性活动，其声音形式难以用文字进行准确的描述。朗读的声音形式的具体性也呈现许多复杂情况，主要表现在：（一）同一篇朗读材料由不同的朗读者去朗读，其声音形式肯定会表现出各自不同的特点。（二）同一篇朗读材料由同一个朗读者在不同时间朗读，其声音形式也不可能是完全相同的。这是由于：不同的朗读者因各人生活经历、文化艺术修养、性格、情趣的不同，对同一作品的理解和感受是不可能一致的。作为把文字语言转化为有声语言的创造性活动，它允许朗读者在真实地表现原作的同时，融合和渗透着朗读者本人的思想和情感以及时代的精神和气息，并且只有这样，朗读才能获得成功。朗读不是"照相机"，不是"传声筒"，而是一种艺术创造。因此，许多经典作品，是常读常新、经久不衰的。甚至，朗读实践中还会出现这样的现象：一篇作品经过造诣颇深的朗读者出色的朗读，其意义和内涵因之得到了深化和丰富。这就要求朗读者在主观上力求深刻地理解作品，表现出自己独特的感受和体验。因此，朗读材料的具体的声音形式也就因人而异了。同时，对于朗读者来说，他的思想、情感、修养、朗读技巧等影响朗读的各种因素，是在不断变化的。何况，朗读的创造性要求朗读者的每一次朗读都是一次创造。因此，同一篇朗读材料由同一朗读者在不同时候朗读，其声音形式之不同也是必然的。以上情况说明，朗读的具体声音形式不应该也不可能是唯一的、僵化的。朗读声音形式的具体性既是真实、准确的，又是灵活、生动的。唯其如此，才使这一规律成为具体可感、亲切可学的东西。

我们遵循朗读声音形式的具体性这一规律，在"感受→理解→体验→表达"的朗读过程中，对朗读材料在重音、停顿、语气、节奏等方面进行具体的处理，找到了具体的声音形式，是否就一定能取得好的朗读效果呢？如果这些具体的声音形式和技巧脱离了原作内容的要求，朗读者又未真正具备进行艺术创造的饱满的精神状态，那么，朗读技巧再高超，朗读效果却也可能是很糟糕的。因此，要真正掌握朗读声音形式的具体性，首先要明确：朗读材料的具体声音形式是以对原作的深刻理解和感受为基础的，若"声与意不相谐"（沈括《梦溪笔谈》），则"强哭者虽悲不哀，强怒者虽严不威，强亲者虽笑不和"（《庄子浅注·渔父三十一》）。其次，对原作深刻理解和感受的结果是使朗读者进入朗读创造的精神境界中去。清代戏剧理论家李渔说得好："言者，心之声也，欲代此人立言，先代此人立心。若非梦往神游，何谓设身处地？……务使心曲隐微，随口唾出。"（《李笠翁曲话》）而这种精神境界即表现为朗读者饱满的气息状态。在这种状态中，朗读的具体、准确的声音形式便可水到渠成，"随口唾出"，达到"清水出芙蓉，天然去雕饰"的境界。

朗读的气息状态，指用饱满的情感和强烈的思想浸润着的气息的深浅、长短、强弱、聚放的一定运动状态。它与感情、声音形式三者的关系，正如马宗霍先生所说："气由感动，声随气发，盈亏消长，莫知其极。"（《音韵学通论》）也就是说，气息状态是朗读者对作品的深刻理解和感受的必然体验，声音由这种气息催发而自然发出。它贯穿朗读的整个表达过程中，支撑各具体的声音形成，把声音形式与思想感情融合为形神兼备的整体，它把朗读者的感受传达给听众，表现出一种摄人心魂的气韵，造成强烈的艺术感染力。它是朗读走向深化的入口处。

为使朗读声音形式的具体性见之于具体，我们试以朱自清的《荷塘月色》第一段为例略作分析。这篇作品写于 1927 年 7 月，作者描绘的是轻纱般掩映下的如诗如画的荷香月色，反映的是旧时代知识分子不满黑暗政治而又找不到出路、只求"片刻的逍遥"的超脱而又无法超脱的复杂、微妙的心思。全文的情调乃一"淡"字：淡淡的忧愁，淡淡的喜悦。朗读时基本语气色彩是徐缓平和的，忧而不伤，喜乐适度。这样才有不同于其他篇的具体的声音形式。

《荷塘月色》是以空间顺序的变换来表露内在情思的流动的。因此，朗读的声音形式既要表现文章中空间位置的变换，更要表现作者感情层次的发展。据此，我们就不难把握第一段的具体声音形式了。

"①这几天^心里颇不宁静。②今晚在院子里坐着乘凉，③忽然想起^日日走过的荷塘，④在这满月的光里，⑤总该^另有一番样子吧。⑥月亮^渐渐地升高了，⑦墙外马路上孩子们的欢笑，已经听不见了，⑧妻在房里拍着闰儿，⑨迷迷糊糊地哼着眠歌，⑩我悄悄地披上大衫，⑪带上门^出去。"

文章首句看似平常，却含蓄地道出全篇"文眼"，内涵丰富。朗读时语气应是沉缓的，"这几天"后停顿片刻（不换气），"宁静"一词时值略长，以示突出。第二句语意转折，不言为何不宁静，而言怎样才可宁静，于是想起了荷塘，心情便由淡淡的愁闷转而为一丝喜悦和向往，朗读时要注意语气的转换。②是语气的过渡，从③起，语势升高，"荷塘"是重音，④句比③句稍低，为下句作铺垫，"光"字是重音，⑤句语势比②③④高，"另"是最高点：这"另有一番样子"的荷塘，大概就是作者心中寻觅的宁静的境地吧。这样处理，便与首句形成对比和照应，同时引起下文。

⑥至⑨句写月亮渐高，万物皆静。语势低平，但语流在低平中亦有波动："月亮"句与"墙外"句一渐高一渐低，表现在句尾的"升高了"和"听不见了"的重音字的调值的区别以及朗读者对其感受与表现的不同。末句的语势与前句在同一层面上波动，"悄悄"应略加突出，以照应静。"出去"二字以其前停顿和延长时值稍加突出，语势比前句句尾低，这样既归结此段，又突出了行文线索，承启下文。

总之，朗读作为把文字语言转化为有声语言的创造性活动，给朗读声音形式的具体性赋予了两个互相对立而又紧密相连的意义：一、真实性、准确性。它要求朗读忠实于原作，这是朗读的本质所在，否则就不成其为朗读。二、创造性、灵活性。它允许朗读声音形式因人因时而异，这是朗读的生命所在，否则，朗读只不过是僵化的声音模式。这二者又统一于声音形式的具体性，即：被灌注着朗读者饱满的气息状态的声音形式融为一体。由此而发出的具体、准确、灵活、生动的有声语言，乃是真正的朗读。

注：本文发表于《湖南师范大学社会科学学报》1987 年第 7 期。

理想之路

诗人说：

理想是石，敲出星星之火，

理想是火，点燃熄灭的灯，

理想是灯，照亮夜行的路，

理想是路，引你走向黎明！

是的，是理想之灯，照亮着我的人生之路，但我在寻找理想的路上，却经历了几个曲折。

1984 年 7 月，我从湖南师大中文系毕业，立志要在中学语文教学中，开辟一条口语教学的新路子。但是，却分配在省建行干校当干训班班主任，想我堂堂本科生，怎能屈尊人下，干些杂活呢？后来安排我教应用文，大学里学的都是语言文学的阳春白雪，根本没想到要教这些枯燥乏味的下里巴人的应用文！怎么办？还是走我自己的理想之路吧。我联系了长沙市一所重点中学，听了我的试讲，中学校长握着我的手说："你随时来，我们随时欢迎。"但是，建行干校当时正在筹建中专，对我这唯一的语文老师，硬是不放。

调不了，我就另想办法。1986 年我报考了研究生。有一天，老校长找我做工作了："小李啊，你是个有理想、想干事业的青年，如果把你的理想与现在的语文教学结合起来，为建行培养出高质量的人才来，同样可以干出一番事业啊！"

老校长的话，语重心长。我思考着，不让走就不走吧，也难得您这份挽留之心，那就且干且说吧。

1986 年底我对学校语文教学进行了一次全面调查，向建行省内外基层机构发出了《关于征求对我校语文教学的意见和建议的函》160 多份。寒假期间，我又到了建行 8 个地、县支行进行实地调查。摆在我面前的现实是：近几年毕业的大中专学生语文素质普遍偏低，站出来讲几句话，面红耳赤，结结巴巴，写篇调查报告，漏洞不少，给工作带来不少影响。基层行的同志们恳切地要求说：大中专学校要培养既懂专业、又能说会写的实用型人才！

就是这次调查，还有老校长的那一席话，解开了我思想上的疙瘩，点燃了我理想的火花：理想之路，不在书本上，不在脑子里，它就在我的脚下！

从 1987 年上学期开始，我打破原有教材体系，开设了口语课和投资管理应用文写作课，从教材的编写、教学方法、考核方式等各方面进行全面改革，取得了学校师生一致公认的教学效果，我还完成了近 40 万字的《口语教程》和《投资管理应用文写作》两种教材的初稿，发表了 3 篇论文，从而使我校的语文教学改革走在了全国建行行属学校教学改革的前列。在我苦苦寻觅的理想之路上，终于出现了第一道希望的曙光！

但是，生活的航船，却把我带到了另一条航道。1988 年 7 月，学校要我担任学生科主要负责人，负责全校学生管理工作。虽说提了个副科级，但我却很不情愿，因为我的志趣是做学问，并且刚刚找对了路子，不想搞行政。再说，当时的学生管理工作难度相当大。但是当人生的挑战和组织的重托同时向你走来时，你能够回避吗？理想的花朵，难道就只能在一根藤上结出果实吗？于是，我又抖擞精神，在学生管理岗位上披挂上阵了。

针对当时学生管理的现状，经过分析总结研究，我提出了学生管理的工作思路：强化制度管理的同时，推行学生自我管理，并做到两者有机结合。我主持制定了《湖南省建行学校学生奖惩条例》、《奖学金评定细则》、《班主任工作职责》、《学代会章程》等学生管理的系列制度。同时我组织学生通过竞聘产生班委会、学生会，指导学生自己教育自己，自己管理自己。通过种种努力和探索，学生管理工作在较短时间内，出现了井然有序又生动活泼的局面。

在此期间，我突出的感觉就是累，太累了！我既当学生科长，又任团委书记，还兼两个班的语文课、一个班的班主任。累一点，倒算不了什么，最难受的是不被人理解，还要听人闲言。有人对我说："你人累得鬼一样，工资没加一分，奖金没多一文，这个科长有什么当的！"这个时候，我真想躺下去睡他个十天半月，管他天塌也好，地陷也好。

但是有这样一件事情叫我至今难忘。那次我找一个学生干部谈话，他问我："李老师，看得出你很疲倦是吗？"我说："是啊。""你真正的疲倦不是身体疲倦，而是心理疲倦。"他说，"在别人不理解你的时候，不要强求别人理解。"轻轻的一句话，深深地打动了我：连自己教育的学生都能理解自己，我还奢求什么呢？还有什么不能付出呢？

理想，不是时髦语，不是装饰品，它是一种奉献，是一种牺牲！理想之路，不是想出来的，不是说出来的，是用汗水和心血铺成的！

1988 年，学生科被评为全省建行系统先进集体。1989 年 12 月，我参加了在北京召开的全国建行行属学校工作座谈会，我校学生管理工作的经验，得到总行教育部门领导的充分肯定，会后，不少学校还派人专程来我校学习。

从北京回来后的第三天，党委负责同志找我谈话："人事科长调离学校，党委决定你到人事科负责，明天办理交接手续。"生活的航船又一次转向更加艰难的航道！这，太快，太突然了！这时，领导鼓励我说："大学生、年轻人、共产党员，怕什么？大胆地干！"共产党员？是啊，我已经是一名共产党员了！一种庄严的情感从我心里升腾起来，我爽快地回答说："好，我干！"

就这样，在党的召唤下，我将理想的道路，向人事管理的岗位上拓展、延伸！

为了尽快进入新的角色，我较快地掌握了学校每个教职工的基本情况，一有时间，就翻阅人事工作手册，熟悉有关政策、规定。一年来，在学校党委的领导下，我带领全科同志，完成了全校 94 名职工的工资普调，为 38 名教职工评定了技术职称，还积极关心和解决职工夫妻分居、子女就业等实际困难。为加强学校管理，我起草和修订了《教职工奖惩办法》、《关于加强劳动纪律管理的规定》、《职工奖金评定发放办法》等规章制度。而所做的这一切，都是那么平平淡淡、默默无闻，没有鲜花，也没有掌声。但是，党的政策，社会主义的温暖，通过我的双手，送到了每个职工的心里。这，不正是一个人事干部的理想和追求吗？

现在，我作为一名省分行人事干部在这里演讲的时候，生活之路已是第四次转折，也许，还会有第五次、第六次。但是，不管生活的航船驶向何方，它绝不会改变我理想的航线，那就是：脚踏实地，勇于创新，让理想之路在我工作的每个岗位上延伸！

注：此稿是本人参加 1990 年湖南省财贸战线"学雷锋巡回演讲报告团"在全省巡回演讲，并获 1991 年湖南省建行系统"讲理想、比奉献、爱行爱岗"演讲比赛一等奖的讲稿。入编中国财政经济出版社 1991 年出版的《金融写作指要》。

建设银行职工队伍建设刍议

一、建设银行职工队伍的历史考察和现实社会背景分析

建设银行在 1954 年成立以后的 30 多年历史中，曾两度撤销，又两度恢复。建设银行职工队伍与建设银行的发展变化息息相通，是一支经历了历史坎坷的职工队伍。正是这支队伍，从一诞生起，他们就肩负着管理国家基本建设资金的重任。"哪里有建设，哪里就有建设银行"，这是建设银行机构设置和人员分布的突出特色。他们长期奋斗在国家重点建设第一线，保证资金供应，监督资金使用，节约建设资金，为国家经济建设作出了重要贡献。

当前，我国正按照党的"一个中心，两个基本点"的基本路线，进行着一场前所未有的深刻的社会变革。在新的社会背景下，建设银行职工队伍面临着一系列崭新的课题。一是面临着业务大发展的挑战。随着经济管理体制度的改革，建设银行从单一管理财政资金，办理国家基本建设拨款的银行，逐步发展成为以经营中长期业务为主，既管理国家财政建设资金，又经营银行业务，既办理信贷业务，又进行直接投资，既经营国内业务，又办理国际业务的综合性、多功能银行。建设银行职工队伍的业务素质、业务技能能否适应建设银行业务发展的需要？这是一次挑战！并且，随着社会主义商品经济的发展，市场资金的活跃，各专业银行之间的竞争也日趋激烈，更增加了这次挑战的严肃性。二是经受着改革开放的考验。随着改革开放的不断深入，人们在打开视野、更新观念的同时，也经受着各种西方思潮地强烈冲击，特别是资本主义的享乐主义、金钱至上和政治多元化、思想自由化等腐朽和反动思想，以"和平演变"为目的，乘机向我国"输出"和渗透，这对社会主义企业的每个职工都是一次考验。而对于管理国家固定资产投资，直接与金钱打交道的建设银行职工来说，这种考验显

得尤为严峻。三是肩负着跨世纪的重任。在跨入 21 世纪的这十年期间，我国要完成第二步发展战略，使人民生活达到小康水平，任务是艰巨的。建设银行的职责和地位，决定了建设银行职工队伍在跨世纪的十年中肩负着重大的历史责任。同时，现代化建设的社会主义性质，确定了他们还必然肩负着搞好自身建设，做新世纪新人的历史重任。

二、湖南省建设银行系统职工队伍现状分析

改革开放以来特别是"七五"计划期间，湖南建行职工队伍发生了很大变化。一是队伍迅速扩大，人员成倍增长，职工人数由 1986 年末的 2865 人，增加到 1990 年末的 8848 人。二是新增人员多，成分更新快。部分基层行处几乎是清一色的新增职工。三是素质有所提高。按 1990 年末的统计，湖南建行职工中具有中专以上文化的占 50.3%，党、团员占 71.7%，专业技术人员占 79%。四是青年职工比重大。1990 年末，湖南建行职工中 35 岁以下的青年职工占 85%。

这支职工队伍，一方面，他们继承和发扬了建设银行职工队伍的优良传统，同时，在新形势下，又展现出了新的主人翁风貌，涌现了如李予祜、黄祖美、彭冬元、罗兰英、谭建辉等一大批先进人物，为建设银行的自身发展和社会主义经济建设做出了重要贡献。

但是必须清醒地看到，这支队伍在总体素质上还存在诸多不足之处，表现在：有的职工缺乏理想信念，革命事业心淡薄，贪图个人享受，工作怕苦怕累；有的职工对资本主义腐朽思想缺乏应有的警惕，极少数人发展到见利忘义、以权谋私、行贿受贿、贪污腐化，甚至内外勾结，诈骗和侵吞国家资金；有的职工道德败坏，染上了赌博、嫖娼的恶习，从而诱发经济犯罪；有的职工不熟悉本岗位的工作流程和基本规章制度，以致违章操作、盲目行事等等。近年来，湖南建行经济案件屡有发生，逾期贷款居高不下，不能不说，这与职工队伍政治、业务素质较低是密切相关的。

造成这些现象的主要原因，一是新增人员多。新招收的干部、工人及储蓄岗位上的临时工在新增人员中占有相当大的比例，他们中的相当一部分，政治、业务素质相对偏低；另外，一部分调入人员中"关系户"较多，个别人入行不久就出现问题。二是结构不合理。从年龄结构看，青年职工比重过大，他们出生在"文革"时期，成长在改革开放年代，思想接触面

较广，而学校教育又以升学、就业为主要目标，缺乏有效的政治思想教育，造成他们政治素质较低。湖南建行 1991 年上半年 14 起案件涉及的 19 人中，12 人是 30 岁以下的青年职工。另外，临时工所占比重较大，1990 年末，湖南建行临时工占全行职工 19.2%，这在内部管理中是职工思想和工作情绪不稳定的原因，在资金管理方面存在潜在的不安全因素。三是忽视思想政治工作，内部管理滞后。一个时期以来，受"政治淡化论"的影响，某些行严重存在着"一手硬，一手软"的现象，重业务，轻思想，重发展，轻管理，对业务一线和重要岗位的职工缺乏有效的思想教育，对新增人员缺乏必要的入行教育。有的行内部管理松懈，正不压邪，甚至良莠不分。在职工业务培训上，也存在重学历教育，轻岗位培训的倾向。

综上所述，值此两个"十年"（建设银行业务与职工队伍大发展的十年和实现第二步战略目标的十年）转换的历史时期，加强建设银行职工队伍建设，已成为历史和现实的必然。

三、加强建设银行职工队伍建设的建议

我们认为：职工队伍建设，要本着肯定主流，正视不足，注重教育，健全制度，立足现实，着眼长远的原则来进行。据此，我们提出如下建议：

一要认真抓好思想政治工作，切实提高职工队伍的政治素质。要坚持不懈地进行四项基本原则教育，增强干部职工反"和平演变"的意识和抵制各种腐朽、反动思想侵蚀的能力；要切实加强党纪国法、行纪行规和组织观念的教育，增强干部职工的法纪观念；要继续深入进行"四爱"、"四职"教育，继承和发扬建设银行艰苦创业的优良传统，培养和树立建设银行精神。要针对基层行业务第一线的广大青年职工，加强思想政治工作的有效性。

二要健全和落实职工队伍管理的规章制度。首先，要坚持党管干部的原则，调入人员必须由行党组集体讨论决定，并实行考核、考试制度，严格把好进人质量关。同时，通过清理，压缩计划外用工，控制工人调入，逐渐改善队伍结构。对现有临时工要切实落实"三保"制度。第二，建立对要害部位干部职工的定期考核制度和岗位轮换制度，对那些有劣迹而又表现不好的职工，要坚决调离；对业务素质差，工作表现又不好的职工，要进行离岗培训，培训期间停发奖金，并自缴培训费；同时，实行要害部

门岗位轮换制度，每3~5年轮换一次，要把那些思想好、奉公守法、清正廉洁、工作责任心强的同志调整到要害部门工作。第三，健全和实施业务培训制度，切实提高全行系统职工队伍的业务素质。要实施岗位培训制度，做到先培训，后上岗，培训不合格不上岗；要抓紧抓好岗位达标升级制度的实施，使之与岗位培训制度连贯配套。

三要切实加强领导班子建设。什么样的领导班子带出什么样的职工队伍，加强领导班子建设是搞好职工队伍建设的关键。目前，要抓好对各行各级领导班子的考察和调整，同时，必须加强对各级领导干部的教育，建立领导干部教育培训机制，保证各级建设银行的领导权牢牢地掌握在忠于马克思主义者的手里。当前，要着重加强对各级领导干部的马列主义基本理论教育、党性教育、民主集中制原则教育、模范带头作用的教育，加强组织管理方面的知识培训，并着手研究和建立自我教育与组织、群众教育相结合，行系统教育与当地党组织教育相结合，政治思想教育与业务培训相结合的领导干部教育体系。此外，还应认真执行干部交流制度，加强后备干部的培养。

当前，全国金融系统正在开展全面的教育清理整顿活动，这次活动的开展，将会使建设银行职工队伍的整体素质提高到一个新的水平。但是，职工队伍建设是一项长期而艰巨的工作，必须把它作为建设银行事业发展的重要任务之一，常抓不懈。我们相信，建设银行职工队伍一定能出色地承担起祖国赋予的历史使命。

注：本文作者廖金华、李振球，发表于《投资与信用研究》1991年第12期。

当前思想政治工作中的 "误区"

当前，深化改革、扩大开放中的思想政治工作，必须走出三大误区：

"温变意识" 的误区。有人认为，思想政治工作是随着政治气候的变化而变化的，现在经济建设又进入新的高潮，思想政治工作该 "冷" 下来了。这可以说是一种 "温变意识"。要走出这个误区，就要全面贯彻党的基本路线，帮助人们认清形势，解放思想，把握机遇，敢闯敢干，使我国经济再上一个新台阶。要最大限度地调动广大职工的积极性和创造性，做好化解矛盾、协调关系、理顺情绪等工作，使广大职工真正成为改革事业的主人；要打击各种犯罪活动，加强精神文明建设，为我国经济建设和改革开放创造稳定的政治环境和社会环境。可见思想政治工作任务十分艰巨，绝不是该 "冷" 的时候。

形式主义的误区。形式主义也是思想政治工作的一大误区，它的危害是造成群众的逆反心理，影响党的思想政治工作的声誉。走出这个误区，就要在 "实" 字上下工夫，了解实情，掌握广大职工的所思所想，所乐所忧，紧紧围绕经济建设这个中心，抓到实处，把思想政治工作落实到经济建设上，落实到业务工作中，讲求实效，以解决实际问题为目的，不做官样文章。

相互脱节的误区。思想政治工作与人们的实践活动脱节的现象依然存在，表现在一是思想政治工作与业务工作各顾各；二是只做职工思想工作，不注重解决职工实际问题，或在解决职工实际问题过程中，不注重做思想工作；三是作为思想政治工作的主体，有的党员和领导干部不能以身作则，言行不一，身份与行动相背离，在群众中造成消极影响，抵消了思想政治工作的作用。要走出这个误区，就须在 "结合" 上做文章。

注：本文发表于《湖南日报》1992 年 10 月 1 日第 3 版。

拓宽选人渠道　优化内部结构

——湖南省建行系统公开选调业务人员情况及思考

从 1992 年 6 月以来，湖南省建行机关和部分地市行突破传统的选人方式，拓宽渠道，面向社会，公开选调业务人员。电力、铁道、株洲、衡阳、湘潭、常德、长沙、郴州共 8 个地市行和专业支行、9 个用人单位（包括省行）先后 13 次对外公开选调，选调专业包括财会、信贷、股票、国际金融、计算机软、硬件、房地产经营、工民建和工程预决算审查等 9 个专业。全行共从 1100 多名应试者中，选调了 171 名业务骨干，在全省建行系统内外产生了较大影响，对改革全行人事制度，促进全行业务发展具有重要意义。

一、基本思路

所谓公开选调，就是用人单位报经当地人才交流中心批准，向社会公布选调人员的专业要求及年龄、文化程度、专业工作年限等条件，经笔试、面试、体检、政审，从中选拔优秀人才，通过正式商调手续调入用人单位。我们采取这种措施，主要出于以下三种考虑：

一是主动适应社会主义市场经济体制下的市场竞争规律。市场的竞争关键是人才的竞争。建设银行的决策者们深刻认识到：人才乃建行发展之执牛耳者，谁抓住了人才这个关键，谁就会在竞争中占据主动。在建行事业迅速发展，社会声誉不断提高之际，大量吸收一批专业人才，为以后的竞争和发展蓄足后劲，这不失为颇具远见的决策。

二是建设银行业务发展的迫切需要。去年以来，全行系统国际金融、证券、房地产等业务亟待发展；金融手段的现代化，使计算机的应用与开发迫在眉睫。没有人才，万事无从谈起，大批量、高质量地引进专业人才，已成为建行业务发展的急需。

三是改革人事制度，优化职工队伍内部结构的需要。实行公开选调，既可以克服长期以来人员调入靠内部推荐带来的种种弊端，保证调入人员的素质，又可适应人才进入市场的大趋势，把竞争机制引入人事制度改革中，有利于提高职工队伍整体素质。

二、主要做法

公开选调是件新事物，各单位都是在摸索中进行的，具体方法、程序不尽相同，但主要做法是基本一致的。

（一）做好选调准备

1. 制定选调章程。章程包括选调的目的、原则、计划、标准、程序等内容。进行公开选调的各单位，都以"公开、平等、竞争、择优"为原则，以德才兼备为标准，并具体规定了选调人员的年龄限制、文化程度、专业工作年限及应达到的专业水平。选调计划包括选调的专业范围、人数及地域范围和选调时间。章程由人事部门拟写，单位党组研究审定。

2. 向当地人才交流服务中心办理报批手续。

3. 组织选调工作班子。由单位党组成员和有关科（处）室负责人组成选调工作领导小组，负责整个选调工作的领导和决策。领导小组下设办公室，由人事部门和有关业务部门组成，负责组织和承办选调的各项具体工作。

4. 拟定选调工作的具体步骤和程序。

5. 联系刊、播选调广告。

（二）严格选调程序

1. 报名登记。对报名者进行严格的资格审查，查验工作证、身份证、学历证明、专业技术职称证书等，并对报名者的仪表气质、言谈举止进行初步审查，合格者方允许报名。

2. 笔试。主要测试应试者的专业基础知识及理解分析能力，采取闭卷形式进行。笔试结束后，按考号公布成绩，从高分到低分确定面试对象。

3. 面试。主要测试应试者的知识面、反映判断能力、语言表达能力及对其仪表气质进行评价。面试按以下程序进行：首先自我介绍，应试者简介个人情况及参加选调的理由；再抽签答题，应试者通过抽签，在规定时间内回答 3~5 个必答题；再由评委即兴提问，评委可视情况从更高、更难的角度对面试者提出问题；最后由评委按面试记分项目计分。面试评委一般由特邀专家、中级以上专业技术干部、人事部门和行政领导组成。

4. 体检。对面试合格者集中组织体格检查，对有慢性、传染性疾病者不予录用。

5. 政审考察。对体检合格者，由人事部门和用人部门联合进行考察，通过查阅人事档案，向所在单位领导和同事了解其现实表现，包括一贯的政治立场、思想作风、工作态度、业务能力、工作成绩、人际关系、脾气性格、身体状况及家庭情况等，并写出考察材料。

6. 商调。选调对象确定后，由用人单位向选调对象所在单位商调，办理正式调动手续。

（三）坚持选调原则

1. 坚持"公开"原则。选调单位基本做到了"四公开"，即公开报名条件，公开录取办法，公开考试成绩，公开录取名单。整个选调工作由党组集体领导，又处在选调人员和单位群众的双重监督之下。

2. 坚持"平等"原则。选调单位在公开选调期间，凡申请调入人员，不管是谁推荐的，一律参加考试，按成绩和条件决定是否录用。

3. 坚持"竞争"原则。为保证竞争的公正性，各选调单位严明纪律、严密组织。笔试从出卷、印卷到阅卷、统分，一律封闭式进行；面试题亦严格保密；体检由单位集中组织，事先不透露体检医院。

4. 坚持"择优"原则。各选调单位做到必须是笔试、面试成绩优秀，体检、政审合格者才确定为选调对象，决不搞照顾、凑合。从报名开始，经笔试、面试、体检、政审各关逐级淘汰，被录用者乃是优中之优者。

经过严格筛选，全行系统 9 个用人单位从 1100 多名应试者中，择优确定了 204 名选调对象，现已到位 171 人，其中硕士研究生 14 人，大学本科毕业的 90 人，大专毕业的 67 人；具有中级专业技术职务的 42 人；正副科级干部 28 人；党员 38 人。

三、效果和意义

1. 提高了建设银行的社会知名度。自去年以来，全省建行半数以上的地市行，省会长沙的各单位通过报纸、广播、电视等新闻媒体，刊播公开选调业务人员广告，影响遍及社会各阶层。据统计，要求报名者超过实际应试人数一倍有余，其中有身居地厅级要职的高级官员，有腰缠万贯的个体经营者，有在深圳、海南等地工作的三资企业职员，有大学应届毕业生和已批准转业的部队军人。公开选调业务人员，是对建设银行的一次大宣传，大大提高了全行的社会知名度，树立了良好的社会形象。

2. 增强了与金融同业竞争的实力。一方面，通过公开选调工作形成的良好的社会知名度，本身就已成为一种竞争优势。更重要的是：选调入行的业务人员在数量和素质两方面大大缓解了目前全行业务开拓与发展的急需，选调人员入行后很快成为业务骨干。电力专业支行选调的一名业务干部入行3个月之内揽存5000多万元。去年全省建行存款增长幅度达57%，居全省各商业银行首位。

3. 深化了人事制度改革。面向社会公开选调业务人员，打破了传统的人事调配旧框框，初步消除了长期困扰人事调配工作的某些弊端，适应了社会主义市场机制的大趋势，把竞争机制引入到了人事工作中。这对于人事制度改革的进一步深化，加强全行职工队伍建设，提高职工队伍整体素质，都具有重要意义。

四、几点思考

1. 关于公开选调与人才市场。我省建行系统的公开选调工作，是在我国人才市场初步建立的条件下，经过当地人才交流服务中心批准，按照国家有关人才流动的制度和规定进行的。可以说，我行系统公开选调工作的成功，得益于社会主义人才市场机制的建立。但是，在选调工作中，我们又切实感受到人才市场化还仅仅是初步的，人才行业所有、部门所有的现象依然存在。由于这种原因，全行确定的204名选调对象中，还有33名不能到位。换个角度来考虑，对我行系统的人才外流，我们也有限制措施。因此，人才市场的建立和完善，全社会都要做出努力，并且，随着社会主义市场机制的建立和完善，要想得益于市场，首先就得投身于市场，接受市场的考验。

2. 关于公开选调与内部人事制度改革。公开选调业务人员，是在全行系统自去年以来进一步完善干部聘任制、进行机构改革、优化劳动组合和试行效益工资制等一系列人事改革措施相继实施的同时进行的，是全行系统人事制度改革的重要内容之一。从实施公开选调的几个行的情况看：凡是内部管理机制比较健全，人事制度改革措施相互配套的单位，选调人员的作用就发挥得比较好，体现了人才效应。而有的单位则反映：某人在选调过程中表现不俗，选调进来后却表现一般。由此看来，选人是基础，用人是关键！公开选调只有与其他措施有机统一配套实施，使竞争激励机制既实施于"门前"，又健全于"门内"，才能既吸引外部人才，又造就内部精英。否则，不仅难以造就和留住内部人才，而且花费大量精力从外部选调的人才，要么会被同化为平庸之辈，要么又会另栖他枝。

3. 关于公开选调与银行行员考试录用制度。《国家公务员暂行条例》第十三条规定："国家行政机关录用担任主任科员以下非领导职务的国家公务员，采取公开考试、严格考核的办法，按德才兼备的标准择优录用。"笔者推想：与国家公务员制度同步实施的银行行员制度（现未颁发）将会把行员的考试录用制度作为重要内容。因此，我行系统已经实施的公开选调业务人员的工作，无疑为今后行员制的推行打下了良好基础，已作出实践性准备，这是公开选调工作的又一重要意义。同时，我行公开选调业务人员的实践，还存在诸多不够完善和周密之处，也亟待用行员考试录用制度加以规范。

注：本文发表于《投资与信用研究》1993 年第 12 期。

论建设银行企业文化建设

《中国建设银行改革与发展纲要》提出："积极开展宣传和公关活动，向社会展示建设银行的良好企业形象"，"开展'四有'、'四爱'教育，搞好职业道德建设，培养'求实、创新、敬业、守信'的企业精神，逐步形成具有我行特色的企业文化"。本文试从"战略"的角度，就建设银行企业文化建设的一般原理及现实操作性问题进行一些探讨。

一、建行企业文化建设的重要性和必要性

企业文化是指在企业生产经营的长期实践中形成的某种文化观念和优秀传统，是全员一致的价值取向、道德规范、经营哲学和行为准则。它是企业整体精神的概括和凝聚，其核心是职工的价值观念。建设银行企业文化的必要性和重要性是由社会经济发展的外部现实和加强建设银行经营管理的内在要求决定的，主要表现在：

1. 建设银行经济地位与社会地位的独立性，要求建立与之相适应的微观意识形态。随着《中华人民共和国商业银行法》的颁布实施，建设银行作为国有商业银行的独立的法人地位从立法上得到确立，并按"三性"要求和"四自"原则依法经营。经营体制上的根本变革，要求建立与之相适应的思想条件和精神条件，如树立效益观念、风险意识、竞争意识、法律意识、人才观念等。建设银行企业文化建设，正是顺应了这一改革时代的要求。

2. 现代化管理把"人"的作用的发挥当做"第一生产要素"，建设银行企业文化建设正是这一原则的体现。它把当代管理理论中各种管理科学，包括行为科学同文化结合起来，对企业管理进行综合分析和研究探讨，从文化层面俯视企业，把企业管理推进到一个多视角、深层次的境界，它通过一种独特的文化氛围，对人员作风、素质技能以及企业策略、组织结构、

规章制度施加影响，以达到从根本上改善与提高职工队伍素质和企业整体素质的目的。

3. 搞好建设银行企业文化建设，是加强精神文明建设、改进思想政治工作的需要。

二、建设银行企业文化的基本要素

建设银行企业文化，应该是一种体现建设银行特点，以全行职工奋发向上的精神风貌为核心的文化氛围，它既是对建设银行优良传统的继承，又是适应商业银行经营要求的行为准则和道德规范，同时还体现作为社会主义国有商业银行在意识形态上的质的要求。因此，应具有以下基本要素：

1. 建设银行形象。建设银行形象是指社会对建设银行行容行貌、行风行纪、经营质量、信誉程度、社会地位等方面的综合印象。

2. 建设银行精神。作为一种企业精神，建设银行精神应该是建设银行在长期经营活动中，为谋求自身的生存与发展而自觉形成的，经过有意识的概括、总结、提炼而得到确定，并为全行职工所认同的一种价值观念、道德规范和行为准则。它是构成建设银行企业文化的核心内容。

3. 建设银行经营管理制度。建设银行经营管理制度是建设银行经营行为的规范和约束，它包括两个方面：一是国家制定的有关金融法规，如《商业银行法》、《票据法》等，作为国有商业银行，建设银行必须依法经营，既受国家法律法规的约束，也受国家法律法规的保护；二是建设银行内部的各种经营管理制度。

4. 建设银行英模人物。建设银行英模人物是指那些能够充分代表和体现建设银行企业文化的人物。他们是建设银行完美化、内在化的价值观，是职工学习的楷模。

5. 建设银行习俗和仪式。这是在日常工作和生活中，向职工渲染和灌输建设银行企业精神的多种宣传活动的形式和方法。它是建设银行企业文化体系中"软"性结构部分，是一种最为活跃的文化象征。诸如庆祝会、表彰会、典礼、总结、宣誓、唱行歌、佩戴行徽、穿行服、游艺、联欢、汇演等等，都是这些习俗和仪式的生动体现。

6. 建设银行文化网络。这是指建设银行内部各种正式和非正式的沟通手段和媒介，也是其他文化要素的载体和传播途径。这种文化网络"运载功率"的大小，决定着建设银行文化氛围的强弱以及建设银行企业文化影响力的大小。文化网络的发达与健全，能使人时时刻刻体验到建设银行企业文化的存在并深深感受它的影响。建设银行要进行有效管理，这种文化网络的运行健全与否，往往是至关重要的因素。

三、建行企业文化建设的基本方法与途径

建设银行企业文化建设的方法与途径，是实施企业文化战略的关键环节。根据建设银行的实际和总行《改革与发展纲要》中提出的要求，借鉴企业文化建设的一般规律，笔者提出以下五个方面的措施：

1. 塑造员工形象。人是生产力中最活跃、最积极的因素，是物质文明和精神文明的创造者。企业职工是企业文化的中心，他们既是企业文化的建设者，也是企业文化的承载者。作为社会第三产业的金融企业，建设银行与工业企业的明显区别在于：社会公众通过物（该企业生产的产品）认识企业，通过人（为其办理每一笔业务的银行员工）认识银行。因此，塑造建设银行职工形象，对于树立建设银行社会形象，建设建设银行企业文化具有重要意义。

2. 注重榜样引导。榜样教育法是思想政治工作中卓有成效的方法之一。这种方法是通过将一定的行为规范、准则的具体化和人格化起作用的，它不是采用说教的方法去教育人，而是通过具体的人和事去形象地启发和感染受教育者。如果说企业精神是企业文化的核心，那么榜样就是这种文化核心的人格化，因为榜样本身就是企业精神的化身。他们在企业中具有一种强大的影响力，这种影响力最直接的作用形式就是作为一种楷模引起他人的模仿，从而形成企业精神的扩散。

榜样人物还具有一种情绪上的积极感染力，能够有力地影响到经常生活和工作在他身边的朋友们，他可以调整被感染者的心态，并起到一定的整合作用。

3. 沟通人际关系。企业成员之间通过相互接触、相互联系、相互作用而达到相互影响、彼此沟通，使各种信息得到交流与传播，这一过程在社会心理学和行为科学理论中称为人际沟通。

建设银行企业文化作为一种价值观念、行为准则、道德规范和传统信念，首先是由建设银行总行积极倡导的，但它最终能否为全行广大职工所

接受，形成全员一致的共识，扩展成为一种广泛的文化氛围，进而影响每一个职工的行为，至关重要的一点就是这种文化能不能在全行广泛地交流与传播，也就是能不能形成领导者与职工之间、职工与职工之间的人际沟通。

4. 运用有效仪式。在任何类型的组织，仪式都是组织文化的外显手段，都执行着文化标志的使命。建设银行企业文化要走向繁荣，就必须有某些仪式来体现它。如工作仪式、管理仪式、奖励仪式、庆祝仪式、教育仪式、入行仪式、娱乐仪式等。

5. 开发文化载体。建设银行企业文化的形成与有效传播，离不开承载它的种种载体，更离不开载体的多元性和有效性。因此，开发载体对于建设银行企业文化建设具有十分重要的现实意义。

建设银行企业文化载体的开发，应该采取以下 5 种途径：明确部门职责、建设文化工程、注重广告宣传、改善外观环境以及实现业务处理与经营管理手段的现代化。

注：本文发表于《投资与信用研究》1996 年第 6 期。

关于国有商业银行人力资源
管理制度创新的探讨

现代生产力系统中核心的要素是人力资源，在当今飞速发展的科学技术和先进的生产方式背景下，企业之间的竞争已演变成为人才的竞争。国有商业银行是属于人力资源密集型的极具特殊地位的企业，至今，它伴随着我国金融体制改革的步伐已走过了十多年艰苦创业的历程。但目前从总体看，它还严重存在着机构庞大、人员众多、体制不活、效率低下等不堪重负的困扰，人力资源管理体制改革迫在眉睫。本文剖析了国有商业银行人力资源管理现状及相关深层次的问题，旨在对其制度创新提供一些探索性的思路。

一、国有商业银行人力资源管理制度的现状和缺陷

国有商业银行是国家所有的一种商业银行，它不仅广泛存在于社会主义国家，而且也是西方发达资本主义金融组织体系的重要组成部分。我国国有商业银行为国家独资的商业银行，它是政府宏观调控工具和经济组织的混合体，由于它脱胎于国有专业银行和计划经济模式，因此它还残留着原有体制的种种烙印。在新体制尚未趋于成熟的情况下，新旧体制的撞击制约了人力资源管理的创新和成效，使得国有商业银行缺乏灵活的用人机制，缺乏适应金融竞争内在要求的绩效评价体系和价值分配体系，缺乏对经营者和员工的约束机制、激励机制和开发机制，主要体现在以下几个方面：

（一）人力资源配置机制不活

国有商业银行人力资源配置采用"双轨制"，一类是正式职工，另一类是非正式职工。正式职工是通过国家计划途径招聘录用的员工，按其身份又区分为干部和工人。国有商业银行对正式职工的招聘录用采用高度集权

的计划管理模式。可以说，国有商业银行总行才是正式职工配置的主体，并且进入渠道单一，主要靠院校毕业生和复员、转业军人，而一些优秀人才和急缺的人才不能通过社会人才市场及时进行配置。相反，国有商业银行的专业人才可以随时流入社会人才市场。非正式职工是国有商业银行劳动力的另一个群体，它是由于正式职工计划机制的"倒逼"而形成的，它通过社会劳动力市场招聘录用，其使用期限和劳动报酬由双方协商决定，但不享受国有商业银行的福利待遇，他们与银行之间的契约关系随着劳动及分配过程的结束而终止，因而，其主人翁地位和作用难以形成，并且由于频繁变动等原因，其业务素质难以适应岗位的需要，影响了业务的可持续发展。国有商业银行人力资源配置机制不活还体现在对经营者的聘用上，究其深层次的原因在于它缺乏明晰的产权制度。由于国有商业银行没有实行股份制，股权资本和法人资本没有分开运作，容易滋生严重的"免费搭车"现象。事实上，国有商业银行的董事会、监事会是由政府有关部门派员组成，董事长和行长由政府任命，各级行的负责人由其上级委任产生，没有引入市场配置机制，因而银行家阶层难以真正形成。另外，股东会、董事会和经营者之间没有形成应有的利益机制和有效的制约机制，经营者没有必要也不可能用最优化的原则来配置人力资源。一方面，经营者的用人计划受国家就业指标的宏观调控和行政干预，用人自主权没有得到真正落实；另一方面，经营者又难以处理那些能力低、业绩差的员工，除非出现解除劳动合同的情形，否则是不能轻易辞退员工的。以上人力资源配置的模式，不利于国有商业银行资本的有效运营，也增加了金融风险中来自于人的风险。

（二）绩效考核模糊不符合商业银行的经营目标

绩效考评是人力资源管理中最核心的内容。国有商业银行作为经济组织而言，其经营目标是利润最大化，人力资源管理应服从和服务于这一经营目标，因而理所当然，商业银行应建立起系统的对各类员工的绩效评价与考核指标、标准、方法及程序。但在目前国有商业银行绩效考核现状中，还存在着以下一些问题：第一，不同类别和职级岗位的员工采用的考评指标没有区分，且统一用"德、能、勤、绩"这一类抽象指标，难以量化和具体评价；第二，不同岗位和职级的员工职责界定模糊，没有规范的职位说明书和实施细则；第三，考核指标群中没有核心指标和权重，没有充分体现商业银行经营的特点，防范和化解金融风险的评价还没有体现到具体指标中；第四，考核多流于形式，考核结果没有和人力资源管理的其他内容，如与职务晋升、工资分配、教育培训、岗位轮换等结合运用，使绩效考评的导向偏离了商业银行的经营目标。

（三）收入分配工效脱节

1993 年全国工资制度改革后，国有商业银行实行的是事业单位系列的工资制度，工资内容主要包括等级工资和责任目标津贴两部分，其中责任目标津贴是工资中活的部分，其现行分配形式多种多样，但其依据大都是"官"的大小，而不是"效"的高低，造成工资结构具有极高的同质性，行际之间和行员之间无法有效地拉开分配差距。效益好的基层行在工资总额和工资制度的控制和制约下只有采取变通财务账目、增加福利分配和扩大"灰色收入"等途径增加职工收入，使得工资管理混乱，并诱发各种违法乱纪的行为；效益差的基层行也心安理得，据实列支成本，财务制度的"软约束"导致经营亏损加剧。工效脱节的工资分配制度使工资这一重要经济杠杆不能真正发挥其优化配置资源的导向功能，造成国有商业银行人力资源的闲置和浪费，同时使亏损行加剧了经营风险。

从另一方面看，国有商业银行收入分配的多轨制也导致工资分配偏离按劳取酬和同工同酬的原则。同一岗位不同身份的职工在绩效相同的情况下工资分配差距较大，因为正式职工除了获得政策规定的工资收入外，还能获得一些非正式职工不能享受的"身份收益"，对国有商业银行的正式职工而言，就业所获得的是社会福利而不是劳动报酬，而非正式职工不能享受这种社会福利，只能获得劳动合同上规定的劳动报酬，同工不同酬的分配歧视政策挫伤了他们的积极性，这对于拥有一支较大非正式职工队伍的国有商业银行来说，不能不说是一个亟待解决的问题。

（四）人力资源开发手段滞后

目前国有商业银行人力资源开发面临种种挑战。首先是随着知识经济时代的到来，金融工具不断创新，科技手段日新月异，"电子货币"、"网络银行"已成为金融业发展的趋势。现代人力资本理论和实践证明：员工素质和技能的提高是边际生产力增长的支撑点，高素质的劳动力所提高的生产率将抵消寻找廉价劳动力的任何优势，因而对国有商业银行人力资源的开发提出了更高的要求；其次是进入本世纪 90 年代以来，股份制商业银行、外资银行以及非银行金融机构在国内迅速发展，这些金融机构以机制灵活、内控严格、服务优良、待遇丰厚等优势，已成为国有商业银行强有力的竞争对手，而且还挖走了国有商业银行不少专业骨干人才，使得国有商业银行人力资源开发外部环境压力增加，人才保全问题突出。并且国有商业银行自身的人力资源开发现状更是窘迫，主要体现在人力资本投资渠道单一、人力资本追加投资相对太少，人力资源的开发主要靠岗位培训以及晋升职务等传统手段，而岗位工作目标的激励性、员工的工作轮换、重要岗位员工的资格标准和适应性培训等还未引起足够重视，造成某些岗位人才资源的"瓶颈"限制。这种现状不适应国有商业银行业务的可持续发展，降低了人力资本的边际效率和经营效益。

二、国有商业银行人力资源管理制度创新的设想

根据对当前国有商业银行人力资源管理制度的缺陷和成因的分析，其走出困惑的根本出路在于不断引入市场机制，在国有商业银行实现商业化的进程中，以营造职业银行家阶层为干部聘用制度改革为核心，以严格、科学的绩效考评和工效挂钩为现实依托，以人力资源的超前开发为后盾，构建国有商业银行人力资源管理体制的新秩序。

（一）以现代企业制度要求为依据，努力营造银行家阶层和用人新机制

《公司法》、《商业银行法》等有关法律法规已明确规定了国有商业银行是自主经营、自负盈亏、自我约束、自担风险的经济组织。而任何经济组织首先要一个适应市场竞争的经营者阶层，特别是商业银行这样的高风险行业。国有商业银行应根据市场经济的要求，改革经营者聘用管理体制，引进市场配置机制，把组织选拔和市场配置两种方法相结合运用。同时规范经营者的激励和约束机制，将一个相对独立的银行家阶层推向市场，接受社会和市场的检验，高素质的经营者阶层和经营者的规范经营必将促进国有商业银行的健康发展。

造就一支数量精、素质高、结构合理、能适应市场竞争的员工队伍也是人力资源管理的重要内容。当前国有商业银行应通过规范管理、盘活存量、改善结构、提高效率等途径，达到人力资源的优化配置和边际效益最大化。首先，要严格实行员工的劳动合同聘用制度。劳动合同制度是我国

劳动法的基本要求,是现代企业制度的具体体现,也是市场经济条件下劳动用工的规范形式,劳动合同制度是确定员工与商业银行的劳动关系的唯一形式,它从根本上取消了劳动用工上的干部、工人、临时工的身份界限,并克服了员工能进不能出、能上不能下的旧体制的"后遗症"。其次,要建立员工的竞争上岗机制。劳动用工应以岗位为核心,因岗设人,消除一般行政职务的设置。在岗位设置上,应对相容的岗位简化、合并,不相容的岗位进行分设,对风险岗位要进行牵制控制。同时要加强定员定额管理,压缩机关管理人员。人事部门在分析各项银行业务流程的基础上,做好工作岗位与职务的设计、人员配备、劳动分工和协作、劳动方法的选择等,以节约使用劳动力资源,最大限度地盘活劳动力存量,不适应岗位的员工要进行下岗或转岗培训。最后,要改革进人机制。目前国有商业银行劳动力总量总的特点是供大于求,但结构矛盾仍然突出。随着我国劳动力市场的统一和机制的不断完善,国有商业银行应积极寻求用市场手段配置人力资源,拓宽进人渠道,通过人才市场招贤纳士,以满足人才结构调整的需要。

(二) 建立适应商业银行发展内在要求的绩效考评体系

建立和完善适应商业银行特点的员工绩效考评体系是当前国有商业银行人力资源管理走向客观和理性的突破口,它是搞好国有商业银行内部分配、调动员工积极性的重要内容。员工工作绩效的考评是收集、分析、评价和传递员工在其工作岗位的工作表现和工作成果方面的信息情况的过程,实现工作绩效客观、科学的考评是国有商业银行对其经营战略目标、战略体系实现过程实施控制的重要机制,其主要作用是公平决定职工的地位和待遇,提高和维持企业经营的高效率,促进人才的合理开发和使用。在西方商业银行,它是严格按不同岗位的职务说明书的内容和要求来衡量的,评价的主要因素是工作成绩、工作能力、工作态度和工作的适应性。评价标准保持一致性,评价的标准要正确、合理、合法,根据不同职位的职务说明书规定的主要职责、次要职责和相关职责的重要程度确定权数,并注意与其相类似职位的情况及其平衡关系,考评程序分自我评价和由其直接主管进行考评相结合的程序,考评方法采用等级评价法。我国国有商业银行员工绩效的考评可以参照西方商业银行先进的适用商业银行特点的职能资格等级工资制度,改革以"官位"定级的办法,建立以"岗位"为核心的责权利相统一的考核和分配新机制。首先，国有商业银行应对工作岗位进行分类定级和定员，根据岗位权限、职责、风险程度等因素确定各类员工的级别，同一级别内根据考核标准分成若干档次；其次，根据岗位的性质和取得岗位的资格，实行竞争上岗。实行竞争上岗的目的是保证人力资源在内部的合理流动和动态优化配置，使人力资源配置的整体效益最优；再次，要建立定性和定量考核相结合的考核体系，考核的核心指标是经营和工作绩效，考核指标体系要分层次、分类别制定，既体现银行业的特点，又体现不同群体、不同岗位的要求；最后，要保证考评方法和程序科学合理，并建立与考评适应的人力资源管理其他手段。

（三）建立多层次的工效挂钩的分配新格局

国有商业银行工资制度改革要根据商业银行的经营目标对利益分配机制进行重新调整，因为当前执行的行政事业单位的工资制度与企业的工资制度具有很大的不相容性。随着国有商业银行建立起适应现代企业制度的财务"硬约束"机制，原有金融企业工资制度完全可以摒弃，代之以多层次的以按劳分配为依据的工效联动的新型分配格局。

首先，在现行的分支机构制的组织体系下，上一级机构对下一级机构的工资总额不再采用按人头分配，而是与其上一年度或本年度的经营绩效挂钩，并把工资按其目标和功能划分为职能资格等级工资和效益浮动工资，职能资格等级工资由行员等级确定，并兼顾工资的基本保障功能和地区差异；效益浮动工资以全行的财务收支计划和工资计划为依据，据此核定下级行报告期内的工资总额。

工效挂钩的主要效益指标是利润计划完成率、人均利润增长率和总资产利润增长率等，这是国有商业银行绩效评价的核心指标，另外设立资产规模、资产质量、安全经营及其他管理的动态评价指标，作为辅助评价指标。以上不同的指标根据其重要性和内在经济联系给予不同的权重，然后计算综合效益指数。

其次，国有商业银行应建立起单位对员工工效联动的微观分配体系，取消个人工资分配的"官本位"等级，相应取消国有商业银行分支机构的行政级别制度，而是建立起以"岗位"为核心的职能资格等级工资制度，个人效益工资分配严格以员工绩效考评为依据。

（四）建立科学、超前的立体型的人力资源开发手段

根据目前国有商业银行人力资源开发的现状和商业银行发展规律的内在要求，其改革的重点是促进开发手段的科学性、适应性，并以跨世纪的超前战略眼光和胆识实现国有商业银行人力资源的可持续发展，在开发手段上实现人力资源开发的多元化。第一，加大员工岗位培训的财务预算，加强员工教育培训的投入产出分析，寻找适合国有商业银行的最佳的岗位培训模式，拓宽员工培训的范围；第二，不拘一格培养和提拔青年人才，做好各级领导岗位的"梯次"规划和轮换；第三，引进建设性的人事管理机制，不断丰富和增加员工工作内容，使员工感到工作具有挑战性；第四，实现激励手段多维化，对员工的激励除了晋升职务和工资外，大力培植企业文化，有计划的进行工作授权、机会奖励等，激发员工工作热情；第五，有计划地对新员工进行工作岗位轮换，岗位轮换的主要目的是考察员工的工作适应性及开发职工的多种能力，提高员工综合素质和岗位之间的协调和配合，缩短人才培养周期，让新员工在短期内进行巡回实习，并指定有一定理论修养和丰富实践经验的指导老师负责培养。

注：本文作者李振球、曾学文，发表于《财经理论与实践》1999 年第 5 期，收录时删除了摘要部分。

对英国、德国部分商业银行
人事激励与约束机制的考察报告

本人随总行人教部考察组于 2000 年 12 月初赴英国和德国，对其部分商业银行的人力资源管理和人事激励与约束机制进行了考察，考察中分别与英国巴克莱银行（Barclays Bank）、汇丰控股有限公司（HSBC Holdings Plc）银行部（以下称汇丰银行）、德国中央合作银行（DG Bank）、德意志银行（Deutsche Bank）和人事咨询公司福特斯德普（Futurestep）进行了会谈。现将有关情况报告如下：

一、英、德商业银行人力资源管理的基本内容和做法

我们所考察的银行尽管在业务范围、经营规模等方面各有特色，但在人事制度和人力资源管理方面有许多共同点。

（一）组织结构与机构设置

英、德银行的机构设置是典型的扁平化模式，纵向结构为：总行（总部）—分行或控股机构—无人操作的自助网点。近年来，英、德银行在本土的分行数量有所减少，同时，无人网点在全部网点中的占比有提高的趋势。

从横向的组织结构和人力资源分布情况看，总行本部机构庞大，人员众多。内部机构有的是按客户种类性质划分的，有的是按产品划分的，如巴克莱银行，总行下设零售服务部、公司银行业务部、资本市场部、全球投资部和信用卡部，德国中央合作银行按矩阵方式设置内部机构，即按客户与按产品设置机构交叉组成矩阵。各部门均是独立的成本核算中心，银行按利润贡献度考核各部门的业绩。

（二）员工管理

员工录用。程序一般是：刊登广告—收申请表—筛选—考试—面试（有

的面试 2 次）—录用谈判—试用。学历的最低标准是初中（英）和职业高中（德），除学历要求外，还很重视职业经历和执业技术资格。试用期为 6 个月，期满后，员工可与银行签订无固定期限的劳工合同。

员工辞退与辞职。英、德工会对员工的解雇有严格的限制，员工与银行一旦签订劳工合同，就很难辞退。员工辞退只有三种渠道：在撤销机构的同时裁员；员工主动辞职；对于违规违纪员工，在连续三次书面警告后，可以辞退（此类情况很少）。

员工交流。英、德对员工交流没有硬性规定，但员工的流动是经常的：一是为了获得职业新鲜感和挑战性，或出于对收入和职务晋升机会的预期，根据人事市场信息，主动提出交流（或辞职）。二是出于方便个人或家庭生活的考虑，提出交流。三是银行根据考核结果，将员工交流到更加适合的工作岗位。其中第一种情形是主要的。

职务（位）晋升与降级。晋升方式有以下几种：一是根据内部公告的职务空缺，个人申请（可以逐级申请，也可越级申请），通过严格的考试和考核获得晋升。二是根据考核结果，按照能力和业绩获得晋升，如汇丰银行规定：对考核结果为 A 级的，12 个月内可以晋升，考核结果为 B 级的，12—24 个月内可以晋升。三是通过严格的评估和筛选后获得培训的机会，培训期满并考试合格后可以晋升。在晋升渠道上，根据个人特点，可以获得职务的晋升，也可以获得职位（管事不管人）的晋升。

降级在英、德银行中很少见，一种可能是机构变化，对个别管理人员降级安排，另一种可能是因为个人原因提出交流，接受机构暂无对等职务而降级安排。

（三）员工评估

英、德银行都有一套较完整的员工评估体系，如汇丰银行的 DEF 评估系统，将员工分短期价值、中期价值和长期价值三项进行评估，每一项又分为四个档次，根据三项中四个档次的不同组合，将评估结果划分为 A、B、C、D 四个等级。德国中央合作银行按知识结构、灵动性、挑战性及在银行收入中的贡献度等方面对员工打分，分值决定员工的级别。

员工评估的程序和方法是：年初，每个员工进行个人目标设置，部门经理以此为基础，与员工谈定年度考核目标；每季度或半年考核一次，考核中还可以调整年度或下季度（下半年）的考核目标；年末，部门经理对员工实行 360 度考核，征求各方面的意见，并将考核结果与考核对象见面。

员工评估结果是员工管理的决定性依据，如工资的确定，奖金的分配，职务（级）的晋升，培训机会的获得等等。

（四）薪酬体系

英、德银行薪酬体系主要由行员等级工资、奖金和福利等部分组成。

英、德银行一般都实行行员等级制度，一定的行员等级和等级中的档次对应一定的工资额度，银行每年可根据市场同业情况，对等级工资额进行调整。行员等级工资根据考核结果确定，一定的考核等级对应一定的工资等级，有的银行根据考核结果对行员实行定期晋级。

奖金取决于个人业绩和公司业绩，个人业绩表现取决于个人目标的实现情况和部门的考核结果，强调事先与个人的协商。奖金形式一般有固定奖金、协议奖金、临时奖金等，董事会还可在年终根据银行业绩，发给各级经理人员奖金。

福利部分包括地区津贴（英国）、车费（经理人员可由银行提供用车或领取车费）、保险、股权认购等，有的银行还为员工提供减息贷款。

（五）员工培训

英、德银行高度重视员工培训，特别是对经理人员的培训。如汇丰银行，每年从一般员工中，经本人申请，银行评估和严格的考试和面试，挑选一批骨干作为经理培训对象，进行两年的脱产培训，培训期间全面学习银行的业务知识和业务技能，考试合格后即可升任业务经理。对现职经理人员的培训，课程上区别于业务人员。对高级经理一般委托高等学校或送到国外培训。

银行一般都有规模较大的培训中心，是培训员工的主要场所；有的还有自己的图书馆，为员工的学习提供优越的条件。考察中，几家银行都强调网上学习的优越性，他们建立了员工学习网络，组织网络教学，一方面，足不出户的培训方式，大大节省了培训费用，同时，单人单机的独立学习以及学习小组成员之间的网上交流，也大大提高了培训效果。

（六）人力资源部门的职能定位

由于英、德银行的各部门是独立的成本核算中心，因此各部门享有人事管理的决定权，包括员工的雇用、考核、晋升、工资与奖金的决定等，"事权"与"人权"是对应的而不是分离的，因此，人事部门只是全行人力资源的协调和咨询部门。其职责主要有：制定人事激励的政策和制度；进行人才市场的调研，提供人事市场信息和人事政策咨询；建立并管理本行人事信息系统，定期发布系统内部人事信息（如职务空缺、人员录用、员工培训等）；协调部门之间的人事关系，协调员工与银行、员工与工会的关系；组织全行的员工培训；负责部门经理和分行行长的考核、选拔及工资的确定；协助用人部门雇请员工等。

二、英、德银行人事激励与约束机制的主要原则

从上述情况中不难看出，英、德商业银行人事激励与约束机制的建立遵循了以下主要原则：

（一）激励为主的原则

考察中，我们明确地感受到英、德银行人事管理鲜明的激励特色，从人事制度的设计到人事管理的各个操作环节，都体现了以激励为主的原则。

人事激励重在为员工提供宽泛的发展空间，主要措施有晋级、加薪、培训、出国工作、股权认购等，其中工资和奖金是最主要的激励措施，强调以货币调动人。员工晋升渠道相对较宽，在行员等级系列中，既有既管事又管人的职务系列，又有只管事不管人的"职位"系列。培训也是一种重要的激励措施，意味着员工价值的升值和晋升机会的获得。

在激励方法上，通过提供公开平等的竞争机会，强调员工的自我激励和自我发展，充分尊重员工个人意愿。如：员工的考核，从考核目标到考核结果，实际上是一个与员工从个人目标设定开始的谈判过程，员工的培训、交流乃至提拔，在很大程度上是员工在内部人事市场上的自主行为。

考察中，我们没有预计到的是：英、德银行几乎没有也很少使用对员工强制性的制约措施，如降级、减薪、除名和辞退等，这在他们看来是很极端的做法。他们的约束措施很温和，如谈话指出问题，或不予晋升、加薪。对于那些没有违规违纪行为，但工作能力、表现、业绩平庸的员工，只是在工资、级别不变的情况下，放在不太重要的岗位上养起来，而这类员工出于道义上的考虑，一般会主动提出辞职。

（二）与企业文化紧密融合的原则

英、德银行的人事机制致力于追求与企业文化的融合，他们的目标是为员工创造一个公平、和谐、宽松、愉快的工作环境，追求员工对银行的认同感和满意度，建立员工与银行之间家庭式的关系，员工个人的人格、

意愿、价值目标得到充分尊重，从而形成员工自我负责、自我尊重、自我激励的机制。这个观念体现在人事管理的方方面面，如员工录用时，要考察其对企业文化的适应性；员工培训中定期进行企业文化培训，以多种生动的方式如与行长见面交流、演讲、有奖的"金点子"活动等，增强员工的企业文化和企业价值观念；员工管理中，各级经理都努力激励员工所长，回避其不足，尽量不使用极端的约束措施，建立和谐的人际关系，带领下属融入企业文化。

（三）成本控制原则

考察中我们得知：人力成本是英、德银行最大的成本，超过经营成本的 50%。成本与收益之比是要定期向社会和股东公布的，因此，他们视降低成本为关乎银行形象的大事，努力控制人力成本自然是人事管理的一条重要原则。

部门和分行的职工人数，取决于总行或其自身对其成本的控制，如需要增加人员，自下而上逐级申报，在年初的预算中，作为成本支出中的一项予以确定。他们认为，节省人力是银行的大趋势。我们所考察的银行中，巴克莱银行和德意志银行拥有雄厚的资产和丰厚的利润（年利润约为 35 亿英镑、43 亿马克），职工人数分别为 7.7 万和 9 万人，汇丰控股公司银行部3500 人，德国中央合作银行 4500 人。

在录用员工时，必须考虑银行不同级别、不同岗位所需员工的市场价格，按岗择人。对在职员工的价值评估在银行人力成本管理中也非常重要，如果员工的能力已升值而未得到晋级和加薪，就可能跳槽，如果员工价值被高估，自然是人力成本的浪费。

（四）公平、透明的市场化原则

欧洲银行人事管理致力于建立一种公开、平等的市场化的竞争激励机制，他们的人事部门可以说就是银行内部的"人事市场"：人事政策和人事信息都是公开和透明的，全行员工都能定期从公开的渠道获得这些信息，如岗位和职务的空缺、适合的培训机会等等；他们强调人事政策的稳定性和可信度，认为失去信用就会失去员工：员工是"人事市场"的主体，有充分的自主性，平等地参与竞争。

三、对我行推行人事激励与约束机制的启示和建议

由于制度环境和文化背景的差异，我们不能照搬国外银行的做法，但我

们从其代表现代商业银行发展趋势的许多经验和做法中，可以获得以下启示。

启示之一：有效的人事激励与约束机制必须体现一种先进的企业文化。考察英、德银行的人事激励约束机制，给我们印象最深的不是他们的机制本身，而是体现其社会文明程度的企业文化和员工素质，他们谈人事机制，无一不谈企业文化。英、德银行企业文化建设的精髓在于对员工的尊重和对员工素质的培养和提高，在于努力为员工的发展创造宽松的环境和平等的机会。他们以激励为主的人事机制，从其本身来看并不十分完备，但是是有效的，因为它体现了他们企业文化的精髓。因此，我们在推行我行的人事激励约束机制过程中，应高度重视将其融合到具有我行特色的企业文化之中。

启示之二：实施人事激励与约束机制，必须硬化人力资源的成本约束。英、德银行一方面强调把劳动力作为真正的人予以尊重，强调以人为中心的企业文化建设，同时仍然把劳动力作为一种重要的经济资源进行核算和管理。这是值得我们借鉴的。可以尝试通过员工价值评估，核算劳动力购买成本、人力资本投资成本，核算劳动增加值和人力资本投资收益，逐步变"编制管理"和"人数控制"的行政管理方式为计算劳动力成本与收益的经济管理方式。

启示之三：在深化人事制度的改革过程中，不可忽视对员工素质的培养。英、德银行人事制度的公开性和透明度给我们留下了深刻的印象。这种公开、透明的人事管理之所以可行和有效，在于有一个公平的人事市场环境，有一个能够自主抉择的人事市场主体（即劳动力的买方和卖方——用人单位和员工本人）。前一个方面是我们已经和正在做的，后一方面中用人单位人事管理权限问题，在我行《人事激励约束机制方案》中已指明方向，值得注意的是员工自主意识的塑造，这既取决于社会就业机会是否充分和公平，也取决于员工本人的综合素质。因此，改革人事制度，必须把提高员工素质作为一项基础工作来抓。

建议：

1. 建立"业务技术职务"和"岗位责任人员"职务序列和名称。我行《改革人事制度及建立激励约束机制总体方案》中的一个基本原则就是改变走行政系列"独木桥"的单一晋升方式，设施"业务技术职务"和"岗位责任人员"职务，但未明确其职务序列和职务名称，在《方案》实施时是应予以明确的。

2. 细化考核指标，增强绩效考核的客观性。在执行《员工绩效考核办法》时，应根据《办法》规定的原则和方法，以"岗位描述"和"职位说明书"和各经营单位的经营目标为基础，分级别、分类别细化考核指标，使绩效考核更具针对性、客观性和可操作性，减少主观评价的比重，激励员工扎扎实实做好本职工作。

3. 加强全员劳动合同制配套制度的建设。实施全员劳动合同制，必须建立符合劳动合同制要求的一整套制度和办法，对劳动合同的订立和履行、劳动合同的期限和变更、终止与解除、劳动报酬和福利待遇、违约责任等作出具体的规定，并逐步对劳资报表、人事档案和信息、工资管理的有关项目和内容按劳动合同制的要求予以变更；要增强劳动合同的个性化，根据各人岗位、能力、绩效等方面的不同，与之签订不同内容的劳动合同。从而逐步增强员工与单位之间的合同意识，淡化身份观念。这是贯彻国家《劳动法》的要求，也是我行深化人事制度改革的重要途径和手段。

4. 坚持公开、平等、竞争、择优的原则，不断提高人事工作的透明度。在坚持干部"四化"方针和德才兼备、党管干部等原则的同时，注重群众公认和公开、平等、竞争、择优的原则，积极推行和不断完善民主推荐、民主评议、公开选拔、任前公示、劳动组合等制度和办法，积极稳妥地引入市场机制，建立公开、平等的竞争环境。如：从总行到二级分行机关，可以有步骤地将部分部门负责人职务空缺在一定范围内公布，结合组织考核，实行公开选拔，竞争上岗，可按由少到多、由下级职务到上级职务的步骤，在取得经验的基础上形成制度；可按先内后外的原则，对于专业技术要求较高、行内无合适人选的岗位，通过人才市场，从系统外招聘。这既是国外银行的通行做法，也完全符合中央《深化干部人事制度改革纲要》的精神。

5. 实施网络教学，加大总行直接培训的力度。加大总行直接培训的力度，是国外银行的趋势，也是我行近几年培训工作的一大特色。由于我行人数众多，分布面广，如要进一步加大总行直接培训的力度，必须改进培训方式以降低高昂的培训附加成本（交通费、食宿费）。可以借鉴英、德银行的成功经验，积极尝试和推行网络教学、电子化教学，建立我行的培训网络、电子化教材等，并以此作为我行培训工作改革的重要内容和方向。我行有两所较大规模的培训中心，有全国连通的业务网络和办公自动化（OA）系统，具备实行网络教学的基础条件。

2000 年 12 月 15 日

注：考察组成员为：张华健、李恒生、曹建平、江定富、李振球、袁凤华。

国有商业银行组织人事工作的基本思路

为了应对加入 WTO 的挑战，各大银行不断深化改革，加快发展，朝着现代商业银行的目标迈进。十五届五中全会通过的"十五"计划中，要求国有独资商业银行按照现代银行制度的要求进行综合改革。可以预见，在"十五"期间，国有商业银行的组织结构、管理模式及经营机制等，将朝着现代银行制度的目标进行根本性的改革。笔者认为，当前和今后一段时期，国有商业银行组织人事工作的基本思路可概括为班子、机制、素质、管理四个方面。

一、领导班子建设是做好组织人事工作的关键

首先，要按照"三个代表"的要求抓好领导班子建设。在思想作风上，各分支机构负责人必须自觉地讲学习、讲政治、讲正气，深刻领会并认真实践"三个代表"；在组织制度上，必须健全各级党组织的学习、工作和生活制度，特别要执行好党的民主集中制；在工作职责上，要切实履行党委（支部）书记和行长的双重职责，解决"一手软、一手硬"的问题，按照"党要管党，从严治党"的要求，落实党建责任制，抓好所辖机构党的建设。总之，党对金融工作的坚强领导和政治优势，必须首先体现在国有商业银行各级领导班子建设上。

同时，要用改革的精神抓好班子建设。根据中央《深化干部人事制度改革纲要》的精神，在坚持党的干部路线方针政策的同时，要致力于建立符合现代商业银行特点的干部管理制度。首先要制定符合商业银行特点的各级管理人员价值评估体系，加大对各级管理人员的道德风险评估、责任认定与追究、工作绩效考核的力度；其次，建立符合现代商业银行特点的管理人员激励约束机制。在分配机制上承认管理人员的综合素质和管理才能对商业银行价值创造的重要性，强化绩效激励，淡化权力激励；第三，

拓宽选拔渠道，改革选拔方式，加大交流和培训力度，努力造就一支符合现代商业银行经营管理要求的职业银行家队伍。

二、机制创新是做好组织人事工作的重点

"按照现代银行制度对国有独资商业银行进行综合改革"的重要内容之一就是进行经营管理机制的创新。现代银行制度的基本特征就是与市场机制相适应的法人治理结构，股份制是现代企业的资本组织形式，它有利于建立高效率的法人治理结构和企业经营机制。可以说，以股份制为基本形式的法人治理结构是国有独资商业银行机制创新的目标取向，也必然是组织结构和干部人事制度改革的目标取向。当前，可按照以效益为目标、以市场为导向、以客户为中心的原则，缩减商业银行系统内管理层次，改变以行政区域为主设立分支机构的传统方式，建立中心辐射型的扁平化机构模式。同时增强总行部门在系统内资源配置、直接经营管理和监督控制能力，建立符合现代银行要求的组织结构体系；建立与社会主义市场经济和现代商业银行体制相适应的行员级别体系、员工绩效考核评价体系，建立以绩效评价为主要依据确定职务升降、收入分配、人员去留的激励约束机制。

越是深化改革，越要加强党的建设。国有商业银行党的关系垂直管理的时间还不长，当前，要努力克服思想认识、组织力量、工作经验和水平等方面的不足，按照"从严治党"和"三个代表"的要求，结合商业银行组织结构和经营管理的特点，抓紧建立和完善党的建设各项制度，形成具有商业银行特点的党建工作体系，以党建工作机制保证和促进国有商业银行经营机制的创新和建立。

三、提高员工队伍素质是做好组织人事工作的基础

目前，国有商业银行员工队伍数量多、整体素质偏低是制约改革发展的重要因素。理性的选择是：在建立现代商业银行人事与激励约束机制的同时，加大人力资源开发力度，对现有员工进行脱胎换骨式的培训，在 3 ~ 5 年时间内，培养造就一支高素质的高级管理人员队伍、专家技术人员队伍、客户经理队伍和综合柜员队伍。

必须指出，提高员工队伍素质，首先要提高党员队伍素质。据统计，

四大国有商业银行党员人数与职工的占比均在 1/3 左右，这正是国有商业银行的政治优势所在。因此，要按照"三个代表"的要求，大力加强党员队伍建设，合理调整党员区域分布结构，改善党员队伍知识能力结构，加大处置不合格党员力度。

四、严格、科学的管理是做好组织人事工作的有效手段

按照"从严治党"和"从严治理金融"的要求，为国有商业银行的依法合规经营、防范和化解经营风险，从组织上和干部职工队伍素质上提供强有力的保证，这无疑是国有商业银行组织人事工作的重要职责。同样，如何按照现代商业银行的要求，建立科学的人事管理理念和机制，也是当前亟须研究和解决的问题。首先，要变行政化的人事管理为现代企业的人力资源管理，把劳动力作为一种生产要素，进行合理配置和有效开发，并建立人力资源成本和边际收益的核算体系。同时，人力资源管理应以商业银行科学的经营理念和成熟的企业文化为支撑，并与之相融合。现代企业文化的共同特征是以对人的尊重、理解、关心为基点，通过个性化的管理，达到员工价值和企业价值双赢的目的。第三，建立市场化的人力资源管理机制。要营造"公开、平等、竞争、择优"的市场化环境，培育用人单位（部门）和员工个人的市场主体意识和主体行为能力，全面建立员工契约（劳动合同）制度，变"档案型"管理为"契约型"管理。

班子、机制、素质、管理四者是相互联系的有机整体。班子建设始终是组织人事工作的关键，是提纲挈领的事情；机制创新是"十五"时期国有商业银行组织人事工作的重点，也是难点所在；提高员工队伍素质，是做好组织人事各项工作的基础，是深化改革、创新机制的前提；严格、科学的管理，是做好组织人事工作的手段。无论是班子建设、机制的创新，还是素质的提升，都要以一定的管理模式来体现。

注：本文发表于《建设银行报》2001 年 8 月 23 日第 3 版。

以人为本是建设银行人才战略的根本思想

日前，建设银行下发了《中国建设银行关于实施人才战略的意见》（以下简称《意见》）。通过认真研读，我们看到：无论从指导思想到各项具体内容，《意见》都充分体现了以人为本这一根本思想。

要理解以人为本作为建设银行人才战略的根本思想，应该考察人才资源的特殊属性及建设银行实施人才战略的时代背景和体制环境。

从人才资源的特殊属性来看，马克思的劳动价值论早已揭示：劳动力是一种特殊商品。它的特殊性表现在：一、劳动力与劳动者的人身紧密相连，劳动者是劳动力的物质载体。在劳动者与出资人的交易关系中，劳动者是交易的主体，劳动力是交易的对象、客体。因为劳动力与劳动者的人身依附特点，当劳动者与出资人一旦建立劳动关系，劳动者就把自己的劳动力交付给出资人支配，劳动者的人身亦同时受到出资人的支配。也就是说：劳动者与劳动力的主客体关系，随着劳动者与出资人交易的完成，主体地位很容易被淹没，主体客体化了。二、出资人购买的是劳动者的劳动力，而非劳动力创造的物品。劳动力商品具有特殊的使用价值，劳动力的使用就是劳动，劳动能创造新的价值。正如马克思指出："具有决定意义的，是这个商品特殊的使用价值，即它是价值的源泉，并且是大于它自身价值的源泉。"而"大于它自身价值"的价值被出资人无偿占有了。也就是说，在出资人与劳动者的关系中，劳动者的主体权利，随着劳动力创造的超过其自身价值的价值的被剥夺而剥夺了。以人为本，就是要高度关注人的主体性特征，尊重人的主体地位，承认人的主体权利。笔者试图将人才资源的主体性特征从主体意识、主体价值、主体行为能力三个方面进行表述和分析，这三个方面从哲学意义上分别回答人"是什么"、"为什么"、"怎么样"三个问题，从经济学意义上分别回答"你有什么"、"你想得到什么"、"你愿意付出什么"三个问题。

从现代商业银行人才资源的特殊性来看，银行是服务行业，现代商业银行正在进行着"以客户为中心"的"人性化银行"的"服务革命"，以客户满意为目的，在帮助客户实现价值的同时实现银行价值的最大化；现代商业银行的服务必须是依托高科技的知识化服务，必须建设一支知识化的员工队伍，而知识化程度越高，员工的创造潜力就越大，主体性就越强；同时，只有对银行认可和满意的员工才能使客户认可和满意。因此，一个以客户为中心的知识化的现代商业银行必须以人为本。

从建设银行实施人才战略的体制环境来看，在我国已加入 WTO，市场经济体制日益完善，在经济、金融全球化的历史条件下，建设银行正在按照现代金融企业制度的要求实施股份制改造，建立市场化的人力资源管理体制是股份制改造的重要内容之一。市场经济是契约经济，作为契约的一方，必须确立人才资源的主体地位，否则，将失去建立市场化人力资源管理体制的前提和基础。

基于以上认识，笔者认为，建设银行以人为本的人才发展战略，是在市场经济、知识经济、服务型经济的条件下，以建立现代金融企业制度为目标，充分尊重人才资源的主体性特征，把人才资源主体意识的确立、主体价值的实现、主体行为能力的提升与建设银行企业文化建设、经营目标的实现、发展战略的实施紧密结合的实践过程。

一、人才资源主体意识的觉醒与建设银行企业文化建设的紧密结合

如前所述，在完全市场经济的商品交换关系中，对以工资作为主要收入来源的劳动者来说，他对自己的资源禀赋、市场（社会）地位、价值目标和行为路径了然于心——主体意识清晰明确。但是，在我国过去单一的公有制、高度的计划经济社会中，劳动力不具有商品属性，人力资源由国家统一配置，并且实行"终身制"。"人民是国家的主人"这种抽象意义上的"主人翁意识"，变为个人对国有企业的人身依附意识——主体意识事实上已迷失和异化。这一思维定势在市场经济体制已日臻完备的今天，仍未得到根本扭转。在国企改革中，大量职工失业的原因不仅是劳动力资源的

"低质"、"同质化"，主体意识的缺失也是一个重要原因。

劳动力要素进入与其他要素的组合之后，劳动力的买方——企业一方面要把劳动力作为客体进行整合、优化配置，同时，还必须对劳动力所有者——劳动者主体进行与企业的融合。对人才资源主体意识的融合是企业文化的职能，它满足单个、分散的劳动者主体的归属需要，建设一个共同的家园——精神家园。重新觉醒后的人力资源"主体意识"，是以"经济人"为假设的，他首先是为自己做主，对自己负责。企业文化要解决的一个重要课题是：把员工为自己做主、对自己负责与对企业负责结合在一起，建立企业与员工之间双向、互动的责任意识。作为员工，对自己负责就要对企业负责，对企业负责就是对自己负责；作为企业，对员工负责就是对企业负责，对企业负责就必须对员工负责。

建设银行改革的代价不能、事实上也没有完全由员工承担。对分流的富余人员，确定了合理、较高的经济补偿标准，尤其重要的是：许多分行对分流人员再就业的帮助工作帮助到了每一个人，直到需要再就业的最后一个人就业，并定期对分流人员进行回访。建设银行人才战略提出了人人可以成才的理念以及全员岗位能力培训等一系列措施，说明这是一个对每个员工负责的人才战略。我们期待的实施效果是：员工随时可能下岗，但永远不会失业。

二、人才资源主体价值的实现与建设银行经营目标的紧密结合

企业的经营目标是利润最大化，为股东创造最大价值。人才资源主体追求的是自身价值的最大化，满足自己从生理、安全、尊重、社会、自我实现各个层次的需要，即自由和全面的发展。以利润为本的经营思想，往往把人作为"活机器"，无视人才资源的能动性和主体性特征。以人为本的经营思想，要求的是二者的统一和良性循环。就如一棵树，人是这棵树的根和本（树干），利润是树上结出的果实。

2002 年开始实施的《中国建设银行人事与激励约束机制改革总体方案》中明确提出：改革的目标就是要"实现建设银行企业价值最大化与员工个人价值最大化的有机统一"。《中国建设银行关于实施人才战略的意见》中也提

出："必须坚持以人为本的理念，围绕人才的能力建设、全面发展和价值实现，营造鼓励人才干事业、支持人才干事业、帮助人才干事业的环境和氛围。"

做到"价值结合"，要把握好以下几个环节：

第一，总体目标认同。利润最大化是商业银行的经营目标。国家决定对建设银行进行股份制改造，目的是要使建设银行在 3 年左右时间内成为"资本充足，内控严密，营运安全，服务和效益良好，具有国际竞争力的现代商业银行"；《中国银行业监督管理委员会关于中国银行、中国建设银行公司治理改革与监管指引》中，对中国银行和建设银行提出了 10 项改革目标和 7 项业务指标；总行正在制定 3 年发展规划。要将上述目标对广大员工进行广泛的宣传教育，把全行员工的意志凝聚到建设银行的发展目标上来。

第二，目标的分解和定位。建设银行总体发展目标是一个庞大的体系，要进行多维交叉分解。在时间上，分解到年度、季度等每一个考核时段；在空间上，纵向层层分解到各级分支机构，横向分解到每个工作部门，最后落实到每一个工作岗位；定性目标的分解形成岗位职责体系，定量目标分解形成考核指标体系。目标分解的过程就是人才资源主体价值目标与建设银行经营目标之间的连接过程，分解结果就是人才资源主体价值的目标定位，是建设银行经营目标的基点，并且是二者的连接点。要让每个员工了解目标体系，参与目标分解过程，使人才资源主体在建设银行目标体系中进行个人职业生涯设计，构建主体价值上升通道。

第三，科学的绩效评价。人才资源主体价值的实现与建设银行经营目标的结合程度如何，要通过考核评价体系来确认。建立人才绩效评价机制是《意见》的重要内容之一，它有四个特点：一是突出以工作业绩和履岗表现为重点；二是分类评价，针对管理岗位、专业技术岗位和经办岗位不同的特点建立不同的绩效评价指标体系；三是分段持续评价，包括聘期责任目标评价、年度业绩评价，对基层机构、具体工作岗位还可进行季度、月度等更细化的时段评价，并将目标制定、过程监控、持续沟通、绩效评估、问题诊断和结果反馈作为绩效管理的完整过程来进行；四是评价手段科学化，建立和完善反映价值创造的财务指标和反映综合绩效的非财务指标体系，开发平衡记分卡系统，导入社会化的职业经理人绩效评价制度。

第四，有效激励和约束。上述三点是"价值结合"的过程，激励约束才是"价值结合"的结果，是"价值结合"的实现。建设银行 2002 年以来系统实施了以"职务能上能下、收入能增能减、员工能进能出"为特征的人事与激励约束机制改革。改革成效逐步显现，这是实施人才战略的基础，也是人才战略中将进一步深化和完善的主要内容。上述激励途径，均以激励价值创造为取向，以公开、平等、竞争、择优为实施平台，形成有机的、完备的激励约束机制——双向价值实现机制。

三、人才资源主体行为能力的提升与建设银行发展战略的紧密结合

人才资源主体意识的确立，主体价值的实现，必须以主体行为能力为支撑；优秀的企业文化，良好的经营效益，要通过成功的发展战略来实现；而企业发展战略的制定和实现，又必须依赖并决定于人才资源主体行为能力。因此，实施人才战略，必须将人才资源主体行为能力的提升与企业发展战略紧密结合起来。

首先，制定基于发展战略的人才规划。根据建设银行业务发展规模、业务结构、科技水平、成本结构等总体发展战略，制定人才资源总量规划，回答要多少人做事的问题。根据建设银行区域战略、产品战略、运营模式、业务流程的要求，制定人才资源结构规划，确定不同区域、不同产品、不同层次、不同类别之间的工作岗位分布和人才配比关系，回答哪些事（哪些地区）要多少人干的问题。制定人才规划还应根据人才资源现状，确定建设银行劳动生产率的合理提升空间。

其次，建立基于人才规划的素质模型。根据人才资源结构规划，进行各级各类岗位的岗位描述，把素质模型作为岗位描述中的一个基本因素。通过素质模型的设计，建立各级各类岗位的任职资格标准，建立建设银行任职资格管理体系。把岗位能力作为素质模型中的核心内容，明确各类岗位人员必须掌握的核心技能及相应的能力组合。岗位描述和素质模型是人才资源主体职业生涯设计的依据。

第三，建立基于素质模型的培养机制。基于发展战略—人才规划—素质模型的人才培养机制，对于人才资源主体，形成其作为人力资本的增值，

对于建设银行则是打造其核心竞争力的重要途径。一个拥有一支卓越员工队伍的优秀企业，将进入一个人才资源主体行为能力与企业发展战略互动式开发与提升的阶段，企业在依据发展战略进行人才资源开发的同时，也依据人才资源主体行为能力的特点和个人的兴趣、意愿，确定企业的发展模式和发展战略。这将是以人为本的高级阶段。

注：本文发表于《建设银行报》2004 年 6 月 21 日第 3 版。

以岗位管理为核心
提高人力资源管理的精细化水平

人才是银行发展的战略资源，银行业的竞争最终是人力资源的竞争，特别是高素质人才的竞争。如何培养人才、激励人才，提升人力资本回报率是人力资源管理的核心命题。

本世纪初，建设银行按照现代金融企业制度的要求实施股份制改造，制定并实施了《中国建设银行人事与激励约束机制改革总体方案》，《方案》中设置了管理职务、专业技术职务、经办岗位三大类，若干岗位，并设九个职等，在此基础上建立考核、薪酬分配、培训等各项管理制度。《方案》的实施在建设银行改革与发展中发挥了重要作用，之后全行人力资源管理在很多方面不断进行深化和完善。

随着社会的不断发展，经济金融形势发生了深刻变化，商业银行机构扁平化、经营专业化、管理集约化、精细化渐行渐近，人力资源管理在某些方面还不能适应这些新变化和新要求。主要表现在：以机构为重心的管理，在人才培训、交流、专业技能的发挥等方面受到限制。毋庸置疑，建设银行这个庞大的体系和数十万员工，人力资源不分层级、不由分支机构和部门来管理，是不可思议的。但是，条线经营体制的推进，组织机构扁平化、矩阵式的运行，跨区域联动的任务型团队的组建，这些专业化、扁平化、集约化的组织运行模式和经营模式，需要淡化人力资源的机构属性和行政属性，强化人力资源的岗位属性和专业化、职业化属性。同时，原有岗位设置不能适应经营专业化的新变化，岗位职责和能力素质也有了新的变化和要求。要适应新形势、新变化，就要推进岗位体系建设，以岗位管理为核心，建立以价值创造为目标的、开放的而不是封闭的、精细的而不是粗放的人力资源管理体系。

一、科学设置岗位，建立岗位体系

对现有岗位进行梳理，本着由粗及细，先易后难的原则，推进岗位体系建设。

（一）科学设置岗位，构建"会计科目式"的岗位分类体系。横向上，可将岗位划分为五大岗位类群，一是市场营销（直营）岗位类群：直接面向市场，开展客户营销、维护工作，并直接承担经营指标。二是营销支持岗位类群：为市场营销类岗位提供产品设计与开发、营销咨询、市场分析等服务与决策管理。三是综合管理岗位类群：承担分行业务经营管理、风险内控管理、行务运行管理、人力资源管理、运营服务管理、信息技术支持等工作的综合管理和协调。四是服务保障岗位类群：为分行业务运营提供安全保障、后勤保障、公共关系和企业文化建设等服务。五是业务操作岗位类群：主要经办各项具体业务和日常事务性工作，工作重复性较强，操作复杂性不高。纵向上每一岗位类群再设置若干具体岗位，类似于"二级会计科目"，并对应若干个岗位等级。岗位设置既要满足业务发展的现实需要，又要着眼未来发展趋势；既要体现全行的统一性和规范性，又要体现不同层级、不同区域、不同业务条线的差异性。

（二）明确岗位职责。要区分不同岗位类别、不同岗位层级，按照责权利对等的原则合理确定岗位职责。

（三）建立岗位素质模型。对不同岗位类别、不同岗位层级的每一个岗位，与岗位职责相对应，明确岗位资格条件和岗位技能要求。

二、进行岗位定价，凸显岗位价值

以岗位类别等级、岗位职责、岗位素质模型为依据，搭建起由薪点工资的"基本保障"、岗位工资的"价值体现"和绩效工资的"激励约束"组成的三位一体的薪酬结构。其中，薪点工资主要由岗位等级来确定，级差不宜太大，以体现其基本保障功能；绩效工资主要由岗位贡献度来确定，可以量化考核，做好做坏、做多做少不一样，体现激励约束功能；岗位工资主要由该岗位的职责、素质要求来确定，必须体现该岗位的可替代性、市场稀缺程度，因此必须拉大岗位工资差距。岗位工资和绩效工资要向一线岗位、重点营销岗位以及直接创造价值的岗位倾斜。由此构成以市场价格为基础的岗位定价模型，以岗定薪，按绩付薪，体现岗位价值差异，保持一定的薪酬市场竞争力。

三、促进人员流动，实现人岗匹配

建设一个明晰的、完整的、开放的岗位体系，目的在于促进人才在岗位体系中的合理流动，让合适的人做合适的事，使人员与岗位之间保持在最佳匹配状态。

（一）实施岗位准入退出制度。要坚持和完善上岗证制度，扩大持证上岗的岗位覆盖面，上岗证考试要常规化制度化。严格执行无证不上岗，上岗证复检不合格必须离岗，实行"驾驶证"式的岗位准入退出管理。

（二）建立和完善岗位专业人才储备库。根据不同岗位类群的要求，建立各类专业人才储备库。本着"程序公开、操作透明"的原则，面向全体员工开放，员工可根据自身职业发展意愿自主选择入库岗位，拓宽岗位发展空间。可以采用多种方式考量入库：一是培训考核，从培训参与率、测试成绩、培训积分等多个方面，考察"专业人才"是否适合岗位要求；二是坚持上岗资格证、执业资格证制度，鼓励员工"吃着碗里的，望着锅里的"，要制定制度，对在履行好本岗位职责的同时考取其他多个岗位的上岗证和社会执业资格证的员工予以奖励，持有其他岗位上岗证和执业资格证的，可直接进入该岗位后备人才库。三是既往工作业绩，对表现较好、条件成熟、职业胜任的，及时选拔到相关储备库。四是公开招聘，建立公示监督制度，通过公开招聘的方式，择优选拔入库。人才储备库建立后，各相关业务岗位出现空缺，人员原则上从"库"中补充，量才使用。

（三）建立人岗匹配的岗位流动机制。根据岗位职责、任职资格要求和岗位定价，所有岗位向全体员工开放，员工根据个人的专业技能和职业素质，凡持有拟转入岗位的上岗证或职业资格证的、是该岗位后备人才库的员工，均可提出转岗申请。在充分尊重员工个人意愿的基础上，采用自主选择与组织调配相结合的方式，合理配置各岗位类群人员，从而逐步建立全行内部人才市场，促进员工在全行上下级行之间的纵向流动、行际之间部门之间的横向流动。

四、着力岗位培训，提升职业素质

建立上岗培训和适应性培训制度。上岗培训是针对新上岗的员工，以取得上岗证为目的的培训，应规定新上岗员工在限定期限内取得上岗资格证；适应性培训针对持证在岗员工进行新业务新技能的培训，建立上岗证"年检"制度，"年检"不合格的员工应离岗。

开展转岗培训。转岗培训针对持证在岗员工或因个人原因离岗在职员工，以考取其他岗位上岗资格证、进入其他岗位人才储备库为目的的培训。转岗培训应区别于上岗培训，以发挥已有业务经验、自学为主，集中现场培训为辅。

开展岗位等级提升培训。岗位等级提升培训是针对岗位工作能力较强、业绩表现优秀的员工，需要提升岗位技术等级的培训。提升培训应根据上一技术等级的岗位职责对任职资格和岗位技能的要求来进行。

鼓励员工参加社会执业资格培训和专业技术职务任职资格培训。我行目前很多岗位暂不具备进行资格培训考试的条件，而这些岗位的社会职业资格的培训和考试已经制度化，职业资格具备合法性和专业性，如律师、资产评估师、金融理财师等，应采取各项措施鼓励员工取得这些执业资格，并建议将有的职业资格引入到我行岗位体系之中并明确相应等级，如"金融理财师（AFP）"、"国际金融理财师（CFP）"。鼓励员工参加国家人事部门主办的相关岗位专业技术职务任职资格培训和考试并取得相应等级的任职资格，如"经济师"系列，"会计师"系列等，并在制度上规定以此作为我行相应岗位技术等级的条件。同时，也应鼓励员工通过自学取得更高的学历和学位。

岗位培训要加强制度建设，保持制度的严肃性和连续性；要加强教材建设，根据业务发展情况及时修订教材；要建立一支高素质的兼职教师队伍。

五、创造岗位价值，拓展发展空间

以岗位管理为核心的，开放的、精细的人力资源管理，目的在于促进员工立足岗位创造价值，并在广阔的岗位体系中拓展自己广阔的职业发展空间。

建立员工职业感受表达机制。包括员工本职感受表达和职业愿望表达，本职感受表达就是让员工对本职工作履职情况和履职意愿进行自我评价和表达，职业愿望表达就是让员工表达对转岗、交流、培训、等级提升等方面的意愿。人力资源部门要定期收集和整理员工职业感受信息。

建立岗位业绩考核评价制度。根据岗位职责、岗位目标、岗位任务、岗位实绩开展考核评价。岗位评价要以直接上级评价为主，少搞群众运动式的互评；要以定量评价为主，降低主观定性评价占比；要公开评价标准、程序，评价结果要和本人见面，不搞隐蔽性评价；提高评价频率，一年一次太少；增加评价维度，如"职业素质与技能"、"工作业绩"等，仅仅是"优秀"、"合格"、"基本合格"、"不合格"，太笼统；要与员工自我职业感受表达相对应，寻找和分析差异，重视员工职业感受和职业意愿。

改进和完善激励约束机制。要坚持以精神激励为主、正面激励为主的原则，拓宽激励渠道，改进激励方式，例如培训就应作为一种重要的激励方式。岗位等级和薪点等级的晋升要制度化、常规化，以员工岗位考核评价结果作为激励约束的主要依据，各岗位员工可根据考核结果、按照晋升规则自然晋升岗位等级和薪点等级，对于考核不称职、违规违纪乃至受到处分的员工，下调岗位等级和薪点等级，实现奖优罚劣，鼓励员工立足岗位创造价值。

建立开放的内部人才市场。员工岗位价值的实现不仅仅局限于本岗位的等级晋升，更重要的是鼓励和支持员工在不同的岗位、更多的岗位实现其价值。因此，既要重视岗位考核评价结果的运用，也要充分尊重员工的职业感受和职业意愿，以全行岗位体系为空间，为员工在这个广阔的岗位体系空间的自由流动创造条件，变人力资源管理为人力资源服务。

以岗位管理为核心，开放的、精细化的人力资源管理，充分体现了我行以人为本的企业文化。以人为本就是以员工为本，把不断提高员工的满意度、忠诚度、贡献度作为重要工作职责，致力于员工价值实现和银行价值实现的统一。

注：本文是2012年春季中国建设银行党校第25期干部进修班一支部课题论文《浅谈如何提高建设银行一级分行精细化管理水平》的第五部分，撰稿人谭永权、王思民、李振球、胡明月、王兴宁、童文涛，由本人拟定写作提纲并总纂定稿。

二、基层机构经营管理

认清形势　统一思想
坚定不移推进营业部综合改革

同志们：

《中国建设银行湖南省分行营业部综合改革方案》已于 8 月 29 日印发，今天我们召开全体职工大会，进行综合改革动员。下面，我讲三个问题：

一、为什么要改革？

（一）根据上级指示和要求，改革势在必行

年初召开的中央金融工作会议，确定了国有商业银行的改革目标，就是要把国有商业银行改造成为治理结构完善、运行机制健全、经营目标明确、财务状况良好、具有较强国际竞争力的现代金融企业。总行制订了建设银行到 2005 年的发展目标，出台了一系列改革措施。省行领导在年初工作会议上参加营业部小组讨论时提出：营业部在内部管理方面可以比照股份制商业银行的做法进行尝试。

（二）外部形势日新月异，迫使我们改革

从客户方面看，我们的客户正在发生深刻变化。财政资金要实行集中支付，实行零余额账户，住房公积金也要实行集中统一管理，企业需要更灵活、更加快捷方便的融资渠道，我们只有改革才能从容应对。

从同业来看，几大国有商业银行的改革力度也在不断地加大。中国银行去年就实行了年薪制；工商银行在信用卡的担保方面对七种人实行了改担保人为联系人，还出台了八条服务中小客户的过硬措施；至于其他股份银行就更不必细说，它们在观念、机制、文化、发展各方面的表现是大家有目共睹的。

从建行内部来看，在长沙地区兄弟行中，成立之初条件比较艰苦的河西支行、湘江支行，发展速度令人刮目相看，华兴支行和芙蓉支行也来势

迅猛，铁银支行和天心支行势头依然强劲。

营业部不改革，就满足不了客户的需要，就适应不了日趋激烈的内外部竞争形势！

（三）从营业部自身情况看，迫切需要改革

省市分行合并之前，营业部只有本部和新世纪支行两个营业网点。1999年省市分行完成合并，2000年省行将房地产信贷部、信用卡部和国际业务部所辖的湘蓉、曙光、复兴三个支行移交营业部。营业部营业网点增加了3个，业务规模扩大了，经营范围增加了，特别是增加了国际业务、房地产金融和信用卡三大业务功能和业务优势。但是去年11月我来营业部时，这三个支行还是3本账，员工工资和营业部本部是4个体系。现在虽然已完成并账和工资标准的统一，但如何使这三大业务的优势在营业部整体经营中充分发挥出来，这才是最重要的！这就要靠改革，通过改革，创新我们的营销体制、机制。

从5个网点的业务量来看，本部的贷款余额占了整个营业部的70%，本部业务部门既要经营本部业务，又要管理支行，既是运动员也是裁判员，又辛苦，管理又不顺。怎么办？要改革！

还有，营业部现在虽然有了5个营业网点，但是，长沙其他6个兄弟行中，网点最少的铁银支行也管辖15个支行。伸向市场的触角少了，市场竞争力就弱，兄弟之间拼起来就拼不过人家。同时我部人少，人均业务量全省建行系统最大。从总行、省行的改革方向来说，不可能有大规模人员的增加，省行也不可能再给营业部增设网点。怎么办？靠改革，我们要向改革要人，向改革要竞争力！

（四）员工期望改革

通过集思广益、充分酝酿，《改革方案》的总体思路和框架年初已基本形成。为了印证《方案》的可行性和先进性，我请王艳芸主任带队到长沙各股份制商业银行，请唐伍红主任带队到厦门分行、深圳分行进行了考察和学习。《方案》报省行后，省行8个部门的主要负责人汇集一起进行了"三堂会审"，现省行已正式行文批准我部实施。特别是，《方案》的制定过程就是一个动员的过程，就是一个统一认识的过程，中层干部、很多员工不仅提出了很多好的意见和建议，现在大家还对改革充满期待，纷纷要求尽快实施。所以我们改革的时机和条件已经成熟，是箭在弦上，不能不发。

二、改革什么？

改革包括三个内容，第一是改革组织结构，第二是改革运行机制，第三是改革考核机制。

改革组织结构，就是要建立三个体系：综合管理支持保障体系、营销体系和结算体系。改革运行机制，就是对综合管理支持保障体系实行扁平化集中管理，营销体系按《客户经理制实施细则》运行，结算体系按《综合柜员制实施细则》运行。改革考核机制，就是对综合管理支持保障体系按6月3号印发的《绩效考核管理办法》进行考核，对营销体系，制定《客户经理业绩考核办法》进行考核，对结算体系，制定《综合柜员业绩考核办法》进行考核。

综合管理支持保障体系由中后台管理部门组成，实行扁平化集中管理。扁平化集中管理是一种先进的管理模式，能够节约人力，减少环节，提高效率，我们营业部机构少、人员少，完全适用于这个模式。如实行层级管理，本部的这一大块业务必须设立一个独立的营业机构，同时营业部管理机关至少需增加50人，这是不现实的。集中管理管什么？包括资金、财务、固定资产。整个营业部一本账，对支行不考核利润，只考核业务量；行政后勤、办公室系统的档案、信息报表统一管理，支行的行政后勤物业管理人员由办公室派驻并统一管理；会计核算业务实行会计结算部门的统一指导和统一管理，本部的会计、储蓄核算业务都集中到本部的会计结算部；工资福利方面，实行营业部全体员工统一制度、统一办法考核。

营销体系包括经营部门，客户经理小组，支行行长、副行长和客户经理。公司业务部和个人业务部合并为综合业务部，主要职责是进行产品培训推广、产品组合方案的设计，是营销体系的牵头部门和服务部门。国际业务部、个人理财中心、资产保全部除了履行部门管理职责外，主要职责直接经营部门业务；本部组成6个客户经理小组，将本部原公司业务部、个人业务部存量客户及业务分配到6个客户经理小组；支行行长（副行长）客户经理视同一个客户经理小组。建立客户经理制，实行客户经理上岗资格制度和准入制度，对每项业务和产品进行内部定价，对营销体系工作人员的绩效按其营销的业务和产品计价考核（综合业务部按营销体系平均业绩计算）。营销体系是开放式的、立体化的。所谓开放式，一是客户经理小组在现有基础上还可以增设，二是客户经理人数不受营业部内部编制限制，三是非营销体系员工在做好本岗位工作的前提下可以营销客户和产品，业务量比照营销体系员工计价兑现，我们是省行营业部，还应大力争取省行各部门领导和同事帮助我们营销客户。所谓立体化，就是要以客户为中心，推行组合营销战略，各客户经理小组要打破公司业务、个人业务等业务条线界限，将所有产品进行组合，为客户提供全方位的、个性化的服务。

结算体系包括会计结算部及各支行分管会计结算的副行长、柜员。结算体系推行综合柜员制，通过综合柜员制的实施，提高柜员综合素质，优化柜面劳动组合，提高工作效率，提高核算质量和服务质量。我们营业部只有5个网点，每个网点都要建设成为精品网点。

通过改革，要实现"五个提高"的目标：

第一，要提高员工素质。我们建立三个体系、推行三种运行机制和实行三种考核机制，就是要促进员工素质的提高，培养一批了解客户、熟悉产品、有较强的市场营销和开拓能力的优秀客户经理，造就一批熟悉我们所有柜面业务和产品的、具有熟练操作能力的能够为客户提供温馨、快速服务的优秀综合柜员，锻炼出一批管理能力强、业务知识全面、经验丰富的银行职业经理人。

第二，要提高管理水平。首先要提高财务资源配置水平，财务资源要向业务发展倾斜。当务之急是建立营业部产品定价体系，对营业部每一种产品进行定价，以计算出每笔业务创造出的毛利，并据此考核员工绩效。目前建行系统内还没有可资借鉴的经验，但我和唐伍红主任、和计财部门交换过意见，总行有个内部资金转移价格，省行对二级行有费用配置的标准和办法，这就是我们产品定价的依据和思路，我们据此细化到每项业务和每个产品，是可以做到的。搞好产品定价，是建立营销体系、推行客户经理制成功的关键！而营销体系的建立、客户经理制的推行是营业部综合改革的重中之重，是提升营业部发展能力、竞争能力的关键！只有实行了产品定价，客户经理按业务和产品价格拿绩效，员工的社会价值和财务价值才能得到同步体现，我们就有点像股份制商业银行的样子了。

要提高人力资源管理水平。第一，要调整人员结构。行政后勤管理人员集中管理后要压缩精简，综合管理岗位严格定岗、定编，要精干高效；柜面服务人员要按照结算制度、柜台的业务量来进行配置；营销队伍要在数量上扩充壮大。第二，要优化组合。改革方案推行过程中的一个重要环节，就是按照三个体系的职责定位，营业部全体员工进行自上而下、自下而上的双向选择，达到优化劳动组合的目的。第三，要严格管理、严格考核。三个体系分别按照《绩效考核办法》、《客户经理业绩考核办法》和《综合柜员业绩考核办法》严格管理和考核。第四，要建立培训机制，主要通过在岗培训、业余培训和自学培训的形式对全体员工进行强化培训，对表现优秀的在职员工还可考虑选送脱产培训，下岗人员要进行下岗培训。第五，要疏通出口。今年总行已经下发了办法，为疏通人员出口提供了两条出路：一是解除合同，二是内部退养。我们有一部分同志年龄相对大一点，工龄比较长，已经为建行、为营业部的事业奋斗多年，如果不愿参与下一轮激烈的改革，可以适用内部退养政策，享受相应的内退待遇。

要提高内控水平，建立健全安全保卫、信贷风险防范系统和结算业务的风险防范系统。

第三，要提高综合竞争力。改革到位后，我部就由原来的 5 个营业网点，变成了 13 个经营团队，营销队伍得到扩充，市场营销力量大大增强，特别是新的运行机制和考核机制的建立，将使责任更加明确，流程更加简化，效率明显提高，将促进员工不断提高自身素质，特别是将极大地激发广大员工干事创业的激情，我部的综合竞争能力和持续发展能力将大大增强。

第四，要提高资产质量。通过客户经理制的实施，严格控制新发贷款的不良率，对我们的存量不良率采取有效措施来进行处置、消化。我们把信贷管理委员会办公室和风险管理部合署办公，在条件成熟的时候成立信贷管理部，目的就是要加强信贷管理，控制信贷风险，提高资产质量。

第五，要提高价值创造力。价值最大化体现在四个方面：为国家、为客户、为建行、为员工实现价值的最大化。一句话：改革要让广大员工受益。这是我们改革的落脚点。

三、怎么改革?

(一) 遵循五条原则

1. 要明白谁要改革? 改革谁? 去年，营业部的前任主任辞职去了股份制银行，这个事情给营业部员工尤其是中层干部带来了很大的震动。大家不禁要问：我们的国有商业银行怎么了? 我们营业部怎么了? 我们应该怎么办? 我认为问题在于我们的机制，在于我们的制度。我们现在要改革的就是这些东西，我们要做的就是为大家搭建一个开创事业、实现价值最大化的舞台。所以，是谁要改革呢? 是我们大家。我们要改什么呀? 就是改我们自己，改我们每一个人，因为我们每一个人都在制度当中，都在机制当中。

2. 要积极又要稳妥。这也是省行批复里所要求的。积极，就是我们每个员工在精神状态上、在对待改革的态度上要积极，在进度安排上要紧凑。稳妥，就是改革方案、制度办法要尽可能的细致和完备，实施过程中要环环相扣，不出现脱节。

3. 通过局部突破，实现整体推进。根据《方案》，制定时间进度表，按进度一件一件地做，每件事都必须按要求按时完成，这样才不会影响《方案》的整体推进。

4. 业务发展与风险防范要两不误。改革中各项业务指标进度不能受影响，信贷管理、内部管理、会计核算不能出乱子。

5. 做到人与事的协调。改革中先将组织框架、工作职责到位，先事后人，人随事走，保证队伍的稳定，保证正常的工作秩序。

（二）改革的计划和步骤

第一个阶段：从现在开始到年底前，完成三件事：一是综合管理支持保障体系集中管理事项 9 月份执行到位。二是制订《客户经理制实施细则》、《客户经理业绩考核办法》并进行测算，10 月份客户经理制开始模拟运行。三是储蓄核算业务归口到结算体系，年底前制定综合柜员制度办法，开展柜员培训，明年年初切换。

第二个阶段：明年年初进行"五部一室"和柜面服务体系的定编、定岗、定责。"三定"后立即进行劳动组合。没被组合的同志，根据个人的上岗意愿进行培训。完成劳动组合以后，除下岗人员培训外，明年上半年对在职人员进行一轮在职强化培训。

第三个阶段：总体改革方案到位后，边磨合，边总结，边完善，并大力开展以服务文化建设为主要内容的企业文化建设相关工作。

（三）改革对每位员工的要求

1. 改革之前先改思想

思想是行动的先导，如果思想不通，改革就没法进行。虽然《方案》酝酿、讨论了半年，大家已有所了解和认识，这里我还想强调几点：

一是要消除平均主义分配观念。经济学里有个"搭便车"的概念，是指公共产品生产，付出了较少的劳动，却获得了平均的或较多的收益。建设银行是国有企业，国企的通病就是搭便车，就是分配上的平均主义，管你干没干事干多干少，你比我拿得多就不行。我可以明白地告诉大家，我们《方案》设计的理念就是：激励想干事能干事的人多干事，促使不愿干事的人去干事，帮助不会干事的人学会怎么去干事，"排排坐，分果果"的游戏没有了。问问自己，你是其中的哪一种呢？上次职代会上我向大家提了三个问题：你有什么，你想得到什么，你愿意付出什么？答案在哪里？就在我们的《方案》里。《方案》里有你的位置，你有的是机会。所以请大家积极投身到改革中来，在新的舞台上充分展示自己的风采，实现自己的人生价值。

二是要有全局观念。在改革的过程中，措施只能一项一项地推行。在某一时间，就某一个事情，从多个角度去评价，可能存在问题。我希望大家从营业部的全局出发、从改革总体推进的全局出发来支持每一项改革措施。我强调：对部里作出的决定，允许执行之后或执行过程中反映情况提出意见和建议，决不允许只提意见、要求，拒不执行。中层干部是职工队伍的中坚力量，关键时刻看干部，行长们、经理们要在改革中真正发挥中坚力量的作用。

三是要增强服务观念和协作精神。社会化大生产中强调的是协作、是兼容，强调的是团队精神，做银行更是如此。我们的《方案》对三大体系、每个团队、每个岗位的关系进行了严密整合，各自有各自的职责但谁都离不开谁。管理支持部门要为营业部的发展服务、为营业部的全体员工服务；结算部门要为客户、要为客户经理提供好的服务；客户经理为客户提供更好的、更优质的服务。我们每个人都是服务员，都要做好服务，都要搞好协作。所以我们部门之间、支行之间、上下之间开展工作时，都要抱着一个服务的态度来进行，严禁推诿、扯皮的现象发生。职责范围内的按照职责去落实，没有明确责任的，先受理的即为第一责任人。

四是要克服官本位的思想。扁平化改革以后，我们的中层干部、支行领导将更加直接地面对市场、面对客户，更直接地承担着经营的责任、服务的责任、风险控制的责任，可能找不到原来"为官"的感觉了，当不成"甩手掌柜"了。这就是我们改革的目的，就是要培养出一批职业银行家、职业经理人。

2. 一级抓一级，层层落实责任人。部领导按照分工和联系行来负责。各部门经理、各支行行长要管好自己的人，层层落实责任，不能出现管理空白点和责任盲区。如果有的负责同志对所辖人员疏于管理，对不当行为置若罔闻，就是不称职，要严肃问责。

3. 各负其责，做到门前清。一是要控制风险，不出乱子。在改革进程中，没有涉及的部门要照常履行职责；涉及的部门，有工作需移交的，要制订好管理办法和风险控制措施并经部领导审核批准后方可进行移交，在交接之前，原来的责任人不变，交接以后，按交接以后的责任来落实。二是业务发展要不受影响。今年下达给各支行的任务，包括业务指标、费用、管理办法，还按原来的办法执行，在考核当中只做相应的、局部的调整。客户经理制今年只模拟运行，进行磨合，明年正式到位。

同志们，按照《营业部综合改革方案》，经过大家的共同努力，我相信，一个全新的营业部就会展现在大家眼前！

2002 年 9 月 10 日

注：本文由建设银行湖南省分行营业部办公室根据录音整理。

附：

组合营销，走出"围城"第一步

本报记者 刘湘杰 胡小沙 特约记者 沈喜健 据中国人民银行一份资料统计，到 2001 年 9 月底，外资银行在华营业机构已达 190 家，加入 WTO，中国金融业的开放，无疑给国有银行的生存、发展带来了巨大的压力和挑战。五年的保护（过渡）期稍纵即逝，五年后的狼争虎夺不堪设想。面对无法更改的现实，我省的银行业又是如何积极应对入世的呢？日前，记者再一次走进以改革和效益著称的中国建设银行湖南省分行，"企图"窥斑见豹寻找答案。置身其间，记者深深感受到了业界看不见的滚滚硝烟和听不到的隆隆炮声。然而，一业内人士则称，相对五年后将面临国际金融高手的竞争，国内业界的竞争仅仅是"小儿科"而已。"大敌"当前，最首要的问题是，如何尽快提高金融业的综合竞争力。既然是与"狼"共舞，就要尽快与国际接轨，走出传统金融的"围城"。

突出重围，组合营销新鲜出炉

李振球是去年年底从建行湖南省分行人事处长的岗位调到营业部的，上任伊始，他面对的问题很多。省建行营业部业务指标较高，如何突破股份制商业银行正以咄咄逼人之势不断形成蚕食国有商业银行市场份额的包围圈，如何稳定客户，巩固和拓展市场份额突出重围？也许是巨大压力能产生更大的反作用力，组合营销战略迅速在李振球的脑海中开始形成。产品营销、形象营销、文化营销三大概念的新鲜出炉，就是要把营业部现有的各种金融产品组合起来进行营销，为客户提供量体裁衣式的服务，增强客户对建行的依存度，提高建行的竞争力。

组合营销尽管在众多的市场营销理念中"司空见惯"，但是，在国有商业银行的营销实践中还是弱项。李振球说，营销整合不仅仅是一种经营方式上的变更，更是一种经营观念上的"革命"。市场不是分开的，而是紧密相关的，金融产品的单一作业显然浪费资源，增加成本，往往还有与其他业务失之交臂之痛。通过整合自身优势，实施组合营销战略，使机构、人员、产品得到科学的配置和充分利用，有它独到的生命力。作为企业，它在银行开户的最主要的目的并不仅限于存款或贷款，而是把这家银行是否能给它提供什么服务，能给它提供适合业务需求的金融产品作为首选。因为市场有需求，建行不这么干，别的银行就会这么干。当然，省建行营业部所独具的国际业务、房地产金融业务、银行卡业务三大块特色业务优势为组合营销提供了天时、地利、人和的便利条件，别人想整合可能还整不起来。

更新观念，组合营销深入人心

组合营销在营业部的实施首先遇到的是观念上的认识问题，由于多年来国有商业银行体制的弊端，养成了部分人员"事不关己，高高挂起"的办事"格式"，团队协作精神较差，互不合作，各自为政的现象普遍存在，现在突然要求他们在完成本职工作的同时，还要兼顾其他业务的营销，在思想和观念上接受不了。其次是组合营销是新课题。如何结合自己的本职工作进行营销，用什么样的方式进行营销，在每个员工的心目中都没有一个成熟的想法。为解开员工的疑问，统一思想，使组合营销战略深入每个员工的心目中，把组合营销从理论转化为实践，李振球带领营业部领导班子做了很多的工作。

为解决观念上存在的问题，营业部通过大会小会时时讲组合营销，业务开拓时时想营销组合的方式，使组合营销观念逐渐在员工中生根发芽。为解开如何营销的困惑，他们提出了详细的组合营销目标，即针对营业部既具备传统存、贷款银行功能，又具备外汇、房地产金融、银行卡特色业务功能的优势，提出"充分发挥每项优势，对每项优势进行内部整合，每项优势之间进行相互整合，形成自身的整体特色，营销工作发挥功能齐全的优势进行各项产品的组合营销，利用建设银行和营业部的良好社会形象开展形象营销，充分发挥建行家园文化的特色进行文化营销"的组合营销方针。为明确组合营销方式，他们提出了"以发展公司业务为龙头，整合特色产品，形成整体优势，开展组合营销。要求员工在业务发展与开拓过程中，对传统业务的基本客户，国际业务、房改金融业务、个人银行业务及时跟进；对优秀的国际业务客户，本币业务及时跟进；对优秀的银行卡业务客户，本外币业务给予充分考虑。通过组建客户服务小组，开展组合营销，提高各项业务的市场占比，同时增强客户对建行的依存度"的目标。

风风火火，组合营销叫板星城

采访中，记者亲身感受到了组合营销魅力和给建行营业部带来的营销观念上的变化。

王艳芸、谢正强分别是省建行营业部分管国际结算和本币信贷业务的主任，可今年不同了，他们除了要分管好自己的"老本行"外，还要为如何为国际结算单位提供信贷、信用卡业务产品，为信贷业务单位提供国际结算服务而操劳费神。这不，短短的三个月不到，他们分管的国际结算和信贷业务组合就取得了骄人的成绩。其中最精彩的一笔要算对维用—长城电路有限公司的组合营销。

维用—长城电路有限公司是省建行营业部多年的、最大的老国际结算客户，长期以来，建设银行为他们提供的金融服务仅限于国际结售汇结算。组合营销战略实施之后，省建行营业部从领导到业务经办部门多次研究营销方略，组成了由国际结算、信贷、信用卡营销等人员构成的"组合营销客户经理服务小组"，对维用—长城电路有限公司开展了全方位的营销攻势。通过组合营销，该公司不但扩大了国际结算业务与建行合作的范围，人民币信贷业务也开始与建行进行合作，12名中上层管理人员都持有了建行的信用卡，并承诺该公司今后的所有信用卡结算业务都到建行办理。

记者在采访中还了解到，建行营业部为配合组合营销战略的需要，对信贷员管理体制进行了改革，全面推行实施客户经理制和以效益为中心的激励约束机制，将信贷员转为客户经理管理，考核模式由单项工作考核转为以综合效益为中心的考核，促使客户经理在为客户服务的过程中，自觉注重采用组合方式进行营销，主动向客户推荐、提供、设计一揽子服务计划，力求通过为客户提供组合营销服务，在单个客户身上谋求最大的经济效益，建立最稳固的银企合作关系。

如：一家在建行营业部开户的湖南某上市公司以前就是建行的客户，但是，由于当时建行不能满足公司提出的金融综合配套服务，所以，合作往来仅限于信贷和不多的几百万资金结算。组合营销战略实施以后，建行营业部针对该公司的业务特点，为公司设计了一揽子产品合作计划，与公司签订了对外贸易的开证、购付汇合作协议，为公司董事会高级管理人员提供了个人消费额度贷款，为部分中层以上干部办理了建行信用卡，一下子拉近了距离，使该公司与建行的合作从单纯的信贷往来，发展成为既有信贷、人民币结算合作，又有国际结算往来，既有公司与建行的合作，又有建行与个人的往来关系。公司对建行的服务非常满意，今年一次就转入资金1.2亿元。

作为组合营销切入点的信用卡业务，是最早受益的业务之一。该部所属的曙光支行是长沙地区建设银行唯一的信用卡经营主办行，前身是省建行信用卡部，后来合并到湖南省建行营业部。在机构合并之初，曙光支行的信用卡业务发展曾经历过一段同业市场占比下降、业务萎缩、管理松懈的弯路。组合营销战略提出之后，他们对曙光支行职能进行了重新定位，找准市场，使建行信用卡业务重新焕发了活力。

2002年4月18日，记者应约赶到曙光支行行长肖日新的办公室时，肖行长正在为两位商界朋友办理建行信用卡签卡手续。这位一直在银行卡岗位上奋斗了10个春秋的支行长，谈起组合营销如数家珍。他说："李主任今年提出的组合营销战略已经成为我行业务发展的核心。为此，我行实施了一系列的营销措施，融洽稳定了与客户的关系，通过发挥信用卡作为开拓业务的排头兵、稳定器、黏合剂作用，到目前为止，已与省内30家大型企业建立起了稳固的银行卡、销售结算合作关系。"

在交谈中，肖行长谈起了这样两件事：春节前，省内一著名科学工作者在汽车市场看中一辆车，想当时买下来，但资金尚有缺口，需用建行的信用卡透支。接到这位客户的电话后，立即向上级领导请示，并迅速给予客户透支权限，促成了"交易"。后来，这位科学工作者不仅很快偿还了透支款项，还将个人的存款转存到了曙光支行。另一件是2001年年底，曾在湖南房地产经营界和新闻传媒界引起轰动的"房屋超市（房屋银行）"事件。作为"房屋超市"业务的经营主办行，在与湖南长房物业置换有限公司的最早谈判当中，合作目标仅限于向客户提供结算服务，后来受到组合营销观念的引导，使建行与长房公司的业务合作扩展到了用银行卡为租售房个人客户提供租金扣缴服务；用个人住房贷款为二手房交易方提供按揭贷款；用建行网点众多的优势，为"房屋超市"提供宣传和咨询网络；用快捷方便的结算网络，为长房公司提供企业结算服务。通过这种组合营销方式，将银企合作的关系联系得更为紧密。

记者在省建行营业部下属的新世纪支行采访时，行长戴炜叫来一位名叫盛河清的小伙子，谈了他作为柜台人员如何在完成每日的迎来送往之后，还积极响应组合营销号召，营销信用卡的感想。

小盛说，他并没有特别的营销套路，自己只是按照营业部的组合营销要求去做的。由于该行地处广电中心位置，小盛在柜台接触的大多是电视台的记者、导演、主持人等。这些人工作节奏快，外出时间多，他便勤跑路，勤打电话联络感情，推介信用卡的用途和办卡方式。一季度，他推介的3张卡，都是电视台工作人员的。小盛说："这些消费群体的办卡积极性高，他们中有的经常跨省、跨国工作，信用卡于他们已不仅仅是身份的象征，而是实实在在的方便、实用。"

从理论到实践，建行营业部的"组合营销"已经水到渠成，初见成效。今年一季度，营业部存款形势打破历年年初下滑的局面，同比新增3.8亿元；压缩不良贷款1.1亿元，绝对额居全省系统第一位；实现考核利润近3000万元，人均创利10多万元，居全省第一；国际结算量和结售汇在全省名列前茅。信用卡发卡量、卡存款、卡消费量与去年同期相比，均增长了一倍以上，其中，商户购物消费居全省所有发卡银行之首。

看来，建行营业部的组合营销战略，正在展示它顽强的生命力。今年一季度的收益已经证明，它可以创造市场，适应市场。我们相信，在不久的将来，我省金融业都会走上组合营销这条道路，实施更为先进的营销手段，来从容应对即将进入的外资银行的残酷竞争。

注：本文系《湖南经济报》2002年5月28日头版的新闻稿。

财政国库集中收付制度改革
对建设银行业务发展的影响及对策

国库集中收付制度，也称国库单一账户制度，是指一个政府的财政资金收付活动经由一个账户（国库），该账户由财政部门统一管理。政府各部门可根据授权，在法定范围内征集收入，一切收入缴入国库。同时，政府各部门可以在批准的预算项目和额度内自行决定购买商品和劳务，资金由国库直接支付给商品和劳务供应商；在国库集中收付制度下，财政以外的政府部门不得在银行开设账户，从而实现资金的集中管理。它是市场经济国家普遍采用的一种财政资金收支管理制度。2001 年，经国务院批准同意，财政部、中国人民银行制定了《财政国库管理制度改革试点方案》，2002 年开始在全国进行试点、推广。

财政国库集中收付制度改革对建设银行业务发展的影响

财政国库集中收付制度改革将带来以下几个方面的变化：一是账户设置的变化，改多头开户为国库单一账户；二是支付方式的变化，将分散拨付为主改为财政直接支付为主；三是资金保存方式的变化，将财政资金在实际支付行为发生前就分散存在各预算单位改为保存在国库单一账户；四是收入收缴管理的变化，扩大了收入收缴的管理范围，取消了设立过渡性账户缴款方式，实行直接缴库和集中缴库方式。这些变化，必将对建设银行业务产生重大而深远的影响。

一、国库单一账户体系的建立将削弱财政部门与建设银行现有的信用关系。按照财政国库管理制度改革方案，建设银行如果获得财政国库集中收付的主办行资格，必须根据财政部门的直接支付指令或财政部及所属预算单位的授权支付指令，经核对无误后，准确、及时地通过基层预算单位在建设银行开设的零余额账户先将资金划入收款人或用款人账户，日终前再与国库单一账户进行资金清算,实现财政资金的代理支付。原先财政部门和预算单位在建设银行重复分散开设的账户将统一到国库单一账户体系中,重复分散账户下的预算内资金将全部流向中央银行,从而减少了建设银行的信贷资金来源,这种以信用为基础的资产负债业务将被新的委托与被委托的代理关系所取代。

二、国库单一账户体系的建立将影响预算单位与建设银行的信用合作关系。实行集中收付以后,原来在各商业银行开设预算外专户、基建专户及其他专户的预算单位,很有可能重新选择在其他银行开户。各家商业银行对预算单位开户的争夺将更趋激烈,市场竞争的格局将更趋复杂,客户资源将面临重新洗牌的局面。这些,都有可能影响预算单位与建设银行的信用合作关系,导致现有客户的流失。

三、影响建设银行的收入结构。现阶段,建设银行可以依靠信用手段吸收财政部门及预算单位的资金,并通过对吸存资金的有效运用,获得以存贷利差为主的收入。国库单一账户体系建立以后,建设银行则主要依靠其分布全国的营业机构、资金支付系统为财政部门和预算单位提供中介服务,获取代理业务手续费收入。

建设银行应对财政集中收付制度改革的对策

一、千方百计争取国库集中收付代理业务的主办行资格。代理国库集中收付,实际上也获得了代理国家信用的资格,同时意味着主办行构成了国家信用的一个重要环节,有利于提升银行的社会信用和形象。尤其是财政作为各种经济活动的中心,不仅是重要的存款源,而且是重要的信息源,通过财政改革的动向,可以比较容易地捕捉资金走向,为正确决策提供第一手信息。因此建设银行应积极争取主办行资格,尽可能扩大这项业务的市场份额。

二、调整客户结构和收入结构。预算内财政性资金回流中央银行,必然在某个时段内减少商业银行的资金来源。但财政资金最终还是要进行再分配,基础设施建设、社会保障、文化教育、行政事业单位工资支出等都是财政资金分配的重要渠道。建设银行应提前介入,加强与这些部门的联系,调整客户结构,抓住存款源头。同时,要改变以前过于依赖存贷利差收入的发展模式,积极拓展代收、代缴及代理财政资金支付业务,增加手续费收入，提高中间业务收入比重。

三、开辟新的存款来源渠道，保持存款稳定。财政性存款是建设银行的传统优势业务。财政资金回流国库，将大大缩短在建设银行的停留时间，必然会对负债业务产生较大影响。我们要及时调整优化存款结构，紧跟市场热点，不断捕捉、收集存款信息，掌握资金动向。大力营销大型企业和上市公司，拓展中小客户，特别是高科技民营企业，形成相对稳定的负债业务客户群体，拓宽非财政性存款来源，减少财政资金流失对建设银行存款业务的冲击。

四、加快支付清算系统的现代化建设，构建功能强大的综合业务平台。财政国库管理制度改革是一项复杂的系统工程，涉及全国各级财政部门、各级国库、各级预算单位。国库单一账户体系下的财政资金拨付、收缴流程需要以现代化的银行支付系统、综合业务平台和财政管理信息系统来支撑，以加快财政资金拨付、收缴的到账时间，并及时将各类信息反馈到财政部门，便于财政部门进行分析研究和宏观调控。目前，建设银行代理财政资金支付的许多环节仍需依靠人工操作。系统的滞后也影响了国库单一账户资金的及时清算，给预算单位造成诸多不便。因此，要尽快建立完善现代化的支付系统和综合业务平台，实现与财政、税务、国库的网络连接，确保国库单一账户体系的高效运转，提高建设银行在这一领域的市场竞争能力。

五、提高服务质量，加强风险防范。财政国库管理制度改革政策性强，涉及面广，商业银行刚刚涉足这一领域，缺乏现成的经验。并且商业银行在业务处理过程中超额度划款、划款错误，要由自身承担所造成的损失。参与财政集中收付制度改革的各级行要安排一批既精通银行业务，又熟悉财政业务的高素质员工负责这项工作。要加强员工培训，建立健全各项规章制度和操作规程，不断提高服务水平，强化风险防范能力，促进国库集中收付代理业务的持续、快速、健康发展。

注：本文发表于《建设银行报》2003 年 3 月 25 日第 3 版。

关于商业银行服务文化建设有关问题的思考

当前在全行开展党员先进性教育活动中，总行决定同步开展服务文化建设活动。总行董事长郭树清 6 月 23 日在《建设银行报》发表署名文章《建立以客户为中心的理念和机制是股份制改造的中心内容》，指出："从建设银行自身的改革与发展的意义来看，衡量建设银行股份制改革成败的重要标准，就是看能不能为客户提供最好的银行服务，而目前我国金融服务远远不能满足市场的有效需求。从政治意义来看，彻底转变我行的服务理念，改变官商作风，建立以客户为中心的理念和机制，就是为人民服务，和共产党员先进性要求完全一致。"在全行第二批先进性教育动员会上，郭董事长明确指出："全行客户服务水平是否提高，要作为检验先进性教育是否取得实效的重要标准。"

关于服务文化建设，我觉得有几个问题值得思考：

一、服务与权力

在我国，从传统意义上来讲，服务与权力是不搭界的两回事，做服务的，肯定无权；有权的，肯定没有服务之说。几千年的封建社会，鲁迅概括为只有"做奴隶"和"做奴隶而不得"的两个时代。共产党之所以得民心、得天下，在于以无数共产党人的生命、鲜血实践着全心全意为人民服务的宗旨。然而权力社会的历史惯性，在商品社会、在市场经济时代得以延续，甚至在某些方面表现出"权力经济"、"权贵经济"的特征，是"权为己所用，利为己所谋"，权力与服务的关系是内指向。

建设银行自 1995 年取得商业银行的法律身份，2004 年已改制为股份制商业银行，并正在争取成为公开上市的公众银行，谁也不会怀疑它已经是一家真正的商业银行，已经是"政企分开"、与政府权力运作无关的商业银行。存款要营销、贷款也要营销，服务开始收费，利率已经浮动，同业竞争非常激烈——这些都是商业化的典型特征。但是,下面几个事实值得正视:1. 中国经济仍未改变政府主导、投资拉动的模式,而社会资金的70%以上仍由银行贷款提供。银行,实实在在地掌握着重要资源——资金的配置权。2. 银行现职高管人员,大多是计划经济时代或是在计划经济时代教育成长起来的"科长"、"处长"们。3. 原国有商业银行员工中的党员占比在35%以上,其高管人员中不是党员的很少。4. 近年来国有商业银行高管人员中,确实发生了让媒体炒得沸沸扬扬、让国家领导人大伤脑筋的经济案件。

近日,美洲银行和新加坡淡马锡控股有限公司完成了中央汇金公司持有建行股份的首次交割,两家外资银行已持有建行14.1%的股份。但建设银行仍是中华人民共和国巨额注资、绝对控股、以国家信誉为坚强后盾的商业银行,它必须向国家、向人民负责,行使好包括贷款在内的各项商业银行经营权。建设银行的各级经营管理人员,必须清醒地认识建设银行经营管理权的来源和本质,做到"权为民所用、利为民所谋",同时,通过健全的法人治理结构、完善的内控机制,让各种权力处在严格的监督之下,没有监督的权力是不可能真正"为民所用"的。做到了这点,才可以谈服务的问题。

二、服务与回报

服务应该获得回报,一是利益回报,一是非利回报。"见利忘义"与"毫不利己、专门利人"是分别索取两种回报的极致,前者应有法律制度的管制和道德约束,后者是服务的最高境界,应积极倡导,但不能作为普遍要求。作为服务提供方,提供的服务内容应包括利与非利两个方面,在获得利益回报的同时,应追求非利回报;作为服务获取方,付出了服务成本,应获得与成本(包括机会成本)相应的利益回报与非利回报(精神满足)。

商业银行的服务是商业服务,服务作为一种商业行为,要付出成本,同时获得相应的回报。所以,建行的各项服务要算成本账,算效益账,要以客户为中心算账。我们的收入主要是哪些客户带来的,我们的成本投向了哪些客户,算账了才知道。我们必须进行客户结构调整,必须建立不同的服务平台,实行差别化服务,把更多的资源和更好的服务向大中型客户、潜力客户倾斜,绝对赔本的买卖不做。还要从客户的角度算账:客户购买我们建行的服务，他值吗？要算客户的成本（包括机会成本）、收益账（必须包括非利收益，评估客户对我们服务的满意度）。算客户的账就是了解客户、评估客户、发现客户，就是把握风险、发现商机，算好客户的账才清楚我们要如何不断改进我们的服务。

算账是商业银行的基本素质（有所谓"铁算盘"之称），是各项经营管理活动的基本环节，但这却被各级下达的经营任务和开展的各项活动所掩盖，任务完成得好就好，谁去算账？不算账，如何搞好服务？没有算账的服务，可能就是一场活动而已。

三、服务与风险

商业银行的服务有没有风险？回答是肯定的。这是由商业银行的性质决定的。所以谈服务应该谈风险，谈服务文化应该谈风险文化。

商业银行风险控制涵盖每项业务、每个经营环节、每个员工和每个岗位。风险控制能力决定着商业银行的生存，服务能力决定着商业银行的发展。真正的商业银行不应该开办绝对赔本的业务，不应该提供风险失控的服务。所以服务应以控制风险为前提，与风险控制同在同行。但现实却不尽如此。有一种现象叫"过度服务"，是指银行人员超越权限或违背条件和制度为客户办理业务，这样的业务肯定会给银行造成风险或带来损失。背后的原因，有的是为完成经营任务，为满足客户的要求，这实质上是以发展的名义损害生存的基础，必须从经营指导思想上解决这个问题；有的则是银行工作人员个人与客户有交易，这是对银行利益的出卖！问题的关键在于，银行每笔业务，即使合规、风险可控，银行工作人员均不得获取客户给与银行回报之外的任何利益回报，否则，就会有人为了一己之利出卖银行利益，为客户提供"过度服务"。这又引出另一种为某些人心知肚明而不愿道破的现象——"两头贷款"，一头在银行这边，按条件能过得去，另一头在客户那边还有自己的一份。这背后隐藏的风险自不待言。必须有一道防火墙，隔断银行工作人员个人与客户之间的交易关系。

四、服务与员工

郭董事长特别强调要调动全行员工的积极性，为做好服务工作献计献策。他指出"改进客户服务不是哪一个人的事，也不是哪一级机构、哪一个部门的事，而是全行每一位员工工作的核心内容"。并要求"基层一线员工要做好直接的客户服务工作，各级管理层和后台员工也要有强烈的服务意识，为基层和一线提供最好的服务"。对总行领导的要求，我们可以这样理解：要为客户服好务，首先为基层员工服好务；没有满意的员工，就没有满意的客户；没有员工的忠诚度，就不会有客户的忠诚度。因此，内部管理以员工为主体，对外经营以客户为中心，两者有机结合，让我行经营管理的各项工作最终都落实到以人为本的思想上来，这才是服务文化建设的根本所在。

注：本文于 2005 年 9 月 12 日在建设银行湖南省分行内部信息网站刊发。

我心中的衡阳分行

……前面是谈工作，现在，我想利用这个机会和大家谈谈心，交流一下思想。

我去年 2 月 13 日来衡阳分行工作，在 2 月 20 日的南岳工作会上，我代表衡阳分行本届领导班子谈了办行的目标、思路及有关措施。今天，我想再和大家谈谈我们应该把衡阳分行办成什么样的行，我们应该怎样工作，怎样生活。

衡阳分行应该建设成什么样的银行？

在去年的南岳工作会议上，我提出了"五个一流"的目标，就是要把衡阳分行办成当地"一流的服务、一流的业绩、一流的团队、一流的品牌、一流的机制"的好银行。衡阳是雁城，大雁飞翔时都有一只领头雁带队，我们要做同业的"领头雁"，系统内地市行的"领头雁"！

首先，建行在湖南近几年来各项业务健康快速发展，主要指标遥遥领先于同业，"三湘金融领头羊"誉满全省。在衡阳，我们没有理由甘居人后。

其次，衡阳历史悠久，文化深厚，资源丰富，区域优势明显。衡阳更是一个朝气蓬勃的新城，国内总产值、规模工业总产值、银行存款余额、在建项目投资都过了千亿，主要经济指标居全省 13 个地州市前列，步入了工业化、城镇化的快速发展阶段，为建行的发展提供了广阔的空间和机会。

第三，衡阳分行有光荣的传统。上世纪 90 年代，衡阳分行管理精细，多年盈利，涌现了很多先进人物、劳动模范和优秀集体，在省行甚至总行都有较高的知名度。

第四，有现实的可能性。在上届班子的带领下，衡阳分行各项业务快速发展，主要指标在当地、在系统内的排位迅速提升。去年以来，我们继续保持了以往的发展势头，各项业务更上层楼。今年上半年，公司存款余额居同业第一，系统内 13 个市州分行第一；个人存款余额居同业第二，系统内 13 个市州分行第一；贷款余额、新增居同业第一；中间业务收入同业第一，市场占比提高了 3.34 个百分点，13 个市州分行第一；今年内要处置完和泰纸业不良贷款，贷款不良率将下降到 0.6% 以内，将是同业最好，系统内 13 个市州分行最好。

客观地讲，这个目标是很高的，要实现这个目标必须付出艰辛的努力。我们有很多方面需要向同业、向兄弟行学习，已经领先的指标并非一劳永逸，稍有松懈就会被赶超。但是，基于上述事实和条件，我们没有理由不确定这个目标，没有理由不为这个目标去奋斗！

我们需要建设什么样的员工队伍？

没有一流的员工，就没有一流的银行。一流的员工，应该具备怎样的素质呢？八个字：目标、责任、能力、激情。这个我也在去年的工作会上提出了。

做一个目标明确的人。一个企业必须要有自己的发展规划和目标，一个人必须要有自己的人生理想和目标。企业目标要分解到每个单位、每个员工、每个时段。建行是公开上市的世界第二大银行，"五个一流"是我们衡阳分行的办行目标；存款余额第一，处置不良资产，提高风险控制水平是我行 2010 年的工作目标；存款新增占比第一是我们三季度的目标。我们每个支行、每个员工、每一天都必须有明确的目标，还要有不达到目的誓不罢休的坚定决心和必胜信心！

做一个负责任的人。儒家做人的要求是修身、齐家、治国、平天下。说得通俗一点，我认为，一个人做人必须对自己负责，对家庭负责，对工作负责，对社会负责。接受一份工作，就是接受一份契约，就是接受一份责任。银行是负债经营的高风险行业，每个员工必须以高度负责的精神对待每一个客户、每一笔业务。建行曾提出一句警言：我的微小疏忽，可能给客户带来很大麻烦；我的微小失误，可能给建行带来巨大损失。责任重于泰山啊！为了这份责任，我们多少同事默默无闻、兢兢业业地工作每一天，也有无数事实证明，造成不良贷款的重要原因就是责任心不强，操作风险出问题的重要原因也是责任心不强！

做一个有能力的人。一个人必须有生存的能力、劳动的能力、发展的能力。崇高的目标要有能力去实现，重要的责任要有能力去承担，否则只是空谈。我们的目标，我们的责任，需要我们全行员工不断提高我们的营销服务能力、市场竞争能力、风险控制能力，对在座的各位中层管理人员来说，还需要不断提高我们的组织管理能力。

做一个充满激情的人。激情是一种强烈的热情，持久的热情，是对目标的坚定不移，追求不止，是对责任的时时清醒，始终不弃。对于我们建行的同志们来说，经过 2003 年减员增效、双向选择而留下来的同志，是经过了深思熟虑的；2003 年以后进建行的同志，都是经过建行笔试、面试，严格选拔才进来的。既然我们选择了建行，我们就要热爱建行，即使遇到挫折、困难，我们也要像士兵许三多一样，不抛弃、不放弃，始终以饱满的热情、高昂的斗志投入工作。

我们应该做什么？怎么做？

做什么？存款、贷款、结算、中间业务、产品，这些都是我们天天操心，天天要做的业务。谁做呢？员工；找谁做呢？客户；怎么做呢？按制度、按流程（合规）；怎样才能做好呢？靠服务。对于在座的中层干部，尤其是支行的负责人来说，员工、客户、合规、服务是我们的基本功，要常抓不懈。

员工是立行之本。有什么样的员工就会有什么样的银行。管理者首要的、最重要的工作是做好人的工作。按照马斯洛需求层次理论，我们要做好三件事：一是满足员工的生存需要，也就是物质需求，所以员工收入增长是我们的一项重要工作；二是满足社会性需求，要尊重、关爱员工，使员工有归属感，有主动性，有创造性，精神饱满，充满激情；三是满足员工自我实现的需要，使员工有广阔的自由发展的空间，实现其人生价值。员工管理的手段有两种，古今中外的表述有这么一些：归过与扬善、表扬与批评、胡萝卜加大棒、激励与约束。衡量员工工作的标准有"三度"：员工满意度、员工忠诚度、员工贡献度。

客户是业务之源。没有客户就没有业务，找什么样的客户做业务就是找什么样的人过日子。所以，我们要营销拓展客户，了解确知客户，维护服务好客户。从现在开始，对客户数增长的考核，要高于对存款等其他指标的考核，并长期坚持下去。我们的目标客户必须是讲诚信的客户、有潜质的客户、高端客户。要按省行要求，既要做顶天立地的大的优质客户，也要做铺天盖地的优质中小企业客户。考核客户工作的标准也是"三度"：客户满意度、客户忠诚度、客户贡献度，当前，在三季度的"抓户增存"活动中，要着重抓客户的存款贡献度。

合规是生命。没有规矩，游戏都玩不下去，何况是办银行，不守规矩的李森把200多年历史的巴林银行玩完了。内控合规与业务发展往往是一对矛盾，我认为，内控合规就好比一个人身体健康，业务发展好比升官发财，对一个健康有问题的人，再大的官职、再多的钱财都是毫无意义的。从近年来我行检查、审计中发现的问题来看，一类是频繁甚至是重复出现的简单的操作性差错和失误，就像一个人总是感冒，有时感冒可能引发并发症，危及生命！一类是明知不可为而为之，纯属主观故意，或为自己，或为朋友、同事，有的还是为业务、为客户，不管是哪一种，性质都是恶劣的，好比自残、自杀，好比饮鸩止渴！这些比喻都可以找到活生生的事例！因为"健康"问题，衡阳分行曾经经历过剧痛。但是我们今天还在痛！我们曾经付出过很大的代价，但是我们今天还在付出！所以，合规是生命，做到合规才能保持健康，只有健康，才能持续稳定的发展。当然，我们不能因为怕出错不做事，怕风险而不发展业务，就如一个四肢发达的人什么事都不做，生命对他来说也是毫无意义的。

服务是饭碗。业务做得好不好，取决于服务，服务差，吃不饱，服务好，才能吃得饱。服务有四个内容：服务环境、服务态度、服务效率、服务质量。当前，我们在柜面服务管理中，在服务环境、服务态度上花去了大量精力，而服务取胜是靠服务质量和服务效率的。提高服务质量和服务效率，要做好四条：一是综合性服务。真正以客户为中心，建立部门之间、产品之间、上下级之间的联动营销机制，满足客户的全方位金融需求，提高客户的综合贡献度；二是坚持差别化服务，满足高端客户的需求，走出垃圾银行陷阱；三是现代化服务，引导客户广泛使用我行电子产品、自助设备，最大限度地方便客户，分流和减少我行柜面业务量；四是增值服务，努力为客户创造价值，实现银企价值双赢。

以上四项工作做好了，我们就能形成两个东西：一是以人为本的服务文化，二是以制度为基础的风险控制机制和激励约束机制。这就要求我们：做人应该讲感情，做事必须讲规矩，规矩大于感情。

对于我们分行本部的工作，我在去年本部员工大会上也提了四点要求，那就是："规范有序、精简高效、服务热情，清正廉洁。"这里我就不一一展开谈了。我要强调的是，"同业比份额，系统比排名"是对我们衡阳分行全行的要求，首先是对分行本部各部门，每笔业务、每项工作的要求。这个要求已经体现在考核方案中，希望大家为此努力。

我的祝愿

我在去年的工作报告中，送给全行同事的祝愿是"身体健康，家庭幸福、心情愉快、工作顺利"，赢得了大家的掌声。后来有的同志对我说，做到这四句话很难。我想说，我的祝愿是真诚的，也包括对我自己。我在这里再与大家交流一下我的体会：

身体健康。要努力做到四点：平和的心态、均衡的营养、适量的运动、充足的睡眠。

家庭幸福。四个字：孝、慈、仁、爱。孝对父母，慈对子女、爱对夫妻、仁对兄弟姐妹。

心情愉快。平静、尽力、知足、感恩。对身边的人和事冷静客观地对待，淡然处之，不牢骚满腹，不怨天尤人；坚持自己做人的准则不放弃，追求自己做事的目标不懈怠，勤奋努力，尽力而为；尽心尽力之后必有所得也有所失，有所成也有所不成，应该自信而不可自傲，自省而不可太过自责。西方信徒每顿饭前都有句祷告词"感谢上帝赐给我食物"，乞丐晒着太阳时样子也是很享受的啊，所以我们在经历沧海桑田，体味人生百态之后，应该有知足和感恩的心态才是。

工作顺利。看看自己是否有三个匹配：能力与岗位匹配，所得与付出匹配，里子与面子匹配。是的话，就够顺利的了，不是的话，去匹配好就顺了。

就谈这些吧，谢谢大家！

注：本文是 2010 年 7 月建设银行衡阳市分行年中工作会议讲话的一部分，由衡阳市分行办公室记录整理并加了标题，在衡阳市分行和湖南省分行内部信息网站刊发，并发表于《建设银行报》2011 年 1 月 7 日第 3 版。

附 1：内部信息网部分网评：

第 22 楼 来自 Anonymous 于 2010 - 8 - 11 11：30：05 发表评论：

折服！有这么优秀的领头人，衡阳业务一定会越做越好！

第 21 楼 来自 Anonymous 于 2010 - 8 - 11 11：24：13 发表评论：

郴州：大实话却蕴藏大道理，不是大海一样的胸怀，没有哲人的智慧，缺乏仁者的谦爱，不可能有此言，不可能撰此文！写得好，写得好！

第 19 楼 来自 Anonymous 于 2010 - 8 - 11 9：39：19 发表评论：

潘秀美：务实、真诚、感动。

第 18 楼 来自 Anonymous 于 2010 - 8 - 10 13：30：18 发表评论：

岳阳：冯春　不仅是精品妙文，而且是做人、做事、做业务的典范。没有深厚的人文功底是做不到的。崇高敬礼，老师！

第 17 楼 来自 Anonymous 于 2010 - 8 - 9 11：08：26 发表评论：

平和、实在、感人！

第 16 楼 来自 张敏 于 2010 - 8 - 9 9：44：31 发评论：

这是领路人的品位、格调和风范！

第 13 楼 来自 Anonymous 于 2010 - 8 - 6 9：48：33 发表评论：

祝福衡阳行！衡阳行很幸福，能有这样能够用心谋发展，关心员工，务实的好领导，衡阳的业务一定能再上台阶。

第 11 楼 来自 Anonymous 于 2010 - 8 - 5 10：55：43 发表评论：

心灵的鸡汤！加油，衡阳分行！加油，李行长！我们一起为自己加油！为建行加油！

第 10 楼 来自 Anonymous 于 2010 - 8 - 5 10：09：29 发表评论：

荣幸，骄傲，自豪，良师益友，金玉良言。非常荣幸能与像李行长这样的领导为伍；特别骄傲能是湖南建行这支"光荣与梦想"团队中的一员；万分自豪：我们永远是一流！

第 8 楼 来自 Anonymous 于 2010 - 8 - 5 8：47：03 发表评论：

语言朴实，道理简单，值得反复回味。好！

第 7 楼 来自 Anonymous 于 2010 - 8 - 5 8：38：05 发表评论：

没有华丽的辞藻，但见思想的火花，文如其人。

第 6 楼 来自 Anonymous 于 2010 - 8 - 4 18：50：16 发表评论：

能力与岗位匹配，所得与付出匹配，里子与面子匹配。

当我们眺望远方时，决不能忘记脚踏实地。

用心做好身边事，一切顺其自然。

谢谢你，老领导！

第 5 楼 来自 Anonymous 于 2010 - 8 - 4 16：45：09 发表评论：

情真意切，语重心长。说得太好了。

有这么好的领导，这么好的员工，衡阳分行一定能实现"五个一流"。

第 4 楼 来自 Anonymous 于 2010 - 8 - 4 16：00：24 发表评论：

祝福你，李行长！祝福你，衡阳分行！

一个人不管有多聪明，多能干，如果不懂得如何去做人、做事，那么他最终的结局肯定是失败。李行长语重心长的话告诉我们怎么样去做人、做事。祝福你，李行长！祝福你，衡阳分行！

附 2：员工读后感（摘录）

【财会部】祝和茂：站在人生的高处——读《我心中的衡阳分行》的感想 李行长的一席话，使我明白了一个道理：高度决定视野，角度改变观念，尺度把握命运。站在人生的高处，眼界才能开阔，重要的是，不会太在意某件事情，而忽略人生中真正宝贵的东西。阅读次数：231

【个金部】罗友平：心系客户 感恩工作——读李行长《我心中的衡阳分行》有感 拜读了李行长《我心中的衡阳分行》一文后，感受颇深，字里行间真情流露了李行长对衡阳分行的深厚感情，并寄予对衡阳分行的殷切期望和美好祝愿，更是一份激发每位衡阳行员工积极进取，绽放工作激情，提升工作效率，坚守职业道德，令人振奋的工作檄文。阅读次数：151

【雁峰】伍斌：浅谈建行客户经理职业素质——读李行长《我心中的衡阳分行》有感 近日，在省行网站上拜读了李行长的 2010 年年中工作会议讲话——《我心中的衡阳分行》，读后感受颇深。作为建行的一名客户经理，我们到底应具备怎样的职业素质，这个问题一直在我的脑海里回旋。阅读次数：159

【红湘路】赵琳：雁引春归——读李行长《我心中的衡阳分行》有感 读了李行长《我心中的衡阳分行》后，心中感慨颇多，李行长在讲话稿中既阐述了要把衡阳分行办成"五个一流"，成为行业和系统内领头雁的工作目标，又描绘了一个合格建行员工的具体形象，还指导了我们提升业绩的具体方法，最后还谈到了对人生幸福的理解。读罢，心中那个一直模糊的建行人的形象立刻清晰起来！那个困扰了许多职场人的如何工作如何生活的问题似乎已经有了答案。李行长的精彩的讲话为我们年轻的建行员工指明了方向，让我们这些年轻人心中豁然开朗，目标明晰；同时又如一盏指路明灯，高瞻远瞩地为我行下一步的"五个一流"、"两个领头雁"的宏伟目标描绘了清晰蓝图并点明了工作的方向和重点，让我们感到激情澎湃，血液沸腾！我们有理由相信衡阳分行这只大雁已经舒展羽毛，振翅欲飞，在不久的将来定会一飞冲天，尽展鸿鹄之志！阅读次数：205

【营业部】王秋生：爱，并将爱传递——有感于李行长《我心中的衡阳分行》 市分行李振球行长的《我心中的衡阳分行》，字里行间，凝聚着人类的一种最伟大的情愫——爱，多么朴实和真切的爱呀！尤其是行长对全行员工十六字的祝愿"身体健康，家庭幸福，心情愉快，工作顺利"，真的让我们每一位员工为之深深地动容。不能不说，有这样充满爱的领导掌舵衡阳分行，是我们衡阳分行五百多号员工的福分哪！作为一名普通的建行员工，我与李行长打交道的机会并不多，第一次拜见李行长的情形，至今仍历历在目，行长的儒雅、淡定、平和、睿智，令人油然而生敬意，真不愧是一个大行的掌门人。阅读次数：239

【黄白路】罗斌凤：追求卓越——读《我心中的衡阳分行》有感 我在分行网站上拜读了李行长2010年年中工作会讲话选录，对我启发很大，教育很深。回想自己在建行的工作、生活，心潮起伏，难以平静。印在我脑海里挥之不去的是李行长曾多次提到的八个字：目标、责任、能力、激情。阅读次数：158

【衡东】谭鸿泽：服务是取胜的根本——读李行长《我心中的衡阳分行》有感 读一册好书，让人爱不释手；品一篇好文章令人茅塞顿开，受益匪浅。近日，怀着崇拜的心情细读了李行长《我心中的衡阳分行》一文，全文高屋建瓴、立意深远，为我们勾画了衡阳分行的发展蓝图，教导我们怎样为人处世、怎样开心地工作、怎样愉快地生活。文章以充足的理由论证了衡阳分行必须实现"五个一流"、不甘居人后、要做同业"领头雁"的奋斗目标；以"目标、责任、能力、激情"阐述了员工队伍应该具备的素质；以"员工是立行之本、客户是业务之源、合规是生命、服务是饭碗"明确了以人为本的服务文化和以制度为基础的风险防范控制机制。他真诚的祝愿寓意深刻、催人奋进，李行长的肺腑之言，令我收获颇多，感悟颇多。阅读次数：353

【公司部】李海燕：信心·实干·创新——读李振球行长《我心中的衡阳分行》有感 读罢《我心中的衡阳分行》一文，不禁为字里行间透露出的李振球行长为建行的发展、为建行的未来、为建行的荣光所蕴藏的那种等不起的责任感、闲不住的使命感、坐不下的紧迫感所深深感动，更为他争创一流工作、打造一流队伍的远见卓识与实干精神所折服。作为衡阳建行的一分子，我们应该能够体会到李行长的良苦用心，并以实际行动去努力拼搏，开拓进取，为建行奉献光和热。阅读次数：147

【黄白路】李悄兰：遵守契约 承担责任——读李行长《我心中的衡阳分行》有感

这两天我们黄白路的伙伴们都在相互传阅李行长的讲话稿《我心中的衡阳分行》，看完后大家都觉得受益良多，感触也颇多，有人说从中看到了自己的肩上沉沉的责任，也有人说从中体会了感动，感动于李行长对所有员工的关爱，对衡阳分行的关心和莫大的信心。我看完后一直在思考两个问题，我自己眼中的衡阳分行又是个什么样的呢？我又能为衡阳分行的发展和腾飞做些什么呢？阅读次数：100

【祁东】王新军：体验光荣，点燃激情——读李行长《我心中的衡阳分行》有感作为一名最基层的县支行普通员工，有幸参加了市分行 2010 年年中工作会，现场聆听了李行长即兴发表的重要讲话，近日又细读网站上整理发表的《我心中的衡阳分行》，深受感触。李行长在讲话中，高瞻远瞩地向我们勾画了衡阳分行的发展蓝图，教育我们如何为人处世、怎样工作和生活，言语之间让我们感受到了他对办好衡阳分行、关心关爱员工的一份激情。阅读次数：193

【华新】李松：我心中的指路明灯——读李振球行长《我心中的衡阳分行》有感曾几何时，我把工作当成一种负担，当成自己能维持温饱的工具。有时在自己工作岗位上觉得如坐针毡，有时面对工作唉声叹气。我也曾为此羞愧，我也曾想改变，但总对自己的人生目标定位不准，对自己的工作目标认识不到位。2010 年 7 月 12 日晚上我很高兴参加了建行衡阳分行年中工作会，仔细聆听了李振球行长作的《认清形势找准差距树立信心 全面完成今年既定的各项经营目标》的工作报告，今天我又仔细、反复阅读了李行长的《我心中的衡阳分行》一文，感触很深，很受启发，终于明白：办成一流的衡阳建行目标是什么？办成一流的衡阳建行究竟需要什么样的员工队伍？办成一流的衡阳建行究竟应该怎么做？阅读次数：154

【黄白路】林世娇：立足根本 心怀感恩——学习李振球行长讲话有感 入行十年以来，我一直以自己是一名建行的员工而自豪！作为同业和系统内的"领头雁"，我们衡阳建行这几年来取得了骄人业绩！今天在网上学习了李振球行长《我心中的衡阳分行》讲话，李行长提出的一些观点、理念、目标、措施，细细品味，掩卷沉思，让我受益匪浅。阅读次数：112

【解放路】王文辉：自强不息，止于至善——学习李行长在年中工作会议上的讲话精神有感 "自强不息，止于至善"是厦门大学的校训，这两句话很有点来历，分别出自《周易》与《礼记·大学》，但其实意思很简单，如果用在衡阳建行，也可以用李行长的两句话分别加以解释。自强不息，就是我们每一名员工都要以"目标、能力、责任、激情"这八个字来鞭策自己；止于至善，就是要把衡阳建行办成当地的"五个一流"银行。阅读次数：312

【公司部】费成良：点燃智慧 成就梦想——读《我心中的衡阳建行》有感 怀着激动的心情再次读完《我心中的衡阳建行》，心情久久不能平静。李振球行长在年中工作会议上从衡阳建行的光荣历史谈到未来的使命，从员工队伍建设谈到银行的工作重点。李行长的讲话为我们年轻人指明了奋斗的方向，那就是做一个有目标、有责任、有能力、有激情的"四有"建行人。阅读次数：175

【公司部】蒋一波：责任——读李行长《我心中的衡阳分行》有感 作为一名建行员工，曾经思考过自己与建设银行之间的关系，有过一些体会、感悟，但只在某一刹那，不成系统，思后即忘。读完李振球行长的讲话稿，不由自主地被引导着去思索一些问题。我们每个人都会被生命询问，也只有用自己的生命才能回答此问题；"负责"就是注解生命的最佳答案。阅读次数：175

【古汉大道】伍大军：远航的畅想曲——读李行长《我心中的衡阳分行》有感 近日在分行网站上拜读了李行长的讲话稿《我心中的衡阳分行》。我初读时的感觉就是感动，感动于作为我们衡阳分行这支雁阵"领头雁"的李行长，言语之间无不充满对衡阳行业务发展厚重的期盼、对全行员工队伍殷切的关心和衡阳分行上下美好的祝愿。今日再读此文，作为衡阳分行一员，自己不禁引发了一阵阵深思。细心的人会发现，李行长在讲话中提到了四个醒目的主题："衡阳分行应该建设成什么样的银行；我们需要建设什么样的员工队伍；我们应该做什么、怎么做和我的祝愿"。难道我们仅仅是把这些作为一行之长高屋建瓴意味深长的讲话就够了吗？显然不够。抛开其他方面不说，就"我们要建设什么样的员工队伍"而言，我们不管身处哪个条线何种岗位，心灵无疑都应该受到阵阵撞击——我们是什么样的员工，我们要做什么样的员工。

目标就好比大海中的灯塔，指引着航船驶向目的地。责任是舵，来不得半点的松懈和疏忽。能力是帆，一张好帆方能书写"直挂云帆济沧海"的豪情。激情因风而动，风不止才能扬帆远航。阅读次数：237

【常宁】刘蓓蓓：理性工作，感性生活，做幸福建行人——读李振球行长《我心中的衡阳分行》有感 李行长在2010年年中工作会议上，对全行的进一步发展提出了许多新观点和新看法，并全面阐述了我行下一步的工作目标和经营策略，尤其是对员工的愿望，作为建行的一员，对李行长肺腑之言，我受益匪浅。我们的员工若能将建行的发展与个人的幸福感关联起来，衡阳建行的发展将更加稳定、持久。阅读次数：166

【潇湘街】屈萍："双零"在我心——读李振球行长《我心中的衡阳分行》有感 学习了李行长《我心中的衡阳分行》后，我心中感慨颇多，李行长在讲话中对员工的工作和生活都作出了明确的指示，以及殷切的祝福。我牢记了李行长提出的八个字"目标，责任，能力，激情"。我是一名普普通通的临柜人员，我们的工作目标非常明确，就是实现"双零"，考核不出差错。阅读次数：207

【五一路】周山保：增强责任心 全力保"双零"——拜读李行长的《我心中的衡阳分行》有感 将李行长的"目标、责任、能力、激情"这八个字印在脑海里，那么工作中，生活中你都会成为一个快乐的人，一个幸福的人。"双零"在你心里将不值一提，我们可将在"战术"上藐视它。我想在不久的将来我行全行实现"双零"不再是一个

什么奇迹，更不再是个什么神话。阅读次数：244

【红湘路】刘兰芳：感悟"双零"——读李行长《我心中的衡阳分行》有感 我行自 2009 年 2 月至今年 6 月已经连续 17 个月实现稽核零差错，但是 7 月份省行查出了我行一笔差错，让我行实现全年无差错这个目标就变成希望渺茫，因为这一笔差错就让全行上下 17 个月的共同努力付诸东流，这让我感到非常的痛心，就在我的心情跌入低谷感到一片迷茫的时候，我读了李行长的《我心中的衡阳》一文，让我豁然开朗，李行长提出的做一个有"目标、责任、能力、激情"的员工，给我指明了方向，而且这八个字对我们的双零活动也有着现实的指导意义。阅读次数：487

领导四要素

做一名称职的领导，应该具备以下四个基本要素：

一、代表一个群体或组织

领导，就是一个群体或组织的代表。这个群体或组织可以小到"三人小组"，大到一个民族，一个国家。

代表他们，就是为了他们。只有为了他们，才能代表他们。只为自己，不能成为领导；只为少数人，是小领导，叫"小头目"；为了很多人，才能成为大领导，可以叫"领袖"。

一定规模的组织，往往有一个"领导班子"，大型群体或组织，往往有一个"领导团队"、"领导层"，一个国家，通常是由一个政党领导，叫"执政党"。

为了他们，代表他们，怎样"代表"？怎样"为了"？大致有三种情形：一是毫不利己专门利人，为了所代表人的利益可以献出自己的一切，包括生命。二是先人后己，先天下之忧而忧后天下之乐而乐。三是主观为别人客观为自己，为他就是为自己。变异了的情形有：声称为了很多人，实际上只为其中的少部分人，或声称为了大家实际只为自己。

有两个问题值得关注和思考，一是"设计"二是"运行"。"设计"是指领导体制、制度、模式的安排，"运行"是指按"设计"去实施的过程和效果。大到一个国家，小到一个单位、公司，领导者要经常检查的是，这个"设计"和"运行"是否能有效达到你所代表的群体或组织的利益目标，"设计"合理吗？"运行"有效吗？检查的标准是：领导者在多大程度上、是真的还是假的"代表"了、"为了"你的群体或组织。

二、要有领导力

领导必须具备能统帅其所代表的组织和群体的能力。领导力包括权力、"威"力、组织管理能力。

当领导要有权力。权力是外加的，是被授予的。一种是上级授予，如任命、委派、聘任等，"自封为王"者往往要找借口，如中国皇帝说自己是天子，皇权天授。一种是下级授予，如民选、推举。权力的作用是强制性的，你不服也得服。

当领导要有"威"力，就是权威、威信。有的权威来自与生俱来的因素，如出生、身体生理条件等，但主要是后天养成的，如品格修养，素质技能，知识水平，资历阅历，专业特长等。权威的作用是自发产生的，令人从心底里信服。

有的人权力大威信小或威信扫地，有的人威信高但权力小或没有权力。理想的状态是：给威信高的人赋予他更大的权力，让权力大的人努力提高自己的威信。

当领导要有组织管理能力。从权力和权威看你是不是领导、能不能当领导，从组织管理能力看你能不能当好领导。管理是科学，要学习，要学管理知识，更要在实践中锻炼管理能力，积累管理经验。

三、公平公正

公者，众也。领导者代表公众的利益，处理公众事务，必须坚持公平原则、高举正义旗帜；只有公平才能服众，只有正义才有力量；领导者应该是公平的代表，是正义的化身。

要公平公正，首先得把自己看小、看轻，"社稷为重，君次之"。无私才能无畏，无欲才能刚强，心底无私才能天地宽阔。自己一肚子猫腻一屁眼的屎，公平公正只能是假装和表演。

要公平公正，必须有一双明亮的眼睛，明察秋毫，明辨忠奸。

公平公正不是和稀泥、做老好人。做领导要一生正气，爱憎分明，锄强扶弱，惩恶扬善。对恶的容忍就是对善的亵渎，让老实人吃亏就是让钻营者得势，不得罪少数人就是得罪多数人。

四、胸怀宽广　眼界宽阔

称职的领导要有宽广的胸怀和长远的眼光，胸怀狭窄、鼠目寸光的人不能当领导。

胸怀宽广就是要能容人，包括你不喜欢的人和反对你的人；胸怀宽广就是要能听你不喜欢听的实话、直话；胸怀宽广就是要淡定，冷静处事，做到"泰山崩于前而色不变，麋鹿起于右而心不惊"。只有宽广的胸怀才能聚集更大的能量，胸怀宽广的人是内心强大的人。

"不谋全局者不足以谋一域"，当领导必须胸中有全局，从更大的背景更广的视角来观照你的责任区域。胸怀全局才能看清局部，"不识庐山真面目，只缘身在此山中"嘛，看清楚了才知道孰轻孰重，才能把握关键，处理好局部与整体、重点与一般的关系，才不会顾此失彼，"按下葫芦浮起瓢"。那么多大才是"全局"呢？这决定于领导者的胸怀，但至少应该站在授权给你的人的高度上去。

"人无远虑，必有近忧"，当领导的更应有长远的眼光，看到发展趋势，把握发展规律，所谓"风物长宜放眼望"。因此才知道自己是谁、往哪里去、干什么，也就是明确方向，找准定位，制定目标；才能处理好当前利益与长远利益的关系，才能把握好快与慢、缓与急的发展节奏，才能发现和把握机遇，预见和规避风险。

注：本文根据 2011 年 11 月 22 日与新任中层干部集体谈话内容整理，随后在建设银行衡阳市分行内部信息网站刊发，2012 年 6 月 7 日在《建设银行报》发表。

努力提高三种能力
推进建设银行各项业务持续健康快速发展

近年来，建设银行衡阳市分行经营业绩持续优良，主要经营指标在系统内的排名和当地同业的占比不断提升。在"十二五"规划的开局之际，在国家货币政策由适度宽松回归到稳健的形势下，我们要努力提高三种能力，即提高应变能力，提高可持续发展能力，提高"双基"（基础、基层）管理能力，推进衡阳分行各项业务持续、健康、快速发展，这也是建行湖南省分行的要求。

一、提高应变能力

商业银行经营的经济金融政策环境、市场环境和客户需求是不断变化的，只有不断提高应变能力，才能持续发展。

要学习和把握宏观经济金融政策

中央经济工作会议确定了我国货币政策由适度宽松回归到稳健，这意味着信贷规模的增长将有所放缓，结构调整将继续深化，金融调控的力度将不断加大。在这种形势下，商业银行基层机构一是要主动适应经济结构调整的要求，加大信贷结构调整力度，加大对中小企业、三农、环保、民生方面的信贷投入；二是要精选信贷项目，提高报贷水平和审批通过率，以优质项目和精准的审批通过率，争取上级行有限的信贷资源。三是努力盘活存量贷款，利用回收再贷规模支持大批新的优质项目。四是大力发展和创新非信贷融资业务，如企业债券、短期融资券、票据业务、投资银行业务、内保外贷、信用卡分期付款业务等等。

要贴近市场，把握变化中的市场机遇

近三年来，衡阳经济增长速度高于全省平均水平，尤其是项目建设富有成效，一大批央企项目和世界 500 强项目落户衡阳，小企业、民营经济也呈蓬勃之势，为银行业务发展提供了机遇。去年底，建行湖南省分行与衡阳市政府签订了全面战略合作备忘录，备忘录中涉及 20 多户公司机构客户，40 多户中小企业客户和数百个人客户，项目金额数十亿元。全行要按照"四个一"（一个项目、一名领导、一套班子、一抓到底）、"四定"（定支行、定人员、定目标、定进度）的要求做好每个项目、每笔贷款、每个工作环节的落实工作，还要及时捕捉和跟进备忘录之外的其他优质项目。

要贴近客户，把握和满足不断变化的客户需求

要建立客户需求信息收集、研究回复制度，不掌握不断变化的客户需求信息，就是盲人骑瞎马，就不具备应变能力。客户服务要"用心、用智、用情"，要为客户量身定制金融服务方案，提供金融集成式服务。

二、提高可持续发展能力

只有不断创新，才是可持续的

要创新产品。产品是服务客户、创造价值的工具，只有不断创新的产品，才能满足不断变化的市场和不断变化的客户需求。要不断创新和大力发展非信贷融资业务，满足客户多方面的融资需求；要不断创新和大力发展非利差收入产品，拓宽我行中间业务收入渠道；要不断创新理财产品，满足广大客户投资理财的需要。要建立产品管理、创新的制度、机制和流程。

要创新渠道。一是要主动融合现代信息、网络技术，继续大力发展并不断创新和拓展非物理的客户服务渠道，在继续发展电话银行、网上银行、手机银行等业务的同时，大力发展金融 IC 卡，要寻求建立与通讯、信息管理网络相融合的结算网络以覆盖一个单位、一个集团甚至一个城市。二是建立并不断完善和改进非银行服务机构网络，使我行高中端客户随时随地享受到非银行渠道的服务。

要创新流程。银行间同质化产品很多，但流程不同就有不同的竞争力。要建立流程管理和流程创新机制，使每项业务、每个产品的流程始终处在不断优化的过程中。

只有优质服务，才是可持续的

要按照精品网点的要求建设每一个营业网点。银行任一网点的服务是现场地、直接地、真实地反映着我行的服务形象和水平，必须让客户获得满意的体验。

要为客户提供不受时空限制的立体化的渠道服务。客户能利用通信、网络工具随时随地办理银行业务，也可以随时随地获得银行提供的非银行机构的服务。

要为客户提供综合性金融服务。真正以客户为中心，建立部门之间、产品之间、上下级之间的联动机制，满足客户全方位金融需求，提高客户的综合贡献度。

要坚持差别化服务，大力维护和拓展高端客户，不断提高高端客户的户数占比、存款占比、AUM 值占比。

要为客户提供增值服务，要以理财的观念服务客户，以优质、廉洁、高效的作风服务客户，以最适合的产品，为客户降低成本，创造价值。

只有控住风险，才是可持续的

资产质量要持续优化。要做好贷后集中管理，明确责任，细化考核，严格奖惩，确保新发贷款无不良；存量不良贷款要"一户一策"，限期消化。

安全稳定要不出问题。做好案件防查工作，不出案件；做好内控合规工作，不出重大差错；做好安全保卫工作，不出事故；做好维稳工作，确保全行稳定和谐。

只有带好队伍，才是可持续的

员工管理要做好三方面工作：一是持续关心员工生活、工作条件的改善，要把员工收入水平的提升作为一项重要工作来抓，不断提高员工满意度；二是建立和完善激励约束机制，持续激励员工，使员工受尊重，有尊严，主动地、创造性地工作；三是做好员工职业生涯设计，提高银行发展与员工个人发展的关联度，为员工创造广阔的发展空间，实现其人生价值。员工管理工作的目标就是不断提升员工的满意度、忠诚度和贡献度。

三、提高"双基"管理能力

提高基础管理能力

首先是要管好人。每一个岗位、每一位员工都要有明确的岗位职责和严格的考核标准，并认真执行，长期坚持。岗位职责要明确清晰，不出现空白和重叠，要符合内控合规管理的要求，不兼容岗位绝不一人多岗。要建立严格的考核制度，考核要经常化，该每天考核的绝不隔天考核，考核结果要严格兑现，赏罚分明。

其次是管好事。每一项工作、每一笔业务都要有严格的制度和清晰的流程，并始终按制度和流程去做。操作风险的发生往往是因为违背了制度、逆流程引起的，严格管理好每一笔业务的操作合规性对银行的意义十分重大，必须从源头上防范风险，遏制案件和差错的发生。

提高基层管理能力

要加大基层业务向中后台集中的力度，加大城区行扁平化管理后事务性工作向中后台集中的力度，最大限度减轻基层行员工业务量和工作量。

各部门、各条线对基层网点的管理要全面覆盖，横到边，竖到底，不留盲点。

基层员工是基层管理的重点，管好了基层员工就管好了基层；基层员工更是基层管理的主体，是基层网点风险控制的主体、业务发展的主体。所以，提高基层管理能力的关键是提高基层员工自我发展、自我管理的能力。

注：本文发表于《衡阳金融》2011 年第 1 期。

三贴近　四落实　全力以赴实现经营目标

要完成上级行下达的工作任务，实现分行确定的经营目标，必须注意工作方法，必须改进工作作风：要贴近市场、贴近客户、贴近一线；要将各项经营指标分解落实到每位员工，落实到每个客户，落实时间进度，落实实现目标的工作措施。

"三贴近"要成为全行的工作习惯

要贴近市场。市场是银行业务的导向，要将上级行的任务导向诠释为市场导向，解决好到哪里去抓存款、到哪里去做项目、到哪里去卖产品的问题。抓机构存款、做重点项目，就要去找政府；做小企业，就要去工业园、去县市，要找经信委、工商局、工商联、行业协会等；要做信用卡分期，就要去找4S店、家装公司等。

要贴近客户。就是要增加和客户接触的时间、渠道、方式，更多地了解客户，最大限度地服务好客户，使客户更深地认知、认同我们。客户拓展的最佳方式是客户为我们介绍客户。

要贴近一线。银行工作的一线就是客户和网点。要落实上级服务下级、机关服务基层、全行服务客户的各项措施，建立快速反应机制，客户和基层反映的问题要及时得到解决或回复。

"三贴近"的要求主要是针对分行领导、机关部门和支行负责人。分行领导每周要有1/3以上的时间指导联系行的工作、接触公司机构类责任项目客户和个人高端客户，要把联系行视同分管的部门每周了解工作情况并指导下阶段工作。经营部门每周要有一半以上的人员、一半以上的时间联系和推进基层行业务工作，中后台部门对联系行的工作时间不得少于分管领导的时间，并要完成存款、产品任务，每周至少派一人到联系行任大堂经理一天。支行行长上班时间在办公室不得超过一小时，少跑分行机关，多数时间跑市场、跑客户，做大堂经理的时间要达到规定的要求；担任网点经理的副行长必须坚守岗位，严格履行岗位职责，凡上级行检查尤其神秘人检查发现擅自脱岗的要通报并严肃处理；营业主管营业时间不得在营业大厅之外的地点办公。

"四落实"要成为常规的工作方法

要将各项指标任务落实到全行每位员工。员工是银行经营的主体，每位员工都要有自己的工作任务和目标，人人肩上有担子，个个身上有任务，这是目标管理的基本要求。但是，不能简单地把存款、产品、中间业务等指标作分子把人头作分母一除了事，要根据岗位的不同、职责的不同分解工作任务，既要有定量的指标，也要有定性的目标；要根据分行的政策和要求制定各支行的激励约束实施细则，有奖有罚，奖罚分明，要更加注重精神激励，更加注重团队集体战斗力的培养；要加强对员工的业务培训和工作指导，带领和帮助每位员工完成任务，达到目标，在完成任务的过程中提升整个团队的业务素质、工作能力和职业成就感。

要将各项经营指标分解落实到每个客户。银行每一笔存款、每一个产品、每一分收入都是由一个个客户来实现的，没有客户就没有业务，我们不能只见指标不见客户。"以客户为中心"是建设银行的经营理念，对于各支行各网点，怎样处理考核指标和客户之间的关系呢？首先要根据客户"分"指标，对存量客户要逐户摸清情况，逐户"下达"存款、产品等指标，以"综合金融服务方案"、"理财服务方案"的形式去营销客户，一户一策，充分挖掘潜力；其次是根据指标找客户，例如，小企业业务客户，信用卡分期业务的客户，个人住房按揭贷款的客户、住房公积金联名卡客户等等，要充分发挥产品的优势拓展客户。同时，客户新增计划包括公司机构客户和个人 VIP 客户新增，本身是纳入 KPI（关键绩效指标）考核的重要经营指标，各行必须建立目标客户群，逐户攻克。从行长到柜员每个人都要做客户，都要有较强的客户营销服务能力，都要有客户资源，要建立自己的客户群。

分行要将全行经营指标按时间进度分解到经营部门和各支行，并根据进度完成情况及时调度。经营部门要将本部门指标按时间进度分解到支行并通过多种方式具体组织推进，要做好重点客户、重点产品、重点支行的推进工作。各支行要按时间进度将指标分解到目标责任人、目标客户，每天点评，每周总结。

最关键的是要落实工作措施，没有措施或有措施不落实，前面三点就是形式。要落实激励与约束措施，任务完成不完成，从精神到物质，从里子到面子就是不一样；要落实营销服务措施，要一户一策，一事一办，问题一个个解决，难题一个个攻克，要有逢山开道、遇水架桥，兵来将挡、水来土掩的勇气和智慧，始终不抛弃、不放弃；要落实培训措施，全行员工要及时地熟知产品、熟知业务，不断提高营销服务能力。

注：本文根据 2011 年 7 月 22 日在建设银行衡阳市分行上半年经营形势分析会暨夏季行长座谈会上的讲话摘录整理，随后衡阳分行下发了《关于在全行建立"三贴近"、"四落实"工作制度的通知》。《建设银行报》2012 年 1 月 9 日第 3 版以《基层行如何高效实现经营目标》为题发表了该文。

在南岳经营管理务虚会上的讲话

同志们:

昨天下午、晚上,今天一天,大家围绕分行的工作思路和经营目标畅所欲言,谈工作成绩和体会,很受鼓舞,谈目标和措施,充满信心,谈意见和建议,很有建设性。通过这次会议,大家思想更统一,目标更明确,决心和信心更足了。会议达到了预期的目的,取得了圆满的效果。

结合大家的发言,我再讲几点意见:

一、把思想认识统一到全行的办行目标和工作思路上来

一个单位必须要有明确的发展战略和清晰的工作思路。

近年来,我们在全行提出了"五个一流"的工作目标,就是要把衡阳分行办成当地"一流的服务、一流的业绩、一流的团队、一流的品牌、一流的机制"的现代好银行,业务发展要做同业的"领头雁",系统内地市行的"领头雁",负债业务要"逼近农行、甩开工行"。确立了"员工是立行之本、客户是业务之源、合规是生命、服务是饭碗"的工作思路,要求全行"紧紧依靠员工,牢牢把握客户,始终坚持合规,不断改善服务"。对员工提出了"目标、责任、能力、激情"的要求,对分行本部机关提出了"规范有序、精简高效、服务热情、清正廉洁"的要求。在业务发展方面,提出了进一步巩固和提升公司、机构、房金业务优势,强力推进个人银行业务发展的经营思路。在合规管理和风险控制方面,我们提出要树立两个意识,建立两种机制,即:合规是生命,做人应该讲感情,做事必须讲规矩,且规矩大于感情;每一个岗位、每一位员工都要有明确的岗位职责和严格的考核制度,每一项工作、每一笔业务都必须遵循严格的制度和清晰的流程。在工作作风方面,提出了"三贴近"、"四落实"的工作要求,即:

贴近市场、贴近一线、贴近客户；落实员工、落实客户、落实时间进度、落实工作措施。这些思路和要求，为全行干部员工所认同，并正在体现在全行的各项工作中。

下面我就全行业务发展的目标定位方面再谈点意见：

1. **业务结构定位。** 从资产负债结构来看，我行负债业务要不断提高同业市场占比和系统内的排名，公司机构存款的市场占比已经很高了，但还有提升的空间；要大力提升个人存款特别是县市支行个人存款份额。我行贷存比低于全省建行平均水平 10 个百分点，必须加大力度增加全行贷款的有效投放，力争贷存比尽快达到并超过全省平均水平，发挥资产业务对全行各项业务的带动辐射作用。从公司个人业务结构来看，要深化改革、不断创新，巩固和提升我行公司机构房金业务的传统优势、市场优势、品牌优势，展现和发挥我行在衡阳金融市场的主导和引领作用，发挥对全行个人业务的辐射和带动作用。个人银行要进一步做大，更要做强、做优，要紧紧抓住个人高端客户、电子银行业务、柜面服务三大重点强力推进，要认真落实县支行个人银行业务优先发展战略，积极推进精品网点发展战略。

2. **客户结构定位：** 认真落实财政、医保基金、公积金、富士康四大战略重点客户综合金融服务方案；在衡阳经济社会发展中起重要作用、有重大影响、符合我行信贷政策和准入授信条件、风险可控的重点项目和重要公司机构类客户，建行都不能缺席；积极支持实力强、品质优、信誉好、回报高的房地产开发项目；加大在县市、工业园区、产业集群上下游小企业客户营销力度，扶持培育一批潜在优质公司客户。要制订个人高端客户的三年发展规划，明确每年的新增目标，提高高端客户的户数占比、AUM值占比、存款占比。

3. **市场定位：** 巩固和提升公司机构类存款市场份额，四行占比不低于40%；个人存款市区余额、新增保持四行第一，县市余额四行第二，新增四行占比每年递增；贷款余额保持四行第一，每年新增第一；房地产开发贷款、个人住房按揭贷款余额和新增保持四行第一；利润、中间业务收入力争四行第一。

4. **经营模式定位：** 加快推进信贷经营职能整合方案，进一步完善我行目前已经实施的公司机构房金业务的产品集中、贷后集中和经营重心上移。

设立3个私人银行、9个理财中心,尽快形成全行服务高中端个人客户的机构网络格局。公司类重点客户、个人高中端客户的营销服务工作要制度化、流程化、常规化,尽快下发《个人高端客户分级营销服务实施方案》,全面启动个人高端客户分级营销服务考核系统。分行本部中后台部门绩效工资与全行经营业绩实时挂钩,前台业务经营部门与本条线经营指标挂钩。

二、抓住工作重心

员工、客户、合规、服务是我们始终不变的工作重心,是立行之本,是业务之源,是生命,是饭碗,必须紧紧依靠、牢牢把握、始终坚持、不断改善。就这四个方面我再讲一点意见:

要培养带队伍的本领。我行员工队伍数量、素质和结构的现状,决定着全行业务发展与管理的水平,管理层和员工都承受着很大的压力。但必须看到,(一)员工的工作不能由行长代替,必须依靠他们,要紧紧依靠;(二)我们这么大的业务是由这些员工做起来的,他们是了不起的;(三)每个人都有很大潜力,我们的职责是让每个人都最大限度地发挥自己的潜力,一支好的队伍是带出来的。基层行长带队伍要做好四件事:一是带领大家挣取较多的工资收入;二是让员工长本领,不断提高员工业务技能;三是带领员工奔前途,不断上进;四是让员工跟着你很开心、很快乐,工作可能很辛苦,但心情是愉快的。我在省行营业部工作时提出过建立"三型组织",即部队型、学校型和家庭型组织,全行要像部队一样有严明的纪律,有很强的战斗力和执行力,要像学校一样有完善的教学计划、培训师资和教学目标,要像家庭一样和谐、温馨。近年来分行和各支行在队伍建设方面做了不少工作,开始见到成效了,我们连年开展岗位争先创优工作、员工建言献策活动,今年启动职业生涯设计,13名员工参加一级柜员考试都合格了,80多名员工报名参加4个理财师培训名额的考试,非常可喜!

营销客户是我们的基本职责。不管指标的起与落,任何时候客户都是最根本最重要的。称职的支行行长必须有一批忠诚的个人高端客户和优质公司机构客户,必须具备一定的营销组织能力,不仅对支行各项业务指标心中有数,更要对全行重点客户了如指掌;合格的员工不仅有较好的业务技能,还必须建立自己的客户群,不断提升自己的客户营销服务能力。

保持清醒的合规意识，提高风险管理能力。越是在经营指标压力大的时候，越要保持清醒的合规意识，为了完成任务去做假，去违规，得不偿失！只要认识到位、责任心到位，坚持制度和流程，操作风险是完全可以控制的。发展信贷业务靠营销服务能力，还要靠风险管理能力。柜员办业务、客户经理做项目，要么我不去做，要做得允许我违规，没有这个道理，不能二选一。各位行长成长起来不容易，如在这方面丢帽子、丢饭碗，对不起组织也对不起自己；如对员工在违规的问题上熟视无睹，听之任之，那是失职，是害人！

提升服务能力，建设服务文化。服务方面要做好四件事：产品、流程、渠道、文化。我们拿什么服务客户？产品。不能只抱怨我们的产品不如人，首先必须掌握好、营销好我行已有的产品。流程要严格遵循并不断创新和优化，在合规的前提下不断提高服务效率。要建立产品和流程创新优化的快速反应机制，自己不能解决的积极上报。电子银行交易渠道的建设是我行作为现代国际商业银行发展的重要战略，是现代信息化网络化社会全方位服务客户的需要，也是衡阳分行既要不断减轻员工工作压力又要不断发展业务的现实选择，这一点必须看清楚，才能做得到位。网点视觉形象、员工着装及言行举止等文化要素的要求必须严格遵循，更重要的是要明白我们是靠服务吃饭的，每个人都要树立服务客户、服务他人、服务社会的价值观并养成行为习惯。

三、充分发挥骨干的中坚作用

"政治路线确定以后，干部就是决定因素。"在座的各位是县市支行行长、城区大支行行长、分行部门经理，必须清楚自己的身份和角色：是分行党委慎重研究委以重任的，是全行业务发展和内部管理的中坚力量，是你们支撑着衡阳分行。因此对大家除了"目标、责任、能力、激情"的要求之外，分行还有更高的要求：

一是增强使命感：各位承担的不是一般的任务和责任，是重要的任务和责任，这就叫使命。你到这个位置，不是论资排辈，不是照顾，不是理所当然，是分行充分信任委以重任，分行承担着用人是否得当的责任和风险。与你们上任谈话时我说"拜托"二字，是真心期望大家勇于担当，不辱使命，你的工作不让分行过分操心才好。

二是树立大局意识："居庙堂之高则忧其民，处江湖之远则忧其君"，"不谋全局者不足以谋一域"。你虽在一个支行一个部门但心中应当有全行，不要时时惦记着分行存款基数怎么确定、计划下达是否合理、绩效考核是否公平，要通过本部门本支行扎实的工作和良好的业绩，为分行领导分忧，为全行做贡献，"一屋之不扫焉以扫天下"？

三是强化执行力：分行派你这个职，就得听分行的。执行力要像部队一样坚决、迅速、不打折扣。要学习领会透彻，要传达贯彻及时，要落实到位见效，还要结合实际有所创新。有不同意见或遇到问题困难时，最好自己消化自己搞定，允许边执行边反应，不允许不反映也不执行或只反映不执行。要建立正常的畅通的汇报沟通机制，对分行可以多提建议，多沟通交流，少发牢骚，少抱怨，不要带情绪。我认为分行的工作思路和要求、制度规定和办法是符合省行要求的，是完整的系统的，是符合衡阳行实际的，是及时的，从效果看，业务做得好的支行，一个重要原因是执行好，差距较大的支行，要在执行力上找原因。

四是学会掌控压力：发言中大家说压力大，今年尤其如此，是"压力山大"。人的一生从出生开始，就是适应压力、承受压力的过程。一个人承担的责任越大承受的压力就越大，大家是衡阳行的大柱子，当然得承受大的压力，如果没感到压力，说明你没尽责。压力要分解，"千斤重担众人挑"嘛；压力要释放，工作压力大，把工作做好了就释放了，精神压力大，分行领导要更多地从精神上关心大家，采取更多的渠道和方式缓解压力。

四、当前的工作

下半年的各项工作已在 7 月 21 日年中工作会作了具体安排，请大家严格按照"三贴近"、"四个落实"的工作要求，认真抓好贯彻落实，力争全面完成今年目标任务。9 月底临近，市场竞争将会更加激烈。市行对 9 月底存款冲刺下发了专门文件，分配下达了计划任务，各行要认真抓好落实，将计划任务细分到每个员工、每个客户、每一天，力争在省行取得好的名次，省行给予的奖励，将全额兑现到基层行。要密切关注、及时掌握 100 万以上的个人客户和 500 万元以上的对公客户的资金变动情况，每天向分行个金部、公司部报送客户资金变动情况。企业存款要企稳回升，个人存款确保早日完成计划。全面梳理电子银行产品、交易量比、中间业务等主要业务指标完成情况，拉长产品短板，力争全面完成年度计划。要做好项目储备工作，落实好 80 亿元战略合作备忘录项目、重点项目责任状、小巨人计划、创业计划等项目的营销工作，迅速扭转小企业发展的被动局面。要认真落实"双基"管理的各项工作，严防操作风险，深入推进创先争优和建言献策活动，圆满完成三季度的各项工作。

2011 年 9 月 24 日

注：本文由建设银行衡阳市分行办公室记录整理。

在 2011 年度颁奖晚会上的致辞

尊敬的陈市长，各位领导，全行同事们，家属朋友们：

大家好！

今天是龙年正月十二，首先，我代表衡阳分行党委并以我个人名义给大家拜年，祝大家在新的一年身体健康，龙腾虎跃；家庭幸福，龙凤呈祥；心情愉快，龙马精神；工作顺利，龙腾千里！

2011 年，在经营环境非常复杂的情况下，全行上下团结一心，奋力拼搏，攻坚克难，勇往直前，取得了良好的经营业绩。全年新增存款 23.25 亿元，工农中建四行第一，今年 1 月 15 日，全口径存款余额达到 254.64 亿元，超过农行 2.2 亿元，历史上第一次成为衡阳市存款规模最大的银行！

全年累计投放各类贷款 36.59 亿元，余额新增 7.52 亿元，年末贷款余额 89.44 亿元，是衡阳市贷款余额最多的银行！

全年实现经营利润 4.52 亿元，人均利润 74 万元，是衡阳市盈利能力最强的银行！

全年压缩不良贷款 4121 万元，特别是经过三年艰苦卓绝的努力，一笔大额不良贷款的核销终于在 12 月 30 号通过了总行的审批，今年 1 月 18 号下账，不良贷款率从三年前的 3.6% 降到现在的 0.18%，一举进入资产质量最优的银行之列！

这些成绩，凝结着全行 31 个支行、12 个部门、42 个网点、608 位员工的心血和汗水。我要说：是你们，创造了衡阳分行的历史！是你们，铸就了衡阳分行的辉煌！今晚我们举行盛大的颁奖晚会，就是为全行在各项工作中取得突出成绩的 25 个先进集体和 102 名先进个人隆重颁奖。

大家知道，我们建行职工人数在衡阳四大银行中是最少的，甚至我们只有他们的 1/2，1/3。我要说，我们不只 600 人，我们有 1200 人，2400 人，3600 人甚至更多——我们的家属，我们的亲人虽然人不在建行，但心紧紧地和我们贴在一起！在家庭责任和义务方面，你们给了我们最大的理解和宽容；你们还为建行介绍客户、吸收存款、营销产品；特别是在我们承受巨大的工作压力和精神压力的时候，是你们，给了我们温暖和慰藉！家，是我们温馨的港湾啊！同事们，请握着你亲人的手，说一声：谢谢！谢谢全行的家属朋友们！

今天是 2 月 3 号，我们已经迈进了 2012 年新的征程。我坚信，有领导的关怀，有家人的支持，我们战胜了那么多困难，是没有任何困难不能战胜的！我们铸就了辉煌，我们还将铸就新的辉煌！建设银行的明天一定更加美好！

最后，祝颁奖晚会圆满成功！祝各位领导，全体同事，每位家属平安、健康、幸福、快乐！

谢谢大家！

2012 年 2 月 3 日

附：

以天空的宽度写下飞翔

一

以天空的宽度写下飞翔，这是一种理想的飞翔
他们以雁的翅膀相加，成为这个城市独特的风景
他们以小草的底色相加，成为时代春天的沸腾
他们以星子的光亮相加，成为平凡生活中的灯盏
在平凡的岗位，他们超越自我，辛勤地耕耘。他们在无私的奉献中收获快乐与辉煌，他们是灵魂的歌者，是经济大潮中的弄潮者，他们把自身的人格力量与价值体现融入经济发展，写下生命的华章。他们春天的身影，使得衡阳更加鲜活
在发展的历程，他们共享光荣与梦想。他们伸出的手传递自信、自强，他们跳动的心去温暖贫寒，他们相信友爱、耐心可以让世界恢复安定与坚强。参与和谐、营造和谐、共享和谐。他们春天的心灵，使得衡阳更加美丽
他们有一个共同的名字，建行人。对于"诚实，公正，稳健，创造"核心价值观的认同与追随，让他们的大地更沉稳，让他们的视野更宽阔
以天空的宽度写下飞翔，这宽度，来源于生命中精神的飘扬

二

以天空的宽度写下飞翔，这是一种文化的飞翔
天空之蓝牵引想象，将爱显现，将希望开启

大海之蓝濯洗内心，将善张扬，将沧桑见证

建行之蓝凝聚力量，将文化理念铸造为发展的根基

"蓝色银行"服务环境优雅，网点装修大气、形象统一、标识醒目，员工着装整齐，服务规范，是同业竞相效仿的对象，是最受百姓喜爱的银行

"蓝色银行"产品丰富，在涵盖存款、贷款、结算、基金、理财、外汇、信用卡等传统业务的同时，也不断推出保理业务、供应链融资、IPO服务等新兴金融产品，能全方位满足广大客户的金融需求

"蓝色银行"服务设施齐全，大批自助设备、自助银行投入使用，手机银行、电话银行、网上银行等电子产品纷纷走向市场

"蓝色银行"服务效率一流，"建行速度"在社会各界中广为传诵

以天空的宽度写下飞翔，这宽度，显现着对于文化的不懈追求

三

以天空的宽度写下飞翔，这是一种事业的飞翔

他们扛着使命与责任，从来不曾中止开创

他们扛着"与客户同发展，与社会共繁荣"的承诺，从来不曾停息寻求

他们扛着衡阳经济社会发展的大旗，从来不曾松懈担当

他们的飞翔，是一座城市的飞翔。武广高铁、衡桂高速、南岳高速、湘桂铁路、衡洲大道让这座城市得到新的速度。三江六岸风光带、沐林美郡、湘江城市花园、湘江水岸新城、愉景湾、雅仕林等一大批住宅小区让这座城市呈现新的面容

他们的飞翔，是一批企业的飞翔。华菱衡钢、大唐耒阳电厂、特变电工、南方水泥、三安矿业、衡利丰、水口山有色、新澧化工等大型产业龙头企业在建行的资金支持下，经受了风雨考验，在发展中站稳了脚跟，经营效益大幅提升，成为衡阳经济发展和财政收入的支柱。衡东创大冶金、泽丰园工贸、巨子变压器、特斯克汽配、鑫兴特变、宏兴华工、顺达矿业、鸿大特种钢、恒约电工等一大批优质民营企业脱颖而出，成为拉动衡阳经济发展的一支重要的新生力量

他们的飞翔，是衡阳人共同的飞翔。建行以改善衡阳人民居住环境为己任，以个人住房贷款为重点，大力推进个人信贷业务发展，为一大批市民解决了住房难的问题，成为改善民生的重要力量。个人消费额度贷款、个人汽车贷款、个人权利质押贷款、个人助业贷款等产品，为拉动居民消费需求、富民强市做出了重大贡献

以天空的宽度写下飞翔，这宽度，意味着对于理想的激情放飞

飞翔，沐浴理想的荣光飞翔，永不熄灭的梦想照亮前方

飞翔，承载文化的精神飞翔，以坚强的臂膀扛起晨光

飞翔，向着美好的未来飞翔，从春天出发的心会永远向上

注：此作由衡阳电视台、建设银行衡阳市分行联合创作，经本人修改审定后，于2010年12月16日在建设银行衡阳市分行银企联谊晚会上演出。

建立业务发展与风险控制的平衡互动机制

业务发展与风险控制是商业银行经营管理中一对永恒的矛盾。业务发展是商业银行持续经营的基础，风险控制是商业银行的生命线。从我行面临的经营环境和当前的经营形势来看，处理好这对矛盾，协调好二者的关系显得尤为重要和紧迫。

一、正确处理业务发展与风险控制关系的必要性

（一）业务发展与风险控制的形势都很紧迫，任务都很艰巨。一方面，总行《2011—2015 年发展规划》对我行主要经营指标的同业排位提出了明确要求，总行党委要求全行要做到逼近领先者，甩开跟随者。另一方面，金融危机以来，全球经济发展的不确定性增加。今年我国经济调结构、转方式的力度加大，发展速度有所放缓，社会资金面、企业现金流更加趋紧，重大风险事项屡有发生，风险控制面临严峻考验。

（二）业务发展与风险控制有取向不一的趋势。一方面，随着经济、社会的不断发展，客户对银行产品、服务的需求日新月异，银行同业之间的竞争也日趋激烈，市场竞争拓展的压力空前加大，现行的某些制度、流程、产品不能满足业务发展的要求，创新产品、改进和优化制度、流程的需求十分迫切。同时，经济下行环境严峻考验着我行信贷资产的安全性，有的分支机构操作风险、道德风险时有显现，再加上社会舆论、外部监管部门对银行的监管日趋严格，全行内控合规管理、信贷风险控制、案件防控的压力空前加大，对存款、贷款、中间业务、各项金融产品等业务制度、流程的要求更加审慎和严格。

（三）管理部门与基层行角度不同，工作重点不一。在管理部门看来，不少基层行重发展、轻管理，存在着管理粗放、风险难以把控的现象，希望基层机构不断提高管理的精细化水平，不断提高风险控制的有效性，这

往往是管理部门最突出的工作重点。在基层行看来，上级部门有时制定的某些政策、制度和流程，与市场和客户的需求有差距，对下的风险控制存在由此及彼、由点到面的"迁怒"现象，有时因为某支行的事情停办一个分行的业务，因为某笔业务或某个客户的事情关闭该业务系统，这对市场拓展和业务发展牵制较大，期望上级管理部门对业务发展给予强力支撑。基层机构经营管理面临业务发展与风险控制的双重压力，常常面临着两难选择的情况。基层员工工作压力大，精神压力也很大。

二、构建业务发展与风险控制的平衡互动机制

首先，要在观念上平衡互动。全行要深化"以市场为导向、以客户为中心"的经营理念，要深化风险控制是业务发展的前提、是生命线的理念。业务经营部门、基层行的一切经营活动必须以合规和控制风险为前提，不能把完成指标任务、满足客户需求、抢抓市场机遇作为违反制度流程、隐匿风险的理由，而要在满足合规要求、控制实质性风险的前提下寻求解决方案。风险存在于经营活动中，所以管理部门要贴近市场、贴近客户、贴近一线开展工作，既要对违反禁止性规定的现象坚决说"不"，严肃查处，也要在控制实质性风险的前提下，指导基层行完善业务发展措施及市场营销和客户服务方案，防范和控制经营活动中的风险。

其次，要在机制上平衡互动。观念上的平衡互动必须有管理措施和考核评价机制来落实和保障。对基层机构的管理和评价考核，当前在合规管理、审计整改、案件防控、风险管控等方面，从违规积分、扣减绩效到责任追究、纪律处分、与评先评优挂钩、与 KPI 考核挂钩等等，制度健全，运行有效，但仍需加强和完善。一方面，对禁止性事项、案件、重大差错、关键风险点、屡查屡犯的现象，要始终作为风险控制的重点，常抓不懈；另一方面，在工作方法和措施上，不宜就某部门某一单项的日常管理指标以运动的方式进行过于严厉的考核。对审计、案防工作的评价与考核，既要注重审计发现、案件查处的数量，也应注重指导基层行如何合规经营、预防案件，既要"查病"、"治病"，也要"防病"、"健身"，把提高基层机构合规经营水平作为工作目标。对授信管理、信贷风险管理工作，既要把风险控制水平、资产质量的不断提高作为硬指标强化考核，也要积极落实总行主动授信的要求，把指导基层行提高信贷经营水平作为考核内容。

　　第三，要在体系建设上平衡互动。独立的审计稽核体系、垂直的风险管理体系以及纪检监察、法律合规、会计营运等内控体系，在有效性得以保证并加强的前提下，可以在资源、成本的整合上予以考量。同时，大力加强市场营销、客户服务、产品创新、流程优化等事关业务发展方面的体系建设。

　　1. 市场营销。当前存在的问题是过于分散，对外缺乏市场调查和规划指导，对内缺乏联动和整合。应加强市场营销的体系和机制建设，既要发挥员工个人、基层机构、专业化经营单位、业务部门的营销积极性和创造性，也要加强产品联动、部门联动、上下联动、银行业务与非银行业务联动、境内机构与境外机构联动；既要鼓励创造性的"自选动作"，也要明确"规定动作"并制度化、流程化。只有这样，才能保证"大城市、大行业、大系统"战略的实施。

　　2. 客户服务。目前，我行对个人客户已经建立了客户关系管理系统（OCRM），也应建立对公客户的客户关系管理系统，明确目标客户，实行差别化服务。建立为高端客户提供综合金融服务方案的部门整合、产品整合机制。尽快确定公司类客户集中经营模式，建立对公司类大客户从总行到基层行分层管理的制度和机制。

　　3. 产品创新。目前，我们对市场的产品需求、客户的产品体验、同业的产品信息反应较为迟缓，并且产品部门化，没有产品综合管理部门。应该建立基于总行产品战略与市场、客户需求快速反应相结合的产品管理与创新的体系和机制。

　　4. 流程优化。应建立客户、员工对流程体验、意见和建议的反馈机制，使我行业务流程和管理流程处在持续优化之中。

　　第四，要在每个员工的观念和行为上平衡互动。员工是业务发展的主体，也是风险控制的主体，业务发展与风险控制的平衡互动，最终要落实到每个员工的观念和行为上，因此，应当把不断增强员工的风险控制意识，提高员工的营销服务能力，作为建立业务发展与风险控制平衡互动机制的重要措施来抓。

　　注：本文发表于《建设银行报》2012 年 6 月 5 日第 3 版。

员工　客户　合规　服务

——商业银行基层机构经营管理之关键

员工、客户、合规、服务，是商业银行基层机构经营管理的关键因素；员工是立行之本，客户是业务之源，合规是生命，服务是饭碗。商业银行基层机构应紧紧依靠员工，牢牢把握客户，始终坚持合规，不断改善服务。

员工是立行之本

员工是商业银行基层机构业务经营的主体、客户服务的主体、风险控制的主体，员工队伍的优劣，决定着商业银行基层机构经营管理的好坏，员工是立行之本，任何时候都要紧紧依靠员工。商业银行基层机构经营管理实践中，往往过分倚重对主要负责人的选拔任用，以为一个行长就决定着一个行的兴衰，员工队伍的整体作用与培养管理没有达到应有的重视程度。

商业银行基层机构要建立一支什么样的员工队伍呢？

目标——教育员工做一个目标明确的人。开展员工职业规划设计，为员工的职业发展提供广阔的平台，鼓励和引导每个员工确立自己的职业发展目标；要善于把基层机构的办行目标、经营目标内化为员工的职业发展目标，建立多形式、多层次、常态化的激励机制，使员工在全行业务发展中建功立业，产生持续的成就感、荣誉感；尊重员工个性特征和目标选择，避免简单地将指标、任务平均分解到员工，简单化地实施奖罚。

责任——教育员工做一个负责任的人。一个人做人必须对自己负责，对家庭负责，对工作负责，对社会负责。接受一份工作，就是接受一份责任。银行是负债经营的高风险行业，责任重于泰山。基层机构的每个员工必须以高度负责的精神对待每一个客户、每一项工作、每一笔业务。

能力——教育员工做一个有能力的人。一个人必须有生存的能力、劳动的能力、发展的能力。目标要有能力去实现，责任要有能力去承担。商业银行基层机构员工必须具备较强的业务操作能力、营销服务能力、市场竞争能力和风险控制能力，要建立持续的常态化的员工能力培养机制。

激情——教育员工做一个充满激情的人。激情是饱满的、持久的热情，激情源自坚定的信念。商业银行基层员工直接面对市场和客户，承担着繁重的经营任务和风控责任，必须保持坚定的信念和饱满的热情，在困难和压力面前，对目标不动摇，对责任敢担当，具有逢山开道、遇水架桥的智慧和勇气。

员工管理，要以提高员工满意度、忠诚度、贡献度为目标，只有员工的满意度、忠诚度、贡献度，才能有客户的满意度、忠诚度和贡献度。

要建立科学、公平的员工激励约束机制，包括科学的绩效薪酬管理、公平的职级晋升管理，形成银行内部风清气正、公正公平的政治生态环境，避免凭个别管理人员的主观意愿决定员工薪酬和升迁的现象。

客户是业务之源

商业银行每年都要对其基层机构下达经营任务和考核指标，根据基层机构任务完成情况配置费用、实施奖惩。对基层机构来说，这些任务和指标都必须找客户来实现，没有客户就没有银行业务，客户是业务之源。"以客户为中心"对商业银行基层机构来说绝不能只是一句口号，必须是实实在在的经营行为，要将上级行的经营任务转换为本行客户的业务需求，实现银行内部经营任务到外部客户需求的转换。但是，在商业银行基层机构的经营实际中，常常是只见指标不见客户，从领导到员工，常年为任务突击、存款冲时点而劳苦奔波。其实，抓客户才是关键，任何时候都要牢牢把握客户。

客户选择是商业银行基层机构经营成败的关键因素。一个成熟的商业银行应根据国家经济转型战略和自身的传统优势、经营特色，制定全行的客户战略和市场定位，如建设银行曾提出过"双大"、"三大一高"客户战略。对商业银行基层机构来说，要根据全行客户战略，结合属地市场情况，决定做什么客户，不做什么客户，有所为有所不为，要做的客户做深做透，不做的坚决不做，采取进、保、控、压、退等措施不断优化客户结构。既要运用二八定律选择优质高端客户，也要运用长尾理论，营销和服务具有相应价值贡献和发展潜力的大众客户和批量客户，如三农客户、小微企业等。

建立客户维护系统和客户维护责任机制。多维度采集客户信息，建立大数据支撑的信息化的客户关系管理系统（OCRM），实现客户信息随时查询、客户贡献自动评价、客户营销系统提示、客户经理绩效系统考核等功能。依靠客户维护系统，建立全员、分层维护责任机制，每个员工都要维护客户，每个客户都要有人维护。要打破部门、条线壁垒，实现客户资源共享。按客户业务量和贡献度划分等级，分级维护，规定客户维护的频率、方式、内容、阶段性目标，配置客户维护费用。建立客户维护考核奖惩制度，既要考核结果，也要考核过程。

把客户需求作为商业银行业务发展的驱动力，建立制度化、常规化的客户需求采集机制，让客户参与银行创新活动全过程，集中客户智慧推动银行产品和服务的不断创新。

合规是生命

商业银行"三性"经营原则，安全性是第一位的。无数事实表明，风险管理、内部控制方面的失控，是导致商业银行破产倒闭的主要因素。对银行员工来说，在内控合规方面的违规失职是导致失去银行职业生命甚至失去人身自由的主要原因。所以，商业银行基层机构必须视合规为生命，必须始终坚持合规。

任何一家商业银行的设立、存续、运行，必须有完备的、系统的风险管理、内部控制系统和机制，商业银行任何一项业务的开展，必须制度先行。商业银行基层机构从岗位设置（如不相容岗位管理）、人员配备、银行机具和设备设施管理，到制度、流程的执行，必须完全满足所在银行风险管理、内部控制的遵循性要求，在合规制度的执行上不折不扣。同时，加强合规文化建设，时时、处处、事事讲合规，使合规成为全行员工血液里流淌的东西。

商业银行基层机构合规管理的难点之一是业务发展与内控合规的关系问题。必须明确：风险管理和内控合规是业务发展的前提和保障，一个不良贷款率高、案件频发的银行分支机构，经营授权将受到极大限制甚至有撤销该机构的可能，还谈何发展业务呢？当然，相对于市场和客户需求，银行内部制度和管理流程可能存在滞后性，基层机构应通过规范渠道向上级行积极反映并提出建议，对制度执行中的问题，允许先执行后反映，边执行边反映，不允许不执行不反映或边违反边反映。合规管理难点之二是人情与制度的关系问题，基层机构从领导到员工都可能面临着制度执行和各种人情关系之间的矛盾。必须形成一种共识，即：做人应该讲感情，做事必须将规矩，规矩大于感情。任何人情关系都必须锁定在制度的笼子里。

　　商业银行基层机构风险、合规管理的重点是操作风险和道德风险。银行基层机构每个岗位、每个营业时点都存在发生操作风险的可能，小到差错、大到案件，务必严加防范。要抓好三个"到位"，即培训到位、执行到位、复核到位。培训到位要做到每个员工岗前培训到位，不允许有不熟悉制度和操作流程的员工上岗；每项新业务开办前的培训到位，不允许有未经制度流程培训的业务开办。执行到位就是每位员工的每笔业务必须符合制度、流程和权限的规定，禁止任何违反制度、流程和越权的操作。复核到位是指岗位制衡和流程控制，不允许有失去监控和复核的操作，不允许有减流程、逆流程的操作，凡后台集中监控和复核的业务和事项务必确保监控和复核的及时性、反映的灵敏性和处置的有效性，不能形同虚设。

　　银行各种风险归根到底是人的风险，再严密的制度也需要良好的道德去看守，抓好员工道德风险控制是商业银行基层机构风险内控管理的重要职责，也是培养和关爱员工的重要举措。一要持续有效地开展员工职业道德教育和合规文化建设。坚持严格的制度培训，使每个员工都熟悉每笔业务、每项工作应该怎么做不能怎么做；建立严格的违规行为处罚制度，并确保执行到位，每个员工的每个违规行为都必须受到处罚；开展经常性的警示教育，做到警钟长鸣，用正反两方面的案例、用身边的人和事来教育员工，提高警示教育的针对性和有效性。二要把责任意识和严谨细致的作风作为员工职业道德教育的重要内容。银行很多差错、操作风险事项的发生并非员工主观故意，而是粗心大意、作风马虎的结果；有的不良贷款的形成，多数是管贷人员责任心不强，管理不到位造成的。要把强烈的责任意识和严谨细致的工作作风培养成为基层银行员工的职业性格。三要建立员工行为监管排查制度，既要掌握员工上班时间的表现，也要关注和掌握员工非上班时间的消费、交友、业余爱好、精神状态等情况，发现非正常状况，立即查明原因，及时采取措施。通过这些工作，使员工在违纪违规问题上真正做到不想、不敢、不能。

服务是饭碗

商业银行是服务行业，通过为实体经济、为客户提供金融服务来实现利润、创造价值，一句话，银行是靠服务来吃饭的，服务是银行的饭碗，要不断创新服务内容，改善服务方式，提高服务水平。

商业银行基层机构应该为客户提供什么样的服务呢？

（一）标准化服务与差别化服务

任何一家商业银行，无论它是全球性的、全国性的或是区域性的，都应该有全行统一的企业文化、统一的风险偏好、统一的价格政策等，从而给客户一致性的服务体验。有的银行制定了更细致的服务标准，包括统一的企业 VI（Visual Identity）视觉形象设计，统一的员工服务标准用语，统一的员工服务行为规范，标准的营业环境和设施配置，统一的业务流程等等。商业银行分支机构必须严格执行这些标准，从员工一言一行、每个业务环节、每个工作细节入手，达到服务标准化要求。

差别化服务是指针对客户的个性化需求，为客户提供量体裁衣式的金融解决方案。差别化服务主要针对大中型客户、高端优质客户和融资、理财、结算和现金管理等复杂业务。

商业银行基层机构既要做好标准化服务，又要做好差别化服务。要做好对大众客户、批量业务、简单业务的标准化服务，树立服务品牌，赢得客户信赖，发现和培养潜力客户；要做好大中型客户、高端优质客户的差别化服务，全方位挖掘客户需求和潜力，最大限度提高客户综合贡献度。

（二）全量产品服务

产品是银行服务客户的工具，是为客户、为银行创造价值的载体，是商业银行同业之间竞争的武器。

商业银行基层机构首先要熟知所在银行的产品，知道自己家里有哪些工具和武器，并抓好产品培训，懂得如何灵活运用这些工具和武器，避免一方面埋怨本行产品不如别的银行好，满足不了客户需要，一方面不知道本行有哪些产品，产品目录、产品库里的产品在睡大觉。基层机构要配备产品经理，客户经理必须熟悉产品，每个员工首先要成为本行个人产品的用户。

要建立为客户提供对公产品与对私产品、本币业务与外币业务、表内业务与表外业务、间接融资与直接融资等全量产品、全方位综合金融服务的经营理念和经营机制，提升产品服务特色化定制能力，实现一个客户、一个账户、多样产品、一站式服务。在组织架构上，既有按业务种类设置的业务部门和业务岗位，也要有按客户类别、客户等级划分来设置的客户服务团队，形成业务岗位与客户服务相融合的矩阵式组织结构。在内部考核上，既要考核单项产品营销任务的完成情况，也要考核客户产品覆盖度、考核客户综合贡献度。在销售行为上，要充分展示产品信息包括风险提示，有效激发客户需求，尊重客户选择，做好产品售前售中售后服务，避免强制销售和服务缺失，造成客户反感甚至投诉。

（三）全渠道与全天候服务

银行应该为客户提供全渠道与全天候服务，包括但不限于：经营网点服务与全行系统服务、线上服务与线下服务、人工服务与非人工服务、金融服务与非金融服务等。

客户开户在银行某一个基层网点，但只要有需要，该银行系统内的任何一级机构直至总行、任何人都能为其提供服务，实行跨国境、跨地区、跨行业、跨产品的协同联动和交叉营销，实现一点接入、多方协同、平台覆盖，真正做到"上级行为下级行服务，机关为基层服务，全行为客户服务"。基层行应该加强与上级行的沟通联系，建立基于客户和产品的内部沟通网络，形成客户需求快速响应的绿色通道。

银行除了为客户提供在基层网点面对面的人工服务之外，还应该为客户提供泛在的智慧的非人工服务渠道，包括网上银行、电话银行、手机银行、自助银行、智慧银行、POS机等等，使客户享受银行不受时间空间限制的全天候服务。随着互联网技术和互联网＋商业模式的发展，客户大量的银行业务将在非物理渠道完成，商业银行基层机构必须顺应这一趋势，加大网络金融产品的营销推广服务工作力度，解决好客户使用过程中的安全性、效率性等方面的问题，提高网络金融产品的客户满意度和使用频率，从而不断提高所在机构网络交易量与柜面交易量的占比。同时，银行的每一个物理网点都应该建设成为精品网点，打造成为所在银行的形象展示店。

除了为客户提供金融服务外，银行还可以利用自身的资源优势，与商家和第三方机构合作，为高端优质客户在消费场所和商务活动中提供优惠和便利，这既与合作方共享了客户资源，更提高了银行高端优质客户的满意度和贡献度。

（四）服务创新

创新驱动发展，金融服务的创新对促进实体经济发展无疑是十分重要和迫切的，同时也是促进银行自身发展的强大动力，要把创新贯穿于经营发展全过程、各领域，作为日常经营管理的基本元素。

商业银行基层机构直接服务客户，产品创新、流程创新、渠道创新和服务模式创新是服务创新的重点。要不断推出新产品，完善产品功能，以满足客户不断变化的金融需求；要不断优化业务流程与内部管理流程，以提升客户体验，提高服务效率；要充分运用大数据和互联网技术，不断拓展服务渠道，创新服务模式。

商业银行授权经营体制，决定了创新必须自上而下推行，基层机构不可超越授权搞自主创新，但这并不表明基层机构在服务创新上无所作为。基层机构处在创新链条上的两端，即创新的源头和创新成果体现，其职责的重要性是不可替代的。需求驱动创新，要广泛采集客户需求，在全行建立员工创意、创新需求的征集、展示、报送、评价、考核机制，推动上级行建立根据客户需求和员工创意开发产品和服务项目的快速响应机制。要扎扎实实抓好上级行创新项目的推广和实施，达到创新项目设定的目标，真正起到创新驱动发展的作用，同时将实施过程中的客户体验情况、改进的意见和建议以及同业产品的信息报告上级行，形成系统内服务创新的良性循环。

注：本文发表于《现代商业银行导刊》2015 年第 8 期。

做人讲感情　　做事讲规矩

正确处理好个人感情与法律制度之间的关系，是全面建设法制社会的需要，也是商业银行风险合规文化建设的需要。笔者认为，做人应该讲感情，但做事必须讲规矩，规矩大于感情。

首先，要有规矩。古人讲"没有规矩不成方圆"，法制社会建设的基本要求就是建设完善的法制体系，做任何事都要有"规矩"可依。当前，社会转型发展加速，要注重解决制度盲区和制度过时的问题。商业银行应该是最讲规矩的组织，必须建立完善的严格的风险内控体系，规范每项业务的制度流程，规范每个员工的行为，才能保障银行业务持续健康发展。

其次，规矩要严。法律、规章制度的制定要严肃、严谨，不能有瑕疵和漏洞，不能朝令夕改。关键在严格执行，要真正做到"有法必依"，不能让守规矩的人吃亏，让不守规矩的人占便宜，真正做到"违法必究"，不能有漏网之鱼，坚决打消违法违纪人员的侥幸心理，提高法律、制度的严肃性、权威性和威慑力。

第三，个人感情要关在规矩的笼子里。领导干部要做遵纪守法的表率，习总书记要求"把权力关在制度的笼子里"，对领导干部来说，个人感情和人际关系也应该"关在制度的笼子里"，这也是"把权力关在制度的笼子里"的要求和体现，尤其要严格教育和管理好亲属和身边工作人员，不能"一人得道鸡犬升天"。要增强全民法制意识、规则意识，提高遵纪守法的自觉性，老老实实做人，规规矩矩做事。请人办事、替人办事都不能违反制度规定更不能违法，要想到那是丢帽子、丢饭碗甚至丢失人身自由的事情。商业银行要持续有效开展法制教育和合规文化建设，善于用典型案例和身边的人和事来教育和警示员工，自觉排除人情关系对银行制度流程执行的干扰和影响，使遵守法律制度和行纪行规成为员工的行为习惯和职业性格。

注：本文发表于《建设银行报》2015年8月3日第2版。

在衡阳市人民政府、建行湖南省分行
战略合作座谈会上的讲话

尊敬的张市长，尊敬的刘行长，各位领导，各位嘉宾：

大家好！

两年前的 12 月 15 日，衡阳市人民政府与建行湖南省分行隆重举行战略合作座谈会，并签订了战略合作备忘录。今天，双方再次聚会，请允许我代表合作承办单位——建行衡阳市分行，将战略合作备忘录的实施情况汇报如下：

备忘录明确双方建立紧密、稳健的全面战略合作关系，约定了双方相互支持配合的若干事项，还约定了自 2011 年起至 2013 年，在符合产业政策、信贷政策、信贷规章制度和信贷审批条件的前提下，建设银行向衡阳市 22 个公司及机构项目、5 个房地产项目、50 户小企业、4000 户个人按揭客户提供 80 亿元的信贷支持。

备忘录签订后，在双方的高度重视和大力支持下，衡阳市分行逐个项目、逐个客户抓落实。到 2012 年 11 月底，23 个月累计信贷投放 81.56 亿元，其中固定资产贷款 9.49 亿元，流动资金贷款 48.13 亿元、房地产开发贷款 7.54 亿元、个人住房按揭贷款 16.4 亿元，提前一年完成备忘录约定的投放额度。

两年来，按照备忘录的要求，我行信贷营销和投放的重点，一是衡阳市重点建设项目，对白沙工业园、松木工业园、行政资产公司、衡阳非税等政府背景公司投放贷款 7 亿元，有效支持了衡阳城市基础设施建设、工业园区建设和标准化厂房建设。二是战略新兴产业，对富士康、特变电工、南岳电控、天雁机械、湖南机油泵等先进制造企业投放贷款 9.94 亿元，支持企业扩大生产经营规模，与华南城、中建材、中兴通讯、恒天九五达成了明确的合作意向。三是传统优势产业，对耒阳电厂、华菱衡钢、金杯电工、三安矿业、湘衡盐矿、新澧化工等龙头企业投放贷款 21.67 亿元，积极扶持企业做大做优做强。四是房地产建设项目，向银泰置业、融冠地产、合创地产、楷亚地产等投放贷款 7.54 亿元，推动了衡阳市城镇化进程，促进百姓安居乐业。五是医疗卫生和教育行业。对附一医院、中心医院、中医医院、衡阳师院、衡阳市八中等单位投放贷款 7.38 亿元进行医疗、教育设施建设，改善了民生，改善医疗和教育环境。六是中小企业客户群，重点围绕五大产业集群、衡钢上下游、园区企业、专业市场、五县两市的核心企业，对 114 户中小企业累计投放贷款 11.63 亿元。七是个人消费类项目，投放了个人贷款 16.4 亿元，拉动了内需，促进了消费。

衡阳市政府、湖南省分行成功的战略合作，不仅促进了衡阳市经济社会的发展，也促进了建设银行各项业务又好又快地发展。截至 11 月 30 日，衡阳分行全口径存款达 281.7 亿元，贷款余额 99.61 亿元，利润总额 4.45 亿元，贷款不良率仅为 0.17%，主要经营指标位居衡阳银行同业榜首，在全省建行系统排名前列。双方的成功合作，还为衡阳分行的业务带来强大的发展惯性：到 11 月底止，衡阳分行已授信未支用的贷款项目还有 22 个，额度达 17.72 亿元，目前已经申报和正在营销的项目 17 个，额度达 37.69 亿元。

回顾战略合作备忘录的实施情况，我们深切感受到，衡阳市跨越式发展的经济形势是合作成功的前提条件。衡阳市政府持续推进"项目建设年"活动，以项目建设为抓手，促进经济发展，一方面对接中央企业，一方面承接产业转移，招商引资成效卓著，大项目呈"井喷"之势，产业聚集，企业升级，投资价值彰显。2011、2012 两年衡阳实现地区生产总值 1746.44 亿元和 1950 亿元，完成财政收入 153.93 亿元和 185 亿元，衡阳市经济综合实力显著提升，这为金融业的发展，为建行湖南省分行和衡阳市政府的战略合作创造了良好的条件和机会。

我们深切感受到，衡阳市委市政府对金融业的高度重视，对现代金融工具的科学掌控是合作成功的有力保障。市委市政府高度重视金融工作，加大"诚信衡阳"建设力度，致力于将衡阳打造为"金融生态城市"和"大湘南区域性金融服务中心"，两年来，许多银行纷纷在衡阳抢滩设点，衡阳市投融资洼地效应开始显现；在合作同时，产业政策和信贷政策的融合度更高，企业的融资能力大幅增强，一大批有实力的企业终于迈进了建设银行的门槛。

我们深切感受到，湖南省分行的精心指导和大力支持是合作成功的关键。两年中，省行领导多次率领有关部门来到衡阳调研和推进合作事项，召开战略合作推进会，进行信贷项目现场审批，在项目准入、授信审批、信贷规模配置等方面给予倾斜和大力支持。

我们还深切感受到，市政府与省分行成功的战略合作，为衡阳分行业务发展搭建了更高的平台，拓展了更广阔的空间。站在新的起点上，我们将巩固传统优势，不断改革创新，以更加扎实的作风、更加优质的服务，创造更加优秀的业绩，展现市政府与省分行精诚持久的合作关系。借此机会我再汇报一下来年工作的三点打算：

一是抓大项目大客户与做小微企业、个人信贷并重，着力发展小微企业和个人信贷业务。在继续支持传统优势项目和战略新兴产业项目的同时，积极营销助保贷、善融贷、信用卡分期等信贷新产品，加强与担保公司的合作，大力提高小微企业贷款和个贷的批量化发放水平。2013 年力争投放小企业贷款 10 亿元、个人贷款 15 亿元。

二是衡阳市区的业务发展和五县两市的业务发展并重，着力加强对五县两市的金融支持力度。全力支持白沙、松木两个千亿产值工业园区的建设和园区企业的发展，同时大力营销"新农村建设"贷款，大力支持耒阳煤矿整合、耒水西岸建设、西渡经开区建设、祁东交水投建设等项目，五县两市小微企业业务和个人信贷业务要有突破性发展。

三是固定资产项目贷款和流动资金贷款并重，着力加快流动资金贷款、应收账款质押贷款、票据融资业务的营销，创新融资方式，加强投资银行业务、债券融资业务、理财产品融资业务等非信贷融资业务的发展，全方位满足企业融资需求。

各位领导、各位嘉宾，衷心感谢衡阳市委、市政府、各职能部门、广大客户朋友对建设银行衡阳分行的关心厚爱和大力支持，衷心期待衡阳市人民政府与建行湖南省分行的合作关系牢固稳健、深入持久，衷心祝愿大家吉祥如意、平安幸福！

谢谢！

2012 年 12 月 19 日

感谢衡阳　感谢有你

　　说实话，今天这个场景曾经不止一次在我脑海里出现过，我知道迟早有一天会和大家说再见。但这一天真的到来的时候，又觉得太突然了，真的没想到会这么快。

　　刚才，省行组织部张总宣读了省行党委的决定。我是2009年2月12号来衡阳上班的，到今天整整50个月，任期满了，所以我服从省行党委的决定回省行机关工作。作为党员，这是我首先要表明的态度。

　　此刻，我特别想说的是感谢。

　　感谢省行对我的信任。来衡阳前我在省行两个部门和省行营业部任职，省行派我来衡阳，使我在建行的职业经历中有了在地市行任职的经历，更是给了我学习、历练、展示的平台和机会。感谢省行对衡阳分行工作的大力支持，4年来，省行一把手和每位领导多次来衡阳指导工作，特别是与衡阳市政府举行了两次战略合作座谈会，对衡阳分行在信贷、财务、人力资源配置上给予大力支持，在产品、客户、业务等各方面给予精心指导。

　　感谢衡阳市委市政府各级领导各部门、人民银行、银监局对建行高看一眼，厚爱一层，各方面工作给予大力支持，使我们与政府、企业、客户和项目之间建立了更加广泛更加紧密的合作关系，为我行的稳健发展、安全营运创造了良好的环境和条件，还对我们的工作给予了高度评价，授予我们很多荣誉：连续四年把我行评为市政府目标管理先进单位，把我行推荐为湖南省五一劳动奖状单位，授予我个人衡阳市首届十大杰出经济人物称号。

　　感谢衡阳分行班子每位成员，我们的班子是团结和谐坚强有力的班子；感谢全体中层干部，我们的中层干部是全行业务发展和内部管理的中流砥柱；感谢全行每一位员工，我们的员工是素质优良奋发向上乐于奉献的员工。感谢大家对我工作的大力支持，感谢大家对我缺点、不足的理解和包容，特别感谢大家年复一年日复一日、坚持不懈、持之以恒、默默无闻的付出和努力。正是因为大家的付出和努力，我行存款余额、贷款余额、利润、中间业务收入在基数较高总量较大的情况下实现翻番，系统排名和市场份额不断提升，大行地位更加突出；正是因为大家的付出和努力，我们成功化解了不良贷款及案防维稳压力，成为资产质量优质行，实现了"三无"管理目标；正是因为大家的付出和努力，衡阳市长评价我们是"形象最佳、服务最优、效益最好、贡献最大"的银行，是衡阳市"政府最信任、客户最满意、老百姓最喜爱"的银行；正是因为大家的付出和努力，在全国建行 100 个中心城市行的考核排名中，我们进到了第 24 位！

大家还记得，今年农历正月十三，我们隆重举行了 2012 年度表彰晚会，晚会最后的节目是两首歌，一首是我和贺桂萍行长唱的《闪亮的日子》，有几句这样的歌词："是否你还记得，过去的梦想，那充满希望，灿烂的岁月。你我为了理想，历经了艰苦，我们曾经哭泣，也曾共同欢笑。但愿你会记得，永远地记着，我们曾经拥有，闪亮的日子。"歌词真切地表达了我此刻的心情和愿望，我虽然离开了衡阳，我会永远记着，但愿大家也会记着，我们共同走过的这 1500 多个闪亮的日子。

年度表彰晚会的最后一首歌是全场大合唱——《众人划桨开大船》。我衷心祝愿衡阳分行这艘大船，继续乘风破浪，一往无前，不断从胜利走向新的胜利，从辉煌走向新的辉煌！

衷心祝愿各位领导、每一位同事：身体健康、家庭幸福、心情愉快、工作顺利、万事如意！

2013 年 4 月 11 日

附 1

一诺千金——建行湖南省分行推动衡阳区域发展纪实

本报记者　陈淦璋

两年前的 12 月，建行湖南省分行与衡阳市政府签署战略合作备忘录，约定三年内对衡阳市新增信贷投放 80 亿元。

三年承诺，两年"实打实"达成，12 月 19 日，双方再度举办战略合作座谈会，宣告提前兑现诺言，并开启了双方下一轮深化合作的序幕。衡阳市市长张自银称赞道：在衡阳，建行是"形象最佳、服务最优、效益最好、贡献最大"的银行，更是"政府最信任、客户最满意、老百姓最喜爱"的银行！

金融"及时雨"

2010 年 12 月 15 日，建行与衡阳市达成战略合作，双方约定：自 2011 至 2013 年三年间，在符合产业政策、信贷政策、信贷规章制度和信贷审批条件的前提下，建行将向衡阳市 22 家公司及机构客户、5 个房地产项目、50 户小企业客户、4000 户个人按揭客户，提供 80 亿元的意向信贷支持。

彼时的衡阳，经过几年的加速赶超，正驶入高速发展快车道。一批世界 500 强企业和大型央企相继落户，"三年塑城"行动、"西、南、云、大"都市圈建设等计划强力推进，项目数量多，信贷需求旺。仅承接产业转移一项，据估算，全市建设标准厂房约 300 万平方米，需资金 30 亿元。

但当时中央信贷政策已明显缩紧，一般的信贷需求难获满足。按衡阳市主要领导的话，衡阳市"十二五"规划草案刚刚出台，银政双方此番对接，可以说是真正的金融"及时雨"。

"贴身服务"

富士康落户衡阳，得到各方高度关注。经过频繁而默契的互动，富士康最终选择建行作为银行业务的主办行。

"选择富士康，看上去很美，也是一条充满荆棘的金融服务路。"作为承办行，建行衡阳市分行行长李振球透露，富士康作为外资企业，在外汇资金交易、本外币会计结算、批量付汇系统等多方面都有其特定需求，"可以说是超乎想象"。

为此，建行衡阳市分行特地组织人员到富士康深圳总部走访客户，积极帮助富士康加强与衡阳市税务、海关等职能部门的联系，并上报省分行召开多次专题会议解决具体金融需求。

建行衡阳市分行还全面建立"三贴近"、"四落实"（贴近市场，贴近客户，贴近一线；把经营任务分解落实到每个员工、每个客户，落实时间进度，落实工作措施）机制，推行重点帮扶行制度，让操作更具可行性。

立足战略合作备忘录，建行衡阳市分行做实四大信贷营销投放重点：投放贷款 7 亿元，支持工业园区、标准化厂房以及城市基础设施建设，夯实了衡阳承接产业转移的基石；对房地产项目投放贷款 7.54 亿元，对科教文卫项目授信 7.38 亿元，有力助推了城镇化进程；对耒阳电厂、华菱衡钢等一批龙头企业投放贷款 21.67 亿元，支持骨干企业做大做强；对富士康、特变电工等一批先进制造企业投放贷款近 10 亿元。

双赢之举

至今年 11 月底，建行对衡阳 23 个月累计信贷投放 81.56 亿元，提前一年完成备忘录约定的投放额度。

在双方共同努力下，建行衡阳市分行这几年业务发展迅猛。在衡阳的四大国有行中，建行是贷款余额最先突破 100 亿元的银行，也是存贷款规模最大、盈利能力最强的银行，主要经营指标在全省系统中排名前列，贷款不良率仅 0.17%。

金融支持实体经济落到了实处。对衡阳而言，通过重视金融工作，致力打造"金融生态城市"和"大湘南区域性金融服务中心"，两年来已吸引招商、中信、民生等多家银行到衡抢滩设点，加上产业聚集、企业升级，衡阳的投融资洼地效应开始显现。

一诺千金，也为建行衡阳市分行带来了强大的发展惯性。李振球欣喜地告诉记者，到今年 11 月底，该行已授信未支用的贷款项目还有 22 个，额度达 17.72 亿元，目前已经申报和正在营销的项目有 17 个，额度达 37.69 亿元。

注：本文是《湖南日报》2012 年 12 月 30 日第 5 版的新闻稿。

附2

衡阳分行再次入围中心城市备选行

2013 年 3 月 19 日总行下发建总函〔2013〕154 号文件，通报了新一届中心城市行及备选行初始考核结果及排名。根据效益、风险、竞争、客户、产品、渠道六类指标和案件情况，衡阳分行得分 83.31 分，排名第 24 位，比 2007—2009 年中心城市备选行的排名提升了 28 位。长沙排名第 21 位。

2006 年衡阳分行也曾入围 2007—2009 年中心城市备选行，位列第 52 位。2009 年 6 月衡阳分行不良贷款增加了 1.7 亿元，在 2010—2012 中心城市行考核中排 92 位，退出了中心城市备选行。近几年来衡阳分行以"一流的服务、一流的业绩、一流的团队、一流的品牌、一流的机制"为目标，以"员工、客户、合规、服务"为工作重点，坚持"三贴近、四落实"的工作制度和要求，各项业务持续健康地发展，市场占比不断扩大，系统排名不断前移，质量效益指标持续向好，大额不良贷款成功处置，不良贷款率降到 0.17%，"双基"管理富有成效，实现了"三无"目标。同时，在当地的品牌形象和影响力不断提升，2009—2012 年连续四年被衡阳市政府评为"目标管理先进单位"，衡阳市政府评价建行是衡阳市"形象最佳、服务最优、效益最好、贡献最大"的银行，是"政府最信任、客户最满意、老百姓最喜爱"的银行。

总行要求中心城市行要成为一面旗帜、一份荣誉、一个品牌，衡阳分行一定珍惜机会，紧紧依靠员工，牢牢把握客户，始终坚持合规，不断改善服务，注重业务发展、注重风险防范、注重服务质量、注重效益提升，不断提升在全国中心城市行的位次。（衡阳分行办公室）

注：本文于 2013 年 3 月 22 日在建设银行湖南省分行内部信息网站刊发。

三、银行产品创新与管理

2014 创新什么 怎么创新

2014，注定是转型与创新年。

《中共中央关于全面深化改革若干重大问题的决定》吹响了改革号角，指引了改革方向。总行在 2013 年 11 月召开了全行战略与创新研讨会，王洪章董事长就创新工作发表了重要讲话，会议通过了《中国建设银行 2013 年—2015 年创新规划》。省行刘力耕行长在 11 月 27 日行长座谈会上要求全行"清醒头脑，保持理性，提高创新能力和市场应变能力"，刘行长又分别在 12 月 18 日、元月 4 日主持召开长沙各直属支行行长座谈会、青年干部座谈会，专题研讨转型与创新工作。

刚刚过去的 2013 年，互联网金融如火如荼，利率市场化步伐趋近，社会直接融资比例更高，普惠金融呼声更强，银行监管更加严格。尽管如此，我行 12 月 31 日年报数据仍然令人欢欣鼓舞，各项主要经营指标系统排位更加靠前了，同业四行占比继续提高了，我们希望这个趋势能延续到 2014 和今后的每一年。要延续持续发展的趋势，转型创新是我们的必然选择。刘力耕行长在 1 月 2 日省行党委中心组（扩大）学习会上指出："创新是企业生存和发展的灵魂，也是企业发展永恒的主题。在产品、流程、服务、管理上如何推陈出新，如何适应变化，满足客户需求，是 2014 年的一项重要任务。"

那么，2014 年，我们创新什么？怎么创新？

这个题目很大，也是全行每个同事应该思考和回答的题目，省行产品创新与管理部更是责无旁贷。本文仅试图从部门职责的角度出发，谈一点操作性的工作设想和建议。

2014，我们创新什么？

一、创新融资产品，拓展融资渠道

大力发展非信贷融资产品，多渠道满足客户融资需求：2013 年我行入池资产 123 亿元，同比增加 114 亿元，缓解了信贷规模压力，满足了客户融资需要，增加了企业存款；2014 年总行流动性紧张，贷款规模将面临更大压力，同时我行客户融资需求旺盛，如平台类客户、房开类客户已审批未投放额度很大；与工行比较，我行入池资产规模少近百亿元，理财增值收入少数亿元。因此，全行必须加大产品创新力度，省行拟立项开发"银行理财资金委托券商投资"、"直接融资工具理财"、"城镇化建设理财"、"开放式集合资金信托计划产品"等产品，在控制风险的前提下，大力促进理财资产入池、企业债券、信托产品等直接融资产品的发行，建议同比增长20% 以上。

创新和推广信贷产品：2013 年，我行在总行"助保贷"产品的基础上创新和改进贷款担保方式，立项研发了"助力贷"产品，总行已批复同意。2014 年省行拟立项研发"市场个体工商户贷款"、"建筑器材租赁行业互助贷"、"高新创投贷"、"加按保"、"公积金个人组合贷款"等。在创新信贷产品的同时，全行应大力推广总行近年研发的信贷创新产品，如：新农村建设贷款、城镇化建设贷款、助保贷、善融贷、创业贷、供应贷、商盟贷、固定资产购置贷等。

创新和推广贸易融资和消费金融产品，在控制风险的前提下，大力发展保理业务和信用卡分期业务，尤其是信用卡分期，2014 年拟立项开发"分期直客式营销"、"分期后台支付"项目，改进产品功能和分期流程，通过创新和加大营销力度，建议分期规模和收入分别新增 20% 以上。

二、创新和推广现代支付结算工具，拓展支付结算平台

支付结算是商业银行的重要功能，是我行服务客户、拓展客户、归集存款、创造中间业务收入的重要渠道和工具。因此，既要发挥传统支付结算产品优势如代发工资、批量代缴代扣等，更要不断创新支付结算产品、工具，大力拓展支付结算平台和渠道。

大力推广支付结算创新产品，拓展结算平台。如"智能一卡通"是我行在总行获奖的创新产品，已成功应用于长沙公交系统，2013 年娄底、益

阳分行分别推广应用于公交、出租车，今年各行应大力推广应用于全省各市州、更多的公共行业。类似的结算产品还有去年省行的创新产品"E动终端签约"、"信用卡代缴电话费"等。2013年我行的创新项目"周期支付限额优化"、"省财政预算单位专项资金现金管理"，能大大提高客户资金管理效益和效率，是我行拓展客户、归集存款的好产品，各行应大力推广。

积极创新支付结算产品，延伸产品功能。我行"智能一卡通"还有很大的功能拓展空间，可以覆盖城市地铁卡、各种代扣代缴等支付结算功能，应整合其他结算产品如"E动终端签约"、"信用卡代缴电话费"、"无卡支付"等，争取成为未来"智慧城市"、"智能楼宇"、"智能交通"的重要部分。2014年，省行拟立项开发"烟草行业跨行支付系统"、"高速公路电子不停车收费（ETC）"、"校园一卡通"、"单位智能结算卡"、"移动近场支付"、"语音账号支付"、"对私批量转账"等支付结算新产品。

大力发展国际结算产品。顺应人民币国际化趋势，研究开发跨境人民币结算相关产品。如2014年省行拟立项的创新项目有"人民币NRA福费廷转卖业务"、"内保内贷（跨境人民币保函融资）"等。合理利用境内外资金成本差异和人民币升值大趋势，立足于境内外分行联动、省行部门联动开发国际贸易融资和外汇资金交易衍生产品，提升外汇业务综合金融服务能力。如2013年我行已完成的"跨境收付盈"和"证汇通"产品，2014年拟立项的"黄金租借及远期套保"和"建筑工程行业综合金融服务方案"。

三、创新理财产品，满足客户理财需求

理财产品是银行为客户提供增值服务、满足客户理财需求的重要产品，是中间业务收入的重要来源，也是商业银行间竞争激烈的业务，2013年我行理财产品的增值收入和销售收入都少于工行。2014年，我行必须加强理财产品的创新和发行力度，理财产品增值和销售收入同比新增力争达到30%。

要细分市场，根据不同客户需求开发针对特定销售对象的理财产品，如针对私人银行客户，开发私人银行专属保险产品，开发集合式资金信托计划产品，针对养老金对公客户，推出的"安享高益"和"增值医疗"产品，针对证券客户开发CTS自动理财等。要丰富理财产品种类，加强与证券、信托、基金、保险公司的合作力度，开发风险可控、收益较高、有市

场竞争力的理财产品。要加强部门合作、加强上下级行沟通，客户部门、二级分支行要积极向产品发行部门推荐风险可控、收益较高的授信客户；要积极争取总行在准入、审批、规模等方面的大力支持。

2014 年全行要加大贵金属业务的创新和推广力度。首先要继续丰富特色金产品种类，2013 年省行开发了"南岳金"、"韶山金"，深受市场欢迎，今年，我行还将推出"贺喜系列金"和"张家界金特色黄金"，开发黄金回购业务、实物黄金第三方代保管销售业务及黄金租借及远期套保三大黄金业务品种。同时，加大推广和销售力度，力争贵金属业务收入同比实现翻番。

四、创新项目、拓展平台，全力抢占电子银行业务制高点

2014 年，要依托企业网银外联平台，开发银财互联、银企直连项目，全面提升电子银行对大系统、大行业客户的服务能力；依托电子银行渠道服务能力，大力拓展悦生活项目，全面提升客户体验和满意度；依托善融商务平台和第三方支付平台，大力开展跨界合作，全面提升互联网金融服务能力。省行制定移动金融、善融商务、悦生活和创新项目等重点业务和产品的推进方案，全力抢占业务制高点。

持续开展电子银行"进政府、进企业、进社区、进校园"活动，全面推进对全省各市州及 87 个县市的"1＋1＋1＋1"创新项目覆盖，即：银财互联项目、医保社保公积金等专项资金支付服务系统、校园电子银行圈存项目和悦生活代缴费项目。加强与各级商务、工商和经信等与电子商务有关的政府部门，以及相关的行业和企业的合作，以点带面，在区域电子商务平台的拓展上实现重点突破。

五、改进和优化业务流程，大力提高管理和服务水平

流程改进和优化是创新工作的重要内容，通过流程的持续改进和优化，提高工作效率、提高合规管理和风险控制能力、提高客户服务水平，因此也是管理创新和服务创新的重要途径。

2014 年流程优化不仅是创新工作考核的重要内容，同时也是"双基"管理考核的重要内容，对省行创新委成员部门流程项目完成情况按照创新管理和"双基"管理的要求考核，对其他部门按照"双基"管理的要求考

核，因此省行各部门都要积极申报和完成流程优化项目。流程优化项目立项的依据主要有：市场、客户的需求，基层行和员工的创意和创新需求，本部门工作重点，内、外部审计检查发现问题的整改要求，在总行新一代核心系统架构上的本地化建模等。2014 年要以柜面服务流程、信贷业务流程和中后台业务流程为重点，大力开展流程改进和优化，提升全行管理和服务水平。

二级分支行的流程优化与产品创新项目一同考核，主要工作有：推广省行的流程优化项目，向省行上报流程优化方面的创意和需求，权限内或报经省行同意开展流程优化或参与省行的流程优化项目。

2014，我们怎么创新？

一、建立创新责任体系

2013 年省行成立了产品统筹与创新委员会，成立了产品创新与管理部，产品经营管理部门成立了创新团队，各二级分支行也明确了创新工作分管领导、联系部门和联系人，组织体系基本建立。2014 年，需大力强化各层级创新责任。

省行产品创新与管理部：强化产品统筹与创新委员会办公室职责，加大全行产品创新统筹管理和推进力度；强化产品综合管理，组织编写和实时更新产品目录和产品手册，制定《产品创新和流程优化项目管理办法》，建立从立项、研发、验收、面市到后评估的全生命周期的产品管理机制；强化流程综合管理，按照总行流程银行的要求和省行"双基"管理的要求，推进全行各项业务、各项工作的流程优化和改进。

省行产品经营管理部门：强化创新"主体"责任，强化部门领导和创新团队的创新责任，使产品创新成为日常经营管理的基本元素，让转型与创新嵌入工作计划、推进、总结的每个环节。

二级分支行：建议比照省行成立产品统筹与创新委员会，从转型与创新的角度统筹全行工作。2014 年应加大产品移植推广力度，加大产品组合创新力度，加大创意与创新需求收集上报的工作力度。

加强产品经理队伍建设。制定贯彻总行《加强产品经理专业技术人才队伍建设的意见》【建人字（2013）408 号】实施措施，在 2015 年前完成全行 227 名产品经理的配备；加强产品经理培训，提高产品经理素质；加强产品经理管理与考核，强化产品经理的产品研发、营销支持和产品管理等岗位责任。

二、建立创新工作机制

快速响应机制：省行已制定下发《中国建设银行湖南省分行需求快递专用通道设置方案》【建湘函（2013）682号】，为快速解决基层行在市场拓展、客户服务、风险控制、流程效率中出现的产品创新、流程优化方面的急需解决的重要需求，提升响应基层、响应市场的能力，省分行和二级分支行之间设立需求快递专用通道，二级分支行通过专用通道报送的需求，省行在5日内予以处理和回复。专用通道邮箱现在设置中，1月底启用。拟将需求快递专用通道适时延伸到县支行。

考核机制：修订下发《2014年产品创新KPI考核办法》，建议省行将产品创新KPI考核分由加分项改为构成分；修订考核内容，对省行部门主要考核产品创新与流程优化项目（含自主创新项目、移植推广项目、综合金融服务方案）、产品差异分析与改进、创意与创新需求的收集与转化；对二级分行主要考核产品移植推广、创意与创新需求的收集上报、产品组合创新（综合金融服务方案的制订与实施成效）、产品差异分析与改进。

奖励机制：组织实施《中国建设银行湖南省分行创新奖励办法》【建湘发（2013）105号】，一季度组织开展2013年度产品创新各奖项的评奖；积极推荐我行创新项目参加总行项目评奖，积极向地方有关机构申报我行创新项目知识产权和专利。积极宣传我行创新优秀项目、先进个人和团队。

财务保障机制：认真执行总行《关于支持业务创新相关财务政策和管理要求的通知》【建总财（2012）11号】要求，对创新工作从项目研发费用、营销推广费用、奖励费用、日常创新活动费用上予以支持保障。

科技支持机制：积极协调信息技术部门，对纳入计划、需要IT（信息技术）开发的产品创新、流程优化项目予以支持保障。

试错忍容改错机制：创新项目和创新业务从立项、验收到推广的各环节都必须满足法律、合规性要求，必须有充分的风险评估和风险缓释措施，法律、合规部门全程参与创新项目各环节工作；加强与审计的沟通，建议将创新项目和创新业务纳入与湖南总审计室日常沟通范围，请总审计室列席参加产品创新与统筹委员会会议，参加创新项目立项、验收会议。

三、集中员工智慧推进创新

我行员工特别是广大业务一线员工，他们贴近市场、贴近客户，最具创新意识、创新热情和创新智慧，同时，他们又有强烈的创新需求。创新工作的一个重要任务就是激发广大员工创新热情，集中广大员工创新智慧。

2013 年我行创新工作的一大亮点是调动了员工创新工作的积极性，建立了完善的员工创意征集、处理、反馈、转化机制。在全行推广应用 PIPM 系统征集员工创意的同时，在省分行网站开辟了"需求与建议"专栏刊登员工创意，省行产品经营管理部门在 PIPM 系统中对员工创意逐条实时反馈意见，并根据应用价值将创意分为 A、B、C 三大类，按月集中反馈意见并在"需求与建议"专栏中发布，将员工创意作为省行部门项目立项和上报总行创新需求的来源。

2014 年，要继续加强员工创意征集、处理、反馈、转化工作。一是在一季度开展全行员工"优秀创意"和"最具创新力员工"评选工作，并大力表彰；二是各二级行加大员工创意征集力度，各二级行网站也应比照省行设立专栏刊登员工创意；三是省行产品经营管理部门、二级行应根据工作需要组织开展创意主题征集活动，提高员工创意针对性和质量；四是省行产品经营管理部门要加大对员工创意评价的及时性和准确性，加大对员工创意的转化力度，将内容相近的创意组合转化为创新项目；五是根据刘力耕行长的要求，建议省行将营销、服务、管理等内容纳入员工创意征集范围。

为了集中创新智慧，营造创新氛围，为产品创新、流程优化和业务发展提供创意支持，去年省行还制定下发了《"创新沙龙"实施方案》【建湘函〔2013〕678 号】，今年省行将按照《方案》要求，针对当前市场、客户、基层行有普遍、急切需求，在产品、流程方面急需解决的重点、难点问题，对我行业务发展有重要影响的经济金融热点问题和银行同业重要产品信息及其对我行的影响和启示，积极开展创新沙龙活动。

四、以项目为抓手推进创新

创新工作要落实到创新项目，创新项目的数量和质量是衡量创新工作的重要标志，因此必须以项目为抓手推进创新。

2014 年总行将全行创新项目分为四类：总行战略项目、总行重点项目，分行自主创新项目、分行移植推广项目。

一是省行部门应经常性地汇集市场、客户、基层行和员工的创意和创新需求上报总行，成为总行战略项目、重点项目的立项来源，打通总行对市场、客户、基层一线的响应通道。

二是积极开展自主创新。自主创新项目是总行对一级分行创新工作考核分值最高的部分，也是省行对省行产品经营管理部门考核分值最高的部分。经省行创新委审核，我行已向总行上报了 2014 年自主创新项目 56 个，年中还应积极向总行追加自主创新项目计划。

三是加大产品移植推广力度。产品移植推广也是产品创新的重要方式，是创新考核的重要内容，总行明确要求各行 2014 年要加大移植推广力度。2014 年我行要大力推广总行研发的新产品，积极移植总行推荐的兄弟行研发的新产品。产品和流程项目移植推广能力是对二级分支行创新能力考核的主要内容，省行将分强制性和鼓励性两类向二级行下达产品创新与流程优化移植推广项目目录。省行部门和二级分支行要高度重视并着力解决产品推广中的费用、设备、流程、效率等问题。

五、加强产品差异分析

2013 年，总行将对一级分行同业产品信息上报的考核改为同业产品差异比对分析，总行不定期发布同业产品差异分析选题，各行申报选题并完成分析报告报总行，总行审核认定的报告在《创新工作简报》上刊登。2014 年，省行各部门、各二级行应继续积极申报总行选题并按总行要求高质量完成分析报告，出色完成总行对我行产品差异分析考核任务。除此外，还应做到：

加强同业产品差异分析选题的针对性。除申报总行选题外，要针对湖南银行同业最具竞争力、人强我弱的产品进行差异分析，如理财产品、国内保理、国际结算、贵金属等。

开展系统内产品差异分析。如在 23 大项中间业务产品中，不少产品兄弟省市分行比我行做得好，省行产品部门要开展与兄弟行产品差异分析，学习兄弟行的先进经验。每个二级行要打造一到两个中收经验产品，同时要就本行弱势产品与兄弟行先进产品进行差异分析，寻找差距。

在差异分析的基础上采取改进措施。差异分析的目的是改进流程和功能，不能只作纸上文章，不采取实际行动。在产品差异分析考核中，只做分析报告，未采取改进措施的不能视同完成。

六、加强产品组合创新

2014 年，为落实"综合性、多功能、集约化"的战略要求，加强业务联动，为重点客户提供综合金融服务解决方案，总行首次将"综合金融服务方案"作为创新项目纳入到产品创新考核中，也将是省行对部门和二级行的考核内容，目的是为了提高全行组合创新能力。

一要选择目标客户。产品组合创新的目标客户是指贡献度高、业务范围广的重点客户、区域性、行业性客户，如医院、学校、商贸和专业市场、高档社区、商会、高新开发区、综合保税区、县域经济等。省行制定的综合金融服务方案应是针对区域性、行业性等类别客户，二级分行应针对某一具体客户。

二要提供产品组合。根据目标客户需求，提供全方位、集成式、综合性的金融服务，在全行范围内进行产品、服务、渠道的组合，包括对公与对私产品，柜面服务与电子银行服务、人民币与外币、境内与境外、表内业务与表外业务、间接融资与直接融资等，要组建任务型团队，加强部门联动、上下联动，提高服务效率。我行不乏成功的营销案例，如衡阳富士康等。

三要抓好落实。作为产品创新考核项目的"综合金融服务方案"，重要的不是纸质方案，而是实实在在为客户做了什么，取得了那些成效，是否取得客户认可，是否达到了营销目标。

注：本文于 2014 年 1 月 16 日在建设银行湖南省分行内部信息网站刊发。

利率市场化背景下
美国银行的产品创新管理

自 1993 年以来，我国利率市场化按照"先外币、后本币；先贷款、后存款；先长期、大额，后短期、小额"的思路，经过了 20 年的探索。近年来，利率市场化的进程明显加快，2012 年，人民银行两次调整金融机构人民币存贷款基准利率及其浮动区间，利率市场化已渐行渐近。商业银行经营将面临重大挑战，必须未雨绸缪，积极应对。

2014 年 9 月，我们随总行及部分分行产品创新与管理部门一行 9 人赴美国银行进行了产品创新与管理的跟岗培训，比较系统地学习和了解了美国银行产品创新与管理的流程与方法。同时，我们密切关注美国利率市场化对美国银行的影响及应对措施方面的情况，积极向美国银行专家请教他们运用产品管理创新策略有效应对剧烈市场变化方面的成功实践和经验，很受启发。

一、美国利率市场化概况及美国银行并购、发展过程

上世纪 70 年代至 80 年代初，美国经历了两次石油危机，严重的通货膨胀迫使存款利率也必须适时进行相应的调整，但当时美国的存款机构仍然受制于 Q 条例1 对存款利率的管制，使得在两次石油危机期间出现了严重的负利率，在此期间银行的吸储能力受到了极大威胁，催生了利率市场化的要求。经济衰退制约了股市的表现，而通胀高企下存款利率又有管制，使得美国的货币基金在 70 年代滞涨期迅速兴起，货币基金的兴起使得金融机构纷纷通过各种途径提高存款利率，反过来又倒逼利率市场化。

美国利率市场化的核心在于存款利率的市场化。存款利率市场化采取了渐进方式，分为准备阶段和实施阶段：

准备阶段主要在上世纪 70 年代。1970 年 6 月，美联储取消了 10 万美

元以上大额存单的利率上限，正式启动了利率市场化进程；1973 年 5 月，取消了所有大额存单等利率上限；1978 年 6 月，允许存款机构引入货币市场存款账户，即商业银行可以发行 1 万美元以上 6 个月期的储蓄存单，利率参照同期国库券利率。

实施阶段主要是通过立法形式明确利率市场化的完成时间。1980 年 3 月，美国国会通过《存款机构和货币管制法》，承诺到 1986 年逐步取消存款利率上限的规定；1983 年 10 月，商业银行和储蓄机构可以自行决定所有定期存款利率；1986 年 4 月，管理当局设定存款利率上限的权力到期，标志着利率市场化的完成。

美国银行的历史可以追溯到 1784 年的马萨诸塞州银行；1853 年美洲银行在纽约取得第一份银行业营业执照；1998 年上半年，当时排名全美第五位的美洲银行与排名第三位的国民银行合并，重新命名为美国银行；2003 年，美国银行并购波士顿旗舰金融公司，使美国银行一举成为全国存款份额最大的银行；2005 年，并购美信银行（MBNA），获得 MBNA 优质的高端信用卡客户群；2008 年，收购全国金融公司和美林银行，成为真正让华尔街"侧目"的全能银行。

从美国银行发展历程可以看出，美国银行业利率市场化并未对其产生直接的冲击和影响。美国银行成立于利率市场化之前，壮大在利率市场化之后，从 20 世纪 80 年代末开始，为适应市场环境和竞争格局的变化，借助于行业整合机遇，经过多次的兼并、收购，才形成今日规模的美国银行。

二、利率市场化背景下美国银行的产品创新管理

美国利率市场化使得金融市场更趋于一个完全竞争的市场，商业银行对金融产品具有自主定价权。对美国银行来说，利率市场化背景下，产品的管理与创新就成为应对激烈市场变化，满足客户需求，推进自身经营发展的主要策略和手段。

（一）根据市场情况制定产品创新规划

美国银行产品创新规划的制定始于市场，落脚于市场。如：为适应新的信息技术广泛应用的市场趋势，美国银行于 2013 年 6 月成立了数字银行部门，隶属于零售银行条线，美国银行的产品创新特别是个人业务领域的产品创新主要集中于这一领域。数字银行内设战略计划与管理等 7 个团队，

专注于数字银行领域的产品创新。

图1 美国银行数字银行部门组织架构

其中战略规划与管理团队负责整个数字银行领域产品创新战略的制定，它有三大使命：一是超越客户需求，做到未雨绸缪而非防御性保护；二是走在银行竞争者的前列；三是识别新的机会和内外部协同机会。这三大使命就是预见并把握市场趋势和客户需求。

战略规划与管理团队主要有三类交付成果：一是战略规划。该团队通过对竞争者、技术趋势、经济和人口统计学趋势的分析，形成《产品创新十年规划》并提交全行各业务部门，战略规划中既包括数字业务趋势，又包括整个银行的发展趋势。根据业务部门的认可和接受程度以及具体需求，再进一步制定产品创新三年规划，并进行年度规划支持和整合。战略规划不是空中楼阁，而是根据外部市场环境结合行内实际来制定。例如在数字银行的十年战略制定中，会考虑花旗、富国、摩根大通等同业竞争者的数字化发展趋势，会考虑 IBM、Google、亚马逊、Facebook 等先进的科技类公司的科技发展趋势，还会考虑规划制定时的经济和人口发展趋势等，在包括数字银行、市场销售和营销、银行运营、技术、财务、法律、合规等多个部门的共同参与下，形成一个整体战略和项目规划书。二是需求咨询，该团队对业务部门的临时战略项目提供咨询，并支持战略性产品和项目管理。三是竞争情报分析，根据以往的事件分析、出版物以及最新动态进行竞争情报分析，为本部门其他团队及其他部门提供信息参考和服务支持。

（二）持续跟进客户需求，客户调查贯穿于产品创新全流程

美国银行经营定位于"客户至上"，形成了"AAA 银行"的经营理念，即能够在任何时候（Anytime）、任何地方（Anywhere）、以任何方式（Anyhow）为客户提供服务。因此，美国银行持续跟进客户需求进行产品创新。

美国银行的产品创新分为四个阶段：创意生成、概念开发、概念验证和产品上市，客户调查贯穿于产品创新全流程，在每个阶段都会运用不同的技术方法来实施客户调查收集客户之声。

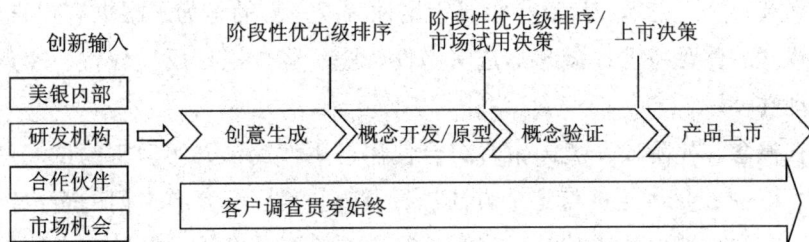

图 2 美国银行产品创新流程

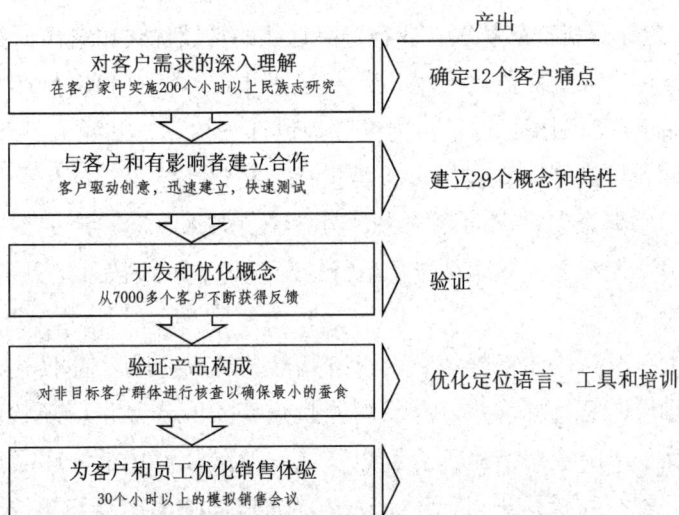

图 3 美国银行 Safe Balance 产品创新各阶段客户之声

美国银行十分重视收集客户创意。作为产品创新的源头，美国银行的客户和内部员工、外部教学研究机构、合作伙伴、竞争伙伴等机构和人员，都会为美国银行提供广泛的创新输入。经常通过组织召开创意生成会议，或辅助运用网络和电话等虚拟方式、观察、人种学、短会、行内比赛、自助方式、与大专院校的合作等方式生成并收集创意，其中，创意生成会议产生的创意数量最多。创意生成会议参与者包括创意主持人、主题业务专家、项目合作伙伴、随机人员（来自其他业务条线的员工），还包括客户和面向客户的前台员工。

在概念开发阶段，美国银行通常会综合使用概念筛选、客户论坛、焦点小组、在线定量调查、可用性测试、实验室评估、联合分析等方法收集客户之声进行具体的概念开发。每种方法都有各自的特点和目的，其中，概念筛选、客户论坛和焦点小组属于定性调查，目的是为了根据客户喜好，找到概念的重要特征，概念筛选实施性较强、客户论坛反馈较快、焦点小组互动性较好。

在概念验证阶段，美国银行综合使用可用性测试、实验室测试、焦点小组、Ipsos 论坛等定性与定量方法进行调查。美国银行有专门的客户体验团队，在进行可用性测试时，需要与客户体验团队合作，借助客户体验团队的先进技术方法来支持调查有效开展。

（三）定期分析产品状况，实行产品功能的持续优化和迭代创新

美国银行非常重视监测产品运行状况，并定期汇总和出具产品业绩报告。其产品运行监测指标体系由财务部门设计和构建，既涵盖财务类指标，又涵盖非财务类指标；既包括过程类指标，又包括结果类指标。核心指标主要有：客户满意度、产品渗透率、产品经营收入、净资产回报率等。财务部门指定专人负责，持续对产品运行情况进行监测，按月出具监测结果，供全行使用。

美国银行产品业绩报告主要由以下几部分组成：1. 产品描述，包括产品战略重点、产品目标客户、产品功能简介等；2. 产品运行现状描述，包括针对产品采取的主要措施简介，以及取得的阶段性成效，产品整体现状采用颜色（红/黄/绿）进行标识；3. 产品发展面临的困难和挑战，包括已经存在的问题和可能面临的风险等；4. 下一步计划采取的措施及阶段性成果；5. 产品业绩表现，包括一般业务指标、财务预测类指标、运营类指标、客户服务类指标、销售渠道类指标等。6. 产品简要利润表，包括各项收入、成本、利润、费用的预测数据和实际运行结果数据，以及它们之间的对比。

通过对产品业绩报告的定期分析，美国银行将其经营的产品进行分类，并结合日常收集和客户调查获得的客户需求，持续进行产品优化和迭代创新。

（四）建立完善的产品定价机制，科学确定产品价格

在定价管理体制方面，美国银行建立起了良好的定价分工和合作机制，总部部门间密切合作，总部和分支机构间分工明确，职责清晰，运行顺畅。在总部部门合作方面，美国银行不同的产品线都有自己专门的定价团队来

决定价格，在实际的产品定价流程中，具体产品的定价团队需要与其他产品线共同讨论，以确保产品定价超过最低盈利点。在总部和分支机构分工方面，以个人住房贷款为例，美国银行总部设有专门部门负责全行个人住房贷款定价管理，分支机构作为贷款定价工作的执行者，是定价模型、系统和工具的使用者和操作者。

在定价规则方面，以住房贷款定价为例，美国银行住房贷款定价，是以二级市场中贷款支持证券的票面利率为基础，并将客户差异、市场竞争、贷款成本等要素数量化和模型化，形成贷款价格目标值提供给营销人员，由营销人员据此同客户进行协商后，最终确定贷款价格。同时，针对七种例外情况，贷款机构的营销人员可以对客户的贷款价格进行下浮，实现了定价管理的规范化和差别化。

在定价决策方法方面，美国银行对客户进行细分并实施差别化定价。以汽车贷款利率定价为例，美国银行基于以风险为基础的模型，综合考虑市场、同业竞争者、贷款类型和消费者的情况，用一个决策系统来进行定价。美国银行定价核心理念不是要成为最低成本的运营者，而是要给客户提供一个合适的并且能给美国银行带来利润的一个利率水平。最近美国银行正在引入动态定价模型，综合考虑客户存款、贷款等指标，计算出客户对银行的综合回报率，如果这一比率较高，会考虑给客户一定的贷款利率折扣。以在线抵押贷款业务为例，首先应用 FICO（Fair Isaac Corproation）评分体系进行客户信用评级。FICO 体系是由美国个人消费信用评估公司开发出的一种个人信用评级方法，反映客户质量情况以及偿还意愿，被美国社会广泛认可和使用，其分数区间是 375～900 分。美国银行对评分结果在620 分以下的客户一般不发放贷款，即使发放贷款也执行最高档次利率；对620～900 分的客户划分不同的档次，分别对应不同的定价区间。其次，根据贷款的首付比例和总额进行差别化定价。根据贷款首付比例、贷款额度与风险预期的相关性，美国银行将其划分了不同档次，对应差别化的利率水平，以覆盖不同的风险。第三，根据客户综合贡献情况进行差别化定价。美国银行将客户使用该行其他金融产品的情况和总体的利润贡献量化为贷款价格，设计了客户利率优惠表，对不同贡献度的客户实现了差别化定价。

在系统数据支持方面，美国银行近年来重构了零售银行条线的技术架构，构建了共享的基础数据平台，对全行零售客户数据信息进行整合，确保了客户数据的唯一性，可供各渠道和业务条线使用。如美国银行的个人住房贷款定价支持系统包括：Saturn、Houdini 和 Nirvana。其中，Saturn 动态更新二级市场上所有贷款支持证券的价格信息，Nirvana 系统核算单笔贷款的边际成本和利润，Houdini 是定价引擎系统，汇总了所有的定价参数，包含了贷款定价的所有操作步骤，最终得出每笔贷款的价格目标值。Saturn 和 Nirvana 定位为管理和决策的支持性系统，各种模型、工具都嵌入其中；Houdini 定位为前台人员的操作性系统，简洁易用，界面友好。定价管理系统的日常维护、优化和更新都由总部的 IT 支持团队负责。美国银行通过系统实现了对定价全流程的"机控"以及前后台的职责分离。

三、启示和建议

借鉴美国银行的经验，有效应对利率市场化，必须增强产品精细化管理水平，大力提高产品创新能力。

（一）建立基于管理会计的核心系统，为产品精细化管理提供技术支持

利率市场化后，为满足经营结构调整、业务流程优化、产品服务创新和经营管理变革的需要，应对快速多变的市场，银行信息系统的集约化、精细化水平需要进一步提升，同时对信息系统的灵活性和创新的能力提出了更高的要求。为了迎接利率市场化的挑战，银行需要致力于为客户打造更加便捷、高效、安全的服务平台，加强数据系统的精细化管理，才能适应利率市场化之后市场的不确定，并维护好老客户，拓展新客户。

在系统数据支持方面，美国银行构建了共享的零售银行条线的基础数据平台，对全行零售客户数据信息进行整合，可供各渠道和业务条线使用，大大促进了零售银行业务的发展。我行应运用管理会计实践成果，搭建以多维度盈利计量、成本分摊为核心功能的全行统一的信息管理核心系统平台，实现按客户、条线、产品、渠道、经营主体等多个维度的整合计量和组合分析，从多个管理视角反映银行经营成本及经营成果，为全行的客户辨识、综合定价、营销策略、经营分析、业绩计量和评价、资源配置等精细化经营管理提供有价值的量化信息支持，并从中挖掘出创新着力点，提高生产经营效率，更好地支持"以市场为导向，以客户为中心"开展产品创新。

（二）建立定价模型，提高定价能力

利率市场化后，银行风险定价能力的重要性更加凸显。目前我行无法通过系统的手段算清楚每个产品、每项业务、每个客户所带来的成本、收益；银行内部部门、条线之间产品、客户、渠道共享等方面缺乏合力，交叉销售与业务联动不足；而且由于各业务条线大多采用分隔独立的系统，使得定价系统对于每个客户的综合收益的考虑不充分，也无法按照期限结构、按地区、按客户群、按金额来进行定价。因此，在定价方面需要内部资金转移定价（FTP）体系、资产负债管理系统、风险管理系统和客户关系管理系统相互配合。首先通过市场收益率曲线来判断资金的成本、资金收益率与盈利的关系；其次利用资产负债管理系统判断存款利差和贷款利差，通过资金转移定价系统把存款利差和贷款利差进行分割，对资金来源和资金运用进行引导；通过风险管理系统，把风险分摊到所有的资金运用上，计算出资金运用的成本，并将运营成本分摊到每一笔业务上。在此基础上，建立科学的动态定价模型，全面考虑综合成本、利率、信用评级、违约概率、违约风险、客户综合贡献等量化指标，使定价覆盖资金成本与费用、风险损失和盈利目标，并兼顾市场竞争策略，同时要通过不断的数据积累和持续优化，不断提升我行定价的精准性、科学性和有效性。要完善全行定价管理制度，建立标准化和差异化相结合的定价体系，针对不同层级、产品和客户等纬度进行价格授权细分，提高市场响应速度和竞争能力。

（三）重视客户体验，加强产品精细化管理

目前我行的产品创新工作基本上处于"以我为主"的状态，产品的客户体验还有待提高。因此，要将客户调查贯穿于我行产品创新全流程，在创新流程的每个阶段都要实施客户调查，收集客户之声。在创意收集阶段，除了注重行内创意之外，还应直接、广泛地收集客户的创意；在产品面市和推广实施过程中，可以组织客户体验团队，开展定性调查和定量调查，并将调查结果与我行管理数据进行整合分析，查找产品不足方面，据此对产品进行不断改进和优化；对于产品上市后，客户体验不佳、推广成效不好的产品，经评估后可实行退市，避免资源浪费。要在实行客户分层的基础上，充分挖掘银行大数据的潜力，分析不同层级客户的需求和特点，制定定制化的产品服务方案。在规划具体创新项目方面，一方面要抓住客户痛点，从老百姓息息相关的衣食住行如城市交通、费用代缴、社会保障、医疗保险、公共事业服务及政府服务项目入手，以客户体验为准绳，不断优化我行产品的服务广度和深度；另一方面要持续追踪市场热点，在政府"智慧战略"的推动下，吸收互联网企业创新的先进经验和成果，加大在移动电子领域，金融IC卡领域等新型渠道的创新力度，扩大我行产品的兼容性，提升我行产品的附加服务能力。

（四）适应综合化服务、集约化经营的要求，大力提高产品创新能力

利率市场化将通过市场化竞争来确定资金成本和金融产品价格，商业银行的传统业务收益特别是存贷利差收益降低。因此，我行应加快经营转型步伐，加强综合化服务、集约化经营，以此拓展市场，服务客户，开辟新的利润空间。为此，必须大力提高产品创新能力，如创新投行、资产管理、私募基金、信托等高附加值的中间业务产品，为客户打造全方位的金融及增值服务平台，同时提高综合金融解决方案的制定和营销能力，加强交叉销售，提高客户综合贡献度，通过多元化的业务模式获取新的盈利点，向大型化、全球化、集团化发展。利率市场化进程还将伴随着利率风险、汇率风险的加大，我行应加快对新型金融工具的开发，运用不同的金融创新产品来增加盈利并分散风险。通过创新的金融产品和服务渠道，满足不同客户群体的实际需求，如财富管理、移动银行、中小企业融资等。

注：本文作者陈昕、李振球、孟凡娜、吴斌，发表于《现代商业银行导刊》2015年第1期。

商业银行分支机构产品创新能力研究

　　商业银行产品创新能力是包括其分支机构在内的全行整体的产品创新能力，分支机构的产品创新能力不仅是全行整体产品创新能力的有机构成，还是全行整体产品创新能力的展示和体现。商业银行分支机构应着重从需求管理能力、自主创新能力、组合创新能力和移植推广能力等方面打造其产品创新能力，并通过创新机制建设和创新文化建设来促进产品创新能力建设。

一、需求管理能力

　　从产品创新的流程来看，产品创新一般要经过需求采集、创意生成、原型设计和验证、项目研发、上市推广等环节。产品创新需求是产品创新的起点和基础，是产品创新的源泉和动力。商业银行分支机构是联系市场和客户的桥梁，需求管理的重点工作就是搜集市场信息，采集客户需求。

　　要拓展需求采集渠道。产品创新有客户需求驱动、市场需求驱动、信息技术发展驱动、经济全球化驱动、监管要求驱动等五个驱动因素，要围绕这五个驱动因素广泛采集需求。（一）主动采集客户当前和潜在需求以及对银行产品的改进建议，形成产品创新需求。（二）定期开展经营环境分析、市场调查研究，及时分析市场变化，发现创新机会，形成产品创新需求。收集同业最新面市产品信息，开展与同业产品优劣势及相似产品的功能差异分析，提出创新需求。（三）鼓励本行员工提出产品创意，同时鼓励客户或社会各界为银行提出产品创意，并将创意转化为产品创新需求。（四）与第三方公司、高校和科研机构等开展课题研究合作，基于研究成果提出产品创新需求。（五）通过对新的信息技术应用、新的商业模式、运营模式和客户消费模式等前瞻性研究，提出产品创新需求。

　　要建立需求征集机制。客户需求是产品创新需求的主要来源。银行分支机构要将客户需求采集镶嵌到客户营销、客户维护和服务的工作流程中，作为客户部门、产品部门以及客户经理和产品经理的重要职责进行管理。要动员和鼓励全行员工对银行产品和流程提出创意，建立员工创意的展示平台以及评价、处理和反馈的信息系统，将员工创意纳入创新工作考核，激发员工创新热情，集中员工智慧推进产品创新。分支行要根据经济金融发展热点和本行阶段性工作需要，组织专题征集活动，提高客户需求和员工创意征集的针对性和话题集中度。

要加强需求整理和提炼。银行基层机构要对征集的需求和创意进行定期归纳整理，按产品类别进行分类，对相同或相近的需求进行归并和提炼。要高度重视需求提炼，清晰地描述需求背景，准确陈述客户需求，特别是在提出解决需求的建议时，要进行由表及里、由此及彼的思考，既要解决客户现实需求，也要解决关联需求和未来需求。经过认真提炼，形成可作为创新项目立项依据的创新项目选题。

要加快需求的转化。建立银行系统内部上下畅通的需求管理快速通道。基层机构对客户提出的需求、员工提出的创意要及时予以回复，以保护客户和员工的积极性。对在本级机构授权范围内能够满足的需求、能够解决的问题，要在规定的工作日内限时办理；对需要上级行解决的问题，立即上报上级行；对需要立项研发的创新项目，按创新项目研发程序立项研发。

二、自主创新能力

自主创新是针对仿制性、跟随性创新而言的，银行产品同质化现象突出，商业银行应该提高本行产品的自主创新能力，努力打造自己的标杆性产品。

要构建商业银行总行与分支行各有侧重、上下协同的产品研发体系。产品创新有激进式创新和渐进式创新两类，激进式创新是指颠覆性的、突破性的全新的产品创新，这类创新一般只占创新活动总量的5%。渐进式创新是指产品的迭代创新，是对产品功能的改进和优化，这类创新一般要占创新活动总量的95%。商业银行是一级法人体制，对其分支机构实行授权经营，产品由总行统一研发和管理，分支机构主要负责产品的推广应用。在商业银行的产品创新活动中，激进式创新原则上由总行承担，渐进式创新可授权分支机构承担。所以商业银行总行应负责顶层设计，制定全行产品创新战略和规划，并负责原创型、突破性创新产品的研发，包括开拓新的业务领域和商业模式，新技术、新方法的首次运用，能够形成国内领先产品、形成本行全新基础产品、形成自主知识产权的产品，能够对全行效益提升和拓展新客户群体起到明显作用的产品。一级分行（包括直属分行、重点城市行）产品自主创新的重点是完善产品功能，优化业务流程，进行产品和渠道组合创新，为客户提供综合金融服务，从而形成分行自主特色产品；一级分行以下的基层机构可参与上级行的创新项目研发，但主要职责是采集和提炼创新需求。一级分行在授权和职能范围内承担不了的创新项目和创新需求应上报总行，总行经审核确有必要立项研发的，应纳入总行项目研发计划，需要分支机构参与研发的，应采取总分联动的方式，鼓励分支机构参与总行项目研发，总行在时间、精力上安排不了的，应授权分支机构研发。要优化产品创新授权机制，对重点城市行和管理水平高、内控能力好、创新能力强的分行要扩大创新授权。

抓好创新项目立项选题。立项选题是项目质量好坏的关键，是创新能力的重要体现。要以按照创新五个驱动因素，经多种渠道广泛采集的创新需求作为选题范围；选题要满足市场、客户的迫切的、现实的需求，解决当前急需解决的问题，项目研发完成后能立即见到成效，同时要贯彻总行业务发展战略和创新规划，注重创新项目的前瞻性和预见性，特别注重挖掘客户的潜在需求，在满足客户现实需求的同时创造客户未来的需求。选题面要考虑到不同业务条线、不同类型、不同层面的需求，同时要突出重点，确定一批重点创新项目，对全行业务发展起到拓展性、引领性作用。

建立产品研发流程和跨部门协作机制。创新产品研发要建立从立项、研发到验收、面市、产品后评价等流程，规定每个流程的工作内容和要求，实行流程化管理。项目立项前要进行可行性论证和投入产出分析，产品面市后要进行后评价，保证产品研发流程的严谨性和完整性。产品创新项目研发要实行项目团队制，成立由牵头部门、相关业务部门和中后台部门共同参与的项目组，保持人员稳定，配备相应财务资源，以加强过程管理、提高协同效率，形成跨部门的协作机制。

采用产品研发先进技术和方式方法。建立客户之声，倡导客户参与产品创新，有条件的分行可建立客户体验实验室。可建立与高校、科研机构、咨询机构的产品创新合作关系，可聘请第三方机构参与研发或聘请独立的市场调查咨询公司开展客户及市场调查。

三、组合创新能力

组合创新是创新的重要方式。商业银行组合创新是指将现有产品、渠道等经营工具和要素进行重新组合，使其在性能和服务功能等方面发生变化，从而满足客户新的需求，为客户和银行创造新的价值。商业银行分支机构要发挥广泛联系市场和客户的优势，在产品营销、客户服务过程中，大力开展组合创新。

开展组合创新，要有为客户提供综合金融服务的意识和观念。客户的需求往往不是单一的，而是多方面的，不是静止的，而是不断变化、持续的，要组合多种经营要素为客户提供全方位的金融服务。

开展组合创新，必须对客户需求有深刻理解和充分把握。针对客户多方面的持续变化的金融需求，要抓住其"痛点"和"痒点"，通过组合创新，解决客户的现实难题和迫切需求。

开展组合创新，必须对现有产品、渠道及各经营要素的功能有深刻理解和熟练把握。纳入组合的各经营要素对客户需求要有良好的针对性和契合度，并通过不同方式的组合，突出"创新点"。

组合创新的方式之一是产品组合创新。要树立为客户提供全量产品组合服务的意识，调集本行产品库内所有产品，根据客户现实需要求和潜在需求进行不同组合的创新。要进行同一产品线之内的精细的小组合，更要进行跨产品线的大组合，如对公产品与对私产品组合，人民币产品与外币产品组合，间接融资产品与直接融资产品组合等。根据金融脱媒趋势和社会融资方式的变化趋势，商业银行应加大间接融资业务创新力度，结合传统信贷业务优势和经验，大力开展间接融资产品与直接融资产品的组合创新。

组合创新的方式之二是渠道组合创新。要树立为客户提供全渠道服务的意识，即：根据客户现实需要求和潜在需求，对本行现有服务渠道进行不同组合的创新。如境内服务渠道与境外服务渠道的组合创新，分支机构与总行直属子公司之间业务的组合创新，跨区域的分支机构之间对集团性客户授信、结算等渠道的组合创新，金融服务渠道与非金融服务渠道的组合创新等。随着互联网技术和互联网＋商业模式的发展，商业银行应大力开展线上金融服务与线下金融服务的组合创新。

组合创新的方式之三是服务模式创新。一是根据客户经营模式，对银行现有产品、渠道等经营要素进行重新组合，建立与客户经营模式相适应的金融服务模式。二是将银行现有产品、渠道等经营要素与客户经营渠道和经营要素互相融合，共同创造一种相互渗透、相互依赖的全新的商业模式。互联网技术在各个领域的广泛运用，不仅仅是渠道组合的变化与创新，而是经营模式、管理模式甚至是人们生活方式的变革与创新，已经并必将催生许多新业态。同样，当金融遇上互联网，创新的不仅仅是渠道的组合，而是全新的金融业态的诞生，没有物理网点的纯粹的网上银行如微众银行等已经面世，同时传统银行的全面网络化建设也在如火如荼地展开。随着信息化建设的加速，大数据、云计算技术的广泛运用，更多产业、行业、和行政区域的信息化运营和管理将成为未来的发展趋势，如数字化社区、数字化城市、智慧交通、智慧旅游、智慧物流等。金融业务也将深度信息化，并与管理信息、交易信息、物流客流信息等相融合，以智慧的、泛在的、跨界的形态融合和渗透到社会各个领域。商业银行及其分支机构只有顺应这一趋势，加大服务模式创新步伐，才能占领未来市场的制高点。

四、移植推广能力

"拿来"是零成本创新，是创新的捷径。

对创新产品的移植推广是商业银行分支机构的重要职责，也是所在行全行整体产品创新能力的实现途径和体现方式。

分支机构首先要推广好总行创新业务和产品。要建立新业务、新产品学习培训机制，建立一支覆盖各层级的产品经理队伍，明确基层机构产品经理的主要职责就是新产品推广，使基层客户经理和广大员工熟悉新产品的功能、操作流程、风险控制要求等。要制定新产品推广方案，明确推广目标、工作措施、推广进度、资源配置办法以及考核办法。要契合客户需求做好新产品营销，向合适的客户营销合适的产品，充分介绍和展示产品功能包括风险点，激发客户需求，尊重客户意愿，做好产品的售后服务。要关注和收集新产品的市场反映和客户体验，开展新产品面市后的后评价，并及时向新产品研发和管理机构反馈后评价情况。

要积极移植本行系统内其他分支机构的特色产品。建立系统内各分行特色产品集中库，任一分行可随时查阅其他分行的特色产品；建立分行之间特色产品相互移植学习的渠道和管理办法，鼓励分行之间在产品功能改进、流程优化、综合金融服务等方面特色创新产品的相互交流学习，节约创新成本，激发分支机构创新活力。

收集属地金融同业产品信息，开展同业产品移植创新。分支机构应及时收集和掌握属地金融同业创新产品信息，与本行产品进行差异比对分析，对优于本行的同业产品应大胆进行移植创新，做到人无我有，人有我优，提高本行产品的市场竞争力。

打造商业银行分支机构产品创新能力，必须加强创新机制建设。要建立完善的创新组织体系，明确各层级机构产品创新规划决策、组织推动、具体实施的责任部门和责任人，加强产品经理队伍建设，明确职责，加强培训和考核。建立产品创新激励约束机制，将产品创新工作纳入关键绩效指标（KPI）进行考核。建立产品创新支持保障机制和部门协同机制，加大对产品创新的资源配置力度，信息技术、法律合规、风险、审计等相关部门全程参与、协同互动。

打造商业银行分支机构产品创新能力，必须加强创新文化建设。要增强创新驱动紧迫感，使创新成为业务发展的抓手，成为日常经营管理的基本元素，形成全行创新、人人创新的氛围。要坚持以客户为中心，以问题为导向，以需求为驱动，以"客户的需求就是我们的目标"为共识，广泛采集需求，迅速响应需求。要区别对待创新产生的风险，从制度层面给予产品创新充分的空间，建立容错机制，保护员工创新积极性。要大力表彰创新先进团队、先进个人和优秀创新项目，加强创新宣传，打造创新型银行形象。

注：本文发表于《现代商业银行导刊》2015 年第 12 期。

提升县市支行市场份额
巩固湖南分行市场领先地位

一、建设银行湖南省分行"三湘金融领头羊"优势地位的确立，首先在于占领了长沙地区的绝对市场份额

长沙地区市场份额情况分析：

（一）2005—2008 年长沙地区市场份额情况（表略）

从存贷款总量来看，2005—2008 年，我行长沙地区的市场份额比我行在全省的市场份额高，同期长沙地区存贷款总量占全省近一半的比重。从同期工行的情况来看，工行长沙地区的市场份额比工行全省的市场份额低，远低于建行在长沙地区的市场份额。2005 年，存贷款规模工行在长沙与我行的差距大于在全省与我行的差距。这表明，我行"三湘金融领头羊"的领先优势的确立，首先在于占领了长沙地区的绝对市场份额。

（二）近四年（2009—2012 年，下同）长沙地区市场份额情况（表略）

从近四年的情况来看，由于众多中小股份制银行的入驻和地方银行的强势扩张，同业竞争加剧，我行长沙地区的市场份额呈逐年下跌趋势，已经连续四年低于我行在全省的市场份额；与此同时，长沙地区占全省的比重也在下降。同期，工行长沙地区的市场份额也在下降，但降幅比建行小，与我行的差距也在缩小。这表明，我行长沙地区对我行在全省的市场份额的贡献度在逐步降低。

二、近年来市州分行特别是市州分行所在城区市场份额高于全省和长沙，成为"三湘金融领头羊"的生力军

（一）市州分行及所在城区市场份额情况分析（表略）

近四年来，市州分行的市场份额高于我行在全省的市场份额，高于长沙地区市场份额。这表明近四年市州分行为巩固我行在全省的市场地位发挥了重要作用。

从市州分行所在城区的情况来看，近四年我行各市州所在城区的市场份额维持在较高水平，超过我行在全省的市场份额 4 个百分点，为全行作出了积极贡献。

（二）市州分行同业比较情况（表略）

从市州分行的市场份额看，我行的市场份额在四大国有控股银行中排名第一，但是落后于农信社。

从市州分行所在城区的市场份额（表略）看，我行始终占据了领先地位。

三、将县域市场份额的提升作为我行巩固和提升"三湘金融领头羊"市场地位的增长极

（一）县市支行近四年市场份额情况分析（表略）

近四年来，我行县市支行存贷款总量的市场份额一直在低位运行，且逐年下降，2012 年末，我行县市支行的市场份额比 2009 年有所下降，比我行市州分行的市场份额低，比我行在全省的市场份额低。

从同业比较情况看，县市支行的市场份额低于农信社和农行，尤其是与农信社还有很大差距。其中，差距主要在个人存款，2012 年末，我行县市支行个人存款余额仅为农行的百分之六十、农信社的百分之三十六。

因此，要提升我行在全省的市场份额，除了继续保持长沙地区及各市州所在城区机构的市场份额以外，重点在于挖掘县域市场潜力，提升我行县市支行的市场份额，要把县域市场份额的提升，作为巩固和提升我行"三湘金融领头羊"市场地位的新增长极。建议在未来 2～3 年内，把县域存贷款市场份额提升 2～3 个百分点，成为四大行第一，实现我行在省会长沙、各市州所在城区、全省县域三级市场中四大银行的全面领先。

（二）县域金融发展机遇和条件

从外部形势来看：党的十八大确定了全面建成小康社会和收入倍增的宏伟目标，目标的实施，县域及以下广大农村无疑是重点，新农村建设、新型城镇化建设、财政省直管县等经济金融财政政策的实施将深刻影响县

域经济发展；湖南"四化两型"社会的建设，突出农业基础产业地位，着力推动现代农业发展，积极扶持发展特色县域经济强县，大力支持县城和小城镇发展，这为县域金融业发展提供了广阔的空间和宝贵的机遇。

从我行内部情况来看，1. 建行湖南分行"三湘金融领头羊"的美誉已誉满三湘，有良好的企业形象市场影响力。2. 湖南分行具有服务全省行政机构客户的良好传统和坚实基础，为县域业务的营销拓展和服务提供了强大支持。3. 湖南分行的小企业业务、房改金融业务、个人业务、电子银行业务的快速发展，以及较强的产品组合创新能力、综合金融服务能力都为县域业务的发展创造了有利条件。4. 近年来湖南分行高度重视县域业务发展，持续采取了一系列行之有效的措施，取得了初步成效，积累了丰富经验，为县域业务的更好更快发展打下了良好基础。

（三）提升县域市场份额的措施

要提升我行县市支行的市场份额，应从资源、渠道、产品、客户等方面着手，各项措施综合实施，无缝对接，全面提升县域支行的市场竞争力和价值创造力。

1. 加大对县市支行资源配置的倾斜力度

从人力资源、财务资源、信贷资源上加大对县市机构的支持力度，当前重点在于信贷资源、信贷政策的倾斜。县域是新农村建设、城镇化建设的重点区域，需要大量资金投入，县域经济的特点决定了间接融资仍是县域融资的主渠道；当地政府部门把银行贷款投放的多少作为与银行合作程度以及财政资源分配的重要指标；长沙地区、大型项目、中长期固定资产贷款占用全行信贷资源较多，综合回报率较低，应创新信贷替换类理财产品、投行产品，加大业务转型力度，在长株潭城市群，在不影响我行市场地位的前提下适度让渡部分份额给市县，向效益增长型转变，县市支行贷款投放的综合收益较高，信贷资源应予支持倾斜，以获取相对较高的综合收益和市场份额的提升。

2. 加强县市支行渠道建设

以助农取款点建设为重点，大力拓展非物理渠道。与农村信用社和农行相比，我行在县市特别是乡镇一级的营业网点数量、职工人数处于绝对劣势，要克服网点数量的不足，扩大县域市场份额，必须大力开拓非物理渠道。要抓住金融服务三农的政策机遇，在全省全部乡镇和富裕行政村，布放 2 万个以上助农取款点。要加大宣传力度，争取政府支持，保障费用投入，加大对 POS 商户的业务指导和培植力度，使每一个助农取款点成为我行驻扎在全省各乡镇和重点行政村的据点，以助农取款点的建设为契机，配合财政社保账户营销、小企业及个人消费经营类贷款营销、福农卡金融 IC 卡手机银行等产品的营销，拓展一批农村富裕客户，从他行分流一定份额的财政社保资金流。同时，不断优化现有物理网点布局，做好改造升级，将我行县域为数不多的每一个网点打造成为精品网点，成为我行拓展县域市场的大本营。还要建设一批地理位置好，交易活跃的自助银行，扩大我行物理网点服务辐射面。

3. 加大信贷重点产品的推广力度

一是重点推广新农村建设贷款与城镇化建设贷款，这是我行为适应新农村建设和城镇化建设的市场需要推出的新产品，与政府城乡统筹的发展规划和配套政策关联度高，达到准入条件的县市所在行，应把握机遇，积极营销，争取投放，以此树立形象、密切银政关系，带动机构业务、个人业务的全面发展。

二是重点推广助保贷产品，这一产品是我行借助政府机构搭建小企业贷款平台，实现与地方政府的绑定，对拓展当地小微企业客户、控制业务风险具有重要作用。除了个别区域风险高中小企业发展能力弱的县域以外，全省县市支行应积极开办助保贷业务，与政府建立捆绑型的密切关系，构建银、政、企三赢的利益格局。同时还应大力推广善融贷、供应贷等小微企业特色产品，拓展县域的优质小微企业客户。

三是改进和发展个人消费经营类贷款贷款。进一步优化个贷业务流程，在风险可控的前提下简化操作环节，提高业务办理和审批效率，打造建行个贷业务在县域地区的品牌形象，建立市场优势地位。

四是大力推广产品组合套餐。在重点发展以上对公和对私资产业务的同时，还应加强联动营销，合理配置信用卡分期、手机银行、网上银行、贵金属、理财产品、结算卡、商户 POS、代发业务等产品组合。

4. 大力营销乡镇财政社保客户

随着财政省直管县、乡财国库管理体制改革的深化推进，更多的财政资金下沉到县域乡镇，县市支行要重点抓好财政专户资金、专项转移支付资金、水利资金、三农资金、保障房资金。要积极争取县市各项财政、社保业务代理资格，增强与财政、社保客户的粘性，从横向上积极利用财政客户的辐射作用，大力营销财政社保专户、代理财政支付业务、代理非税业务和代发工资，积极介入新农保、新农合业务，尝试与同业的委托代理等业务合作，特别是在财政统发工资等代理业务上争取与邮储、农信社等同业的合作，夯实个人存款新增基础；从纵向上，根据省级财政收付路径和链条，分析资金流动沉淀环节，有针对性地开展"链条营销"，积极营销财政零余额预算单位、营销财政拨付资金乡镇下游承接单位，努力实现财政资金体内循环。

注：本文由李振球、吴斌撰写，2013 年 7 月 31 建设银行湖南省分行信息研究部（现数据管理部）主办的省行内部电子信息刊物《信息前哨》印发此稿。根据相关规定，文中数据及表格已略去。

县域经济综合金融服务方案

县域是我省经济社会发展的重要区域。2013 年末，全省 87 个县市 GDP 总量 1.45 万亿元，占全省 GDP 总量的 59%；各项存款总量 10276 亿元，占全省各项存款总量的 38.2%；各项贷款总量 4801 亿元，占全省各项贷款总量的 26.5%。

县域也是我行业务发展的重点区域。截至 2013 年年末，我行县域营业网点 193 个，覆盖全省 87 个县市，员工 2453 人。县域支行一般性存款余额 1310 亿元，四大商业银行占比 29.3%，排名第二；各项贷款余额 581 亿元，四行占比 31.6%，排名第二。在国家实施小康社会建设、社会主义新农村建设、金融服务"三农"等政策背景下，在县域经济、金融总量不断扩大的形势下，与银行同业比较，我行在县域营业网点较少，网络覆盖不足，信贷投放有限，市场份额提升较慢等问题开始显现。

省行党委高度重视县域支行的发展。2013 年，在充分调研分析的基础上，省行制定并下发了《中国建设银行湖南省分行推进县域支行业务持续健康发展指导意见》（建湘函〔2013〕613 号），明确了业务定位，提出了工作思路，确定了发展目标，制定了具体的工作措施。今年 4 月，总行又下发了《中国建设银行无机构县域金融服务模式指导意见》（建总函〔2014〕275 号），要求全行"不能单纯依靠增设机构来拓展县域业务。而必须更多运用互联网金融、移动金融、自助设备等新兴技术，在无机构条件下构建为客户提供金融服务的基本模式，覆盖传统网点模式下的服务盲区"。

为贯彻落实总行《无机构县域金融服务模式指导意见》和省行《推进县域支行业务持续健康发展指导意见》，特制定本方案。本方案的主要内容和总体要求是：积极稳健发展县域信贷业务，并充分发挥信贷业务对各项业务的带动作用；强化各项产品的组合和联动，实现各项产品和服务对我行有效客户的全覆盖；完善我行县域金融服务网络；做好重点乡镇的金融服务工作。

一、积极发展县域信贷业务

根据县域经济的特点，信贷业务的重点是小微企业信贷业务和个人信贷业务，并积极发展新农村建设贷款、城镇化建设贷款和信用卡分期业务。

（一）积极发展小企业信贷业务

大力营销"助保贷"。助保贷主要适用于政府助保金机构和建设银行共同认定的"小微企业池"中的优质小微企业群体；通过我行与县政府联合打造平台，形成利益绑定关系，借助政府之力，加强小企业服务，推动小企业业务、机构业务及其他各项业务的发展。省行已与省金融证券办联系，通过省金融证券办向全省宣传和推介我行"助保贷"；各市州分行也要积极向市州政府领导及相关部门推介"助保贷"，争取通过政府渠道宣传和推介我行"助保贷"；要让全省各县市党政主要领导和相关部门都知道并了解我行的"助保贷"。全省县域经济二十强县、已发放和正在申报新农村建设贷款、城镇化建设贷款的县必须搭建助保贷平台，其他县也要积极创造条件。

积极营销"三贷一透"和"小额速贷通"特色产品。"三贷一透"是指善融贷、创业贷、信用贷和结算透。善融贷主要适用于收入归行率较高、资金沉淀稳定的我行优质存量结算客户；创业贷主要适用于经营稳定、成长性良好的在他行结算的客户；信用贷主要适用于信用良好、现金流能够覆盖贷款本息、与我行有密切合作关系的私人银行客户及高净值客户；结算透主要适用于在我行结算频繁并形成一定资金沉淀的存量客户；小额速贷通主要适用于个体工商户、个人独资企业、个人合伙企业等财务信息不充分但第一还款来源可靠而且能够提供足额有效的抵质押担保的小微企业客户。

（二）积极发展个人信贷业务

积极营销个人消费类经营类贷款。县支行发展个人消费类经营类贷款的政策与城区支行一致，对符合条件的借款人，县支行都可以给予相应贷款的支持，包括个人消费贷款、个人助业贷款、个人信用贷款、个人黄金质押贷款、"财富贷"、"学易贷"、"家装贷"、"和兴贷"、"结算通客户授信"及善融平台系列个人贷款等。稳健发展个人住房贷款。目前经济环境下，县域发展个人住房贷款业务，除符合楼盘准入基本条件外，楼盘建筑面积应在 3 万平方米以上，对个人住房贷款不良率低于 0.1% 或不良额 20 万元以下的县支行，楼盘建筑面积可放宽至 2 万平方米以上；县级以下乡镇楼盘暂停准入。

（三）积极发展公司、机构客户信贷业务

1. 新农村建设贷款。主要适用于财政基础坚实，新农村建设等相关配套政策完善，地区生产总值增速、一般预算收入增速、城镇居民可支配收入和农村居民人均纯收入不低于上一年全国平均水平的县，且县年度财政一般预算收入至少在 10 亿元（含）以上。同时，借款主体须是政府部门授权具备承担城乡统筹新农村建设职能、按商业化运作的企业法人，具体用途可用于农村社区建设、农民安置房建设、农村土地综合整治、城乡基础设施建设、现代农业项目和旧城改造项目。客户和项目其他条件可详细参考相关管理办法。

2. 城镇化贷款。主要适用于财政基础坚实，城镇化建设等相关配套政策完善的全国百强县、千强镇、国家级或省级产业园区，且区域内一般预算收入增速和城镇居民人均可支配收入增速不低于上年全国平均水平、财政一般预算收入至少在 10 亿元（含）以上。同时，借款主体须是政府部门授权具备承担城镇化建设职能、按商业化运作的企业法人，具体用途可用于城镇化建设的土地综合整治、安置房建设、新城区建设、旧城镇和旧厂房改造、产业园区建设、城镇基础设施建设。客户和项目其他条件可详细参考相关管理办法。

3. 县域卫生行业和教育行业贷款。根据四部委联合下发的《关于严格禁止县级公立医院举借新债的紧急通知》（发改社会〔2012〕3412 号），县域卫生行业的贷款以各类流动资金贷款为主，目标客户为资产负债率低于 60%（含），医疗收入占比高于 40%（含），病床使用率高于 75%（含），上年总收入高于 4000 万元（含）的公立二级（含）以上综合性医院或公立二级乙等（含）以上中医医院、专科医院和妇幼保健院。县域教育行业贷款目标客户为资产负债率低于 50% 且负债收入比低于 1 的非义务教育阶段公办中学（完全中学或高级中学）。

4. 重点项目贷款。积极支持县域内大型城市基础设施建设、大型装备制造、物流基地建设、水利投资建设、农村基本建设、国家级及省级园区配套建设等领域优质项目，并重点跟踪中央和地方规划中重大建设落地项目，关注项目进展情况，争取优质项目承办权和项目资本金。

5. 供应链融资贷款。重点围绕区域内核心企业，围绕产权链、管理链、产业链、供应链，通过订单融资、国内保理、动产质押、网络银行等供应链融资产品打通核心企业上下游融资通道。

（四）积极营销信用卡分期业务

针对县域客户消费品的不同，针对性地营销汽车分期、安居分期和车位分期等产品。

县域信用卡分期客户应锁定存量个贷客户，私人银行客户，国家机关、事业单位及大型国有垄断企业员工，AUM（资产管理）值20万元以上客户，出国留学及高端在职教育客户，购买我行实物黄金客户等六类目标客户群体。重点拓展国家机关、事业单位及大型国有垄断企业员工的集中营销工作，促进各项业务的共同发展。

汽车分期应锁定家轿购买客户，重点拓展总对总合作汽车品牌的客户，及参与公务车改革的公务员群体。

安居分期应锁定家庭装修客户，重点拓展我行房贷客户申请的安居分期业务，及与我行合作密切的全省集团性家装公司推荐的安居分期业务。

车位分期应锁定车位购买业主，重点营销在我行已准入的中高端楼盘购买只有租赁使用权车位的业主。

二、强化公私联动和资产业务带动作用，实现产品、渠道、服务对所有有效客户的全覆盖

在积极发展县域信贷业务的同时，充分发挥信贷业务对其他业务的综合带动作用，促进各项业务的全面发展。在积极支持县域经济发展的同时，努力争取县市政府对我行业务特别是政府类机构业务的大力支持；信贷客户的存贷比、利息收益率、中收产出率、产品覆盖度等指标要达到并超过省行的规定和全行平均水平；充分挖掘客户需求，加强产品组合和部门联动，实现个人（私人）银行产品、信用卡、电子银行产品以及国际业务、理财产品、养老金产品对公司与机构客户和各类有效客户的全覆盖。

（一）机构客户产品组合及营销要求

1. 以我行存量信贷投放和新增信贷投放为切入点，积极争取县市政府和有关部门对我行机构业务特别是政府类机构业务的大力支持。信贷余额、

信贷投放计划比较大的县支行，要争取机构业务份额不低于贷款份额；信贷余额、信贷投放计划较小的行，要争取机构业务份额高于贷款份额。积极营销"助保贷"，形成我行与县市政府的利益绑定关系。

2. 加强上下联动。强化各级行对本机构客户的营销服务责任，强化二级行、县市支行主要负责人和班子成员对机构客户的营销责任，同时加强上下联动。凡省行和省级财政、社保等机构类客户建立了合作关系的，二级分支行、县市支行必须承接省行机构业务关系，并进一步拓展和扩大与当地机构客户的关系，二级行要突出发挥好承上启下的作用。县市支行要实实在在逐一做好机构业务目标、措施、产品、服务、渠道的落实工作，确保全行各机构业务系统在县市支行落地生根开花。

3. 突出重点，组合产品，联动营销

（1）重点营销财政社保业务，狠抓代理资格、专户开立、资金体内循环。应对"省直管县"、"乡财县管"等财政体制改革变化，建立预算执行动态监控机制，按省财政厅的统一部署全面推进国库集中支付电子化进程，把握财政专户清理的新机遇，做好财政账户的系统性梳理清查工作，抢抓非税收缴资金中的土地出让金、交警罚没款、学费资金；财政专项支出资金中的基本建设资金、水利专项资金、农村义务教育等中央专项转移支付资金等。根据财政资金拨付的流程和流向，大力营销财政零余额支付下游承接客户，通过提高财政资金体内循环承接比率，将财政业务与社保、政府机构、事业法人、其他对公业务领域有机链接起来，并大力营销代发工资和公务卡业务，充分发挥大财政平台效应，促进个人、信用卡、电子银行等诸多业务的共同发展。大力营销社保资金源头客户的财政专户、收入户、支出户，通过与源头客户的深度合作，将我行金融服务触角延伸至中下游客户，紧跟"新农保"、"新农合"在农村地区覆盖面的扩大、保障标准逐年提高的形势，全面撬动县域社保业务，以"社会保障卡"为抓手，依托我行功能完善的社保业务管理系统，实现社保账户和社保存款的相互促进和可持续发展。

（2）持续推进国土、住建大系统拓展。大力拓展县域公共资源交易中心类客户，关注政府统一和规范建设工程招投标、产权交易、政府采购、国土招拍挂、矿产资源交易、国有资产转让、特许经营项目等各类公共资源交易行为，利用我行网上招投标系统，重点营销招投标保证金、土地复垦保证金、矿山地质环境治理恢复保证金、建筑工程保证金、农民工工资保证金、建设工程招投标保证金、安全生产保证金等专项资金，有效延伸上游竞拍人客户和下游开发建设单位客户，以及县域国土资源局和直属事业单位（征地拆迁中心、土地整理中心、土地储备中心、土地交易中心、矿产资源管理中心、信息中心、执法监察支队、规划测绘中心、培训中心、地质环境监测站），提升存款规模及客户账户数量。

（3）深化"民本通达"品牌内涵，保持民生领域市场先发优势。强化资产业务的带动作用，以校园卡、居民健康卡、诊疗卡等重点产品为抓手，实现不同客户的借鉴移植，消灭县级优质学校和医院客户合作盲点。加大对优质文化、水利、环保机构、地质勘查等各类型客户的需求分析，有效把握客户的资金脉络，整合负债产品、供应链融资、支付结算产品，提供综合金融服务，促进事业单位存款增长。

（4）拓展住房公积金业务服务领域。力争公积金归集、贷款业务全覆盖，归集（存款＋贷款）市场份额稳中有升。在城区归集相对饱和的情况下，各行要将县域作为公积金业务重点发展和突围的方向，一是二级行牵头，打造房金部门、城区主办行和县域承办行三位一体的整体营销服务模式，并按照省行政策，结合客户服务要求，将柜面和（或）驻点人员及财务资源配备到位，对实现"零余额"账户管理的地区尤其要加强对县域归集、贷款的买单激励，充分调动县域经办行积极性；二是积极对接公积金管理部门，推动县、乡、镇公积金归集扩面工作；三是扩大公积金贷款优势，带动个人负债业务；四是加快公积金金融 IC 卡的市场覆盖和运用。

（5）加强住房维修基金业务拓展力度。一是抓账户，归集、定期、增值收益账户一把抓，归集账户是关键，年内要开通 80% 以上，力争全覆盖。省住建厅拟出台全省住房维修基金管理办法，各行要未雨绸缪，抢抓账户，搭好平台，确保我行在后续的业务竞争中占据有利地位；二是抓归集，把握资金源头，建立银行柜台归集或驻点归集模式；三是抓承接，力争归集资金尽量沉淀在我行。

（6）加大职业年金、各类福利计划养老金业务拓展力度。紧抓《事业单位人事管理条例》（国务院令第 652 号）出台机遇，在养老金并轨大趋势下，积极营销各机构客户职业年金及各类福利计划（含补充养老、增值医疗、高管激励等），依托养老金创新产品实现养老金业务与存款业务的双发展。

（二）公司客户产品组合及营销要求

根据客户规模、有无信贷关系、客户所处产业链、行业特点等因素，通过合适的渠道、合适的产品、合适的促销手段满足客户需求，切实提升客户综合贡献度和忠诚度。

对于纯存款客户，主要营销其存款及结算份额的同时，至少要营销 5 个产品，包括但不限于存款、网银或现金管理系统、单位账单、单位通存通兑、其他单位人民币结算等。

对于信贷客户，须保证其存贷比例、贷款利率及中收产出标准符合省行底线政策，且至少要营销 12 个产品，包括但不限于存款、贷款、顾问咨询、高端保险、理财产品、网银或现金管理系统、单位账单、单位通存通兑、现金管理、代发工资、ETC（电子不停车收费系统）、其他单位人民币结算、企业年金及各类福利计划（含补充养老、增值医疗、高管激励等）。

1. 大型公司信贷客户：大型企业客户价格敏感、融资渠道多元化，主要有表内外融资需求、流动性管理和资金增值需求、资本市场需求、咨询顾问和信息服务等需求。产品策略主要为向其提供本外币、境内外一体化及定制化服务。定价策略主要为综合定价策略，不追求单项业务定价水平，提升交叉销售能力，不断巩固战略合作关系。渠道策略主要为通过分层管理、综合服务团队、现金管理工具、母子公司及境内外联动、网点服务及私人银行服务等渠道满足其非结算类需求、结算需求、跨境需求、企业员工需求。同时，围绕核心企业产业链，积极营销其上下游客户。

2. 中型公司信贷客户：中型企业客户融资渠道单一、议价能力不高、客户群体差异性大，主要有扩张融资需求、周转性需求、上市配套需求、短期资金增值等需求。产品策略主要以贷款为先导，提供套餐化服务。定价策略主要以 RAROC（风险调整资本回报率）指标为核心综合定价，强化客户资金归行率，着力提高信贷定价和中间业务收入贡献能力，实现收益风险匹配。渠道策略上，主要以二级分支行客户经理为主满足其非结算需求，用标准化的企业网银及综合网点结合满足其结算需求，并重点利用私人银行产品维护企业高管客户。

3. 小微企业信贷客户：在把握关键风险点和有效防范信用风险的前提下，加大营销力度，对县域商业中心区进行摸查，重点拓展居民生活消费行业中的小型微型企业，锁定经营现金流稳定、有稳定结算关系、抵押物足值的小微企业进行重点营销。向小微企业主推荐对私代发、联名账户、结算通卡、跨行资金归集、信用卡、电子银行（个人网银、手机银行、短信金融、微信银行）等业务；对存款收益较敏感的客户可推荐办理聚财存款、特色储蓄等产品，有进一步投资理财需求的可适当配置贵金属、保险、基金、理财产品及其组合。

4. 国际业务客户：

国际结算客户：我行可为客户提供汇款、托收和信用证等国际结算业务，同时还可以提供跨境人民币结算业务。

进口类外汇客户：针对县域进口类客户，主要利用信用证项下贸易融资及 D/P（付款交单）、D/A（承兑交单）等项下贸易融资产品，以及现汇贷款、外汇储备贷款等，解决客户贸易融资需求。其中贸易融资产品包括：进口远期信用证项下买方付息汇票贴现、融货通、海外代付、委托付款、信托收据贷款等。

出口类外汇客户：为方便企业加快资金周转，降低融资成本等，出口类客户主要产品有：出口订单融资、出口应收账款风险参与、打包贷款、出口商业发票融资、福费廷、出口议付、出口托收、出口退税池融资、出口信用保险项下贷款、现汇贷款、外汇储备贷款等。

建筑施工等"走出去"企业：面对承包境外工程中投标、中标、签约、施工各个阶段的业务需求，我行可为企业提供包括投标保函、履约保函、预付款保函等在内的全方位保函业务或出口信贷业务。

资金交易类产品组合：外汇资金交易业务可为企业锁定汇率、利率，规避汇率、利率波动风险；同时，在一定的市场机会下，可为企业节省财务成本，扩大利润空间。主要产品有远期结售汇、代客外汇买卖、掉期、代客期权等业务。

跨境人民币业务产品组合：跨境人民币业务可以帮助企业实现以人民币进行结算，规避汇率风险，主要产品包括：人民币收、付汇，开人民币远期信用证，开外币信用证＋换币种通知，人民币币种出口风参业务，跨境结汇通、跨境购汇盈，投注差项下海外人民币贷款汇至境内，资本金人民币汇入，股东分红、红利人民币汇出，NRA 人民币账户等。

（三）个人客户产品组合及营销要求

1. 政府公务员及企事业单位员工，应着力开展公私联动营销，重点做好优质对公单位员工集体授信。县支行应按照营销目录，逐户走访政府组成部门/直属机构、优质事业单位、大型国有垄断行业的分公司（如石油、石化、电力、烟草、铁路、电信、移动、联通等），力争将单位中层以上的管理人员全部纳入我行授信范围。支付结算产品组合主推"借记卡＋信用卡"＋电子银行（个人网银、手机银行、短信金融、微信银行）"产品组合。同时强化代发工资、市政交通、水电煤气、医疗教育等代收代付民生项目的个人金融服务，配套利率上浮、聚财存款、特色储蓄等账户增值类产品。

2. 外出经商务工返乡人员及家属，把握每年重要节日、关键时段等资金集中时期，举办主题营销活动。主推具备跨行取款、特约取款、转账优惠的结算通卡和福农卡和短信约定汇款，配套国债、利率上浮、聚财存款、特色储蓄、期缴保险等理财类产品，根据其风险偏好有选择的配置贵金属、基金及其他理财产品。

3. 个体工商户。充分利用商圈内部地域集中、客户集中、交易集中的特点，开展商圈营销，重点做好县域专业市场、商贸市场客户的营销。主推"POS/电话 POS ＋结算通借记卡＋个人网银跨行资金归集"产品组合，以及理财卡（符合条件）、特色储蓄、聚财存款等账户增值类产品和信用卡，对于有理财需求的，根据其风险偏好考虑为其配置保险、贵金属、国债、基金及其他理财产品或上述产品的组合。贷款方面，可给予符合条件的个体工商户个人助业贷款、"财富贷"、"结算通客户授信"、"和兴贷"、个人黄金质押贷款、个人权利质押贷款、个人消费贷款等信贷品种支持，同时配套营销个人本外币存款、个人外币业务、银行卡、信用卡、基金、黄金、保险、财富系列、网上银行、手机银行、电话银行、短信金融服务、微信银行等，确保每个信贷品种覆盖 5 个及以上个人金融产品。对经营类贷款户，存款沉淀率要达到贷款金额的 50% 以上，月均结算量要达到 100 万元以上，贷款加权平均利率要高于省行利率底线。各县域支行应通过网点广告、发放传单、短信、产品推介会等形式宣传我行个人信贷产品，主动走访成熟商业社区，收集需求并开展针对性的营销。

4. 特色经济从业人员：把握客户生产、销售、资金结算各个环节，实行精准营销。向私营业主推荐办理我行理财卡、结算通卡、信用卡、电子银行（个人网银、手机银行、短信金融、微信银行），向雇佣人员推荐办理福农卡、结算通卡、个人网银跨行资金归集，同时发展业主为助农服务商户，为其雇员、周边农户提供小额取现、转账、缴费（通讯费、水电等）等服务；推荐客户办理聚财存款、特色储蓄等产品，有进一步投资理财需求的可适当配置贵金属、保险、基金、理财产品及其组合；私营业主经营投入期可推荐信用卡分期、结算贷、个人助业贷款、住房贷款或小企业贷款等融资产品。

5. 拆迁户：从拆迁方、政府拆迁办（拆迁公司）到拆迁户，实行持续营销。向客户推荐金融 IC 卡（或非通存通兑一本通），配套特色储蓄、聚财存款，并开通短信通知、手机银行、网上银行、微信银行等电子产品。有理财需求的，重点推荐保障型保险，适当配置国债、贵金属、债券、基金及其他理财产品。

三、完善县域金融服务网络

优化布局、完善功能、提高产能，打造精品网点；发展离行自助银行，扩充附行自助设备；以助农取款点为重点，大力发展电话 POS 和商户 POS，覆盖重点乡镇和专业市场、商贸市场；以手机银行为重点，大力拓展手机银行、网上银行用户。

（一）打造精品网点

1. 加快网点升格，完善网点功能。目前待升格的 83 个县域网点两年内完成升格，扩展经营范围，成为能办理多种业务的多功能、综合型网点。

2. 统一规划，分步解决小面积网点问题。根据装修年限及近三年的存款新增数据，两年内完成对县域 14 个小面积网点的迁址或扩建。

3. 优化布局，提升网均产能。对县域布局不合理、距离太近的网点进行迁址搬迁，将部分老城区网点搬至新区，扩大服务范围。对低产网点，要果断地采取多种有效措施，迅速提高产能。

4. 分类建设，打造精品网点。对县域网点实施分类管理，打造一批品牌效果好、销售能力强和服务质量佳的精品网点，县市支行本部网点必须打造为代表我行形象的精品网点。

5. 加强服务管理，树立品牌形象。持续推进服务标准化，缩短客户等候时间、妥善处理客户问题，不断提升服务质量和客户满意度，树立我行在所在县域的良好形象，成为所在县域银行同业的品牌。

（二）发展自助银行

1. 实现离行自助银行空白县域全覆盖。目前尚有 43 个县市支行无离行自助银行，今年要实现 23 个空白县域离行自助银行建成投产。

2. 县域迁址网点原则上全部转化为离行自助银行。

3. 在重点富裕乡镇建设一批离行自助银行。

4. 在自助交易量大的重点县域网点扩充附行设备。对存量设备日均账务性交易量和单机手续费收入均排名前列的县域附行自助银行，限期扩充盈余机位设备，列入 2014 年装修计划的网点通过优化自助区设备安装布局，调增自助设备机位到 8 至 10 台，其中存取款一体机设备配置不少于 6 台。

5. 通过与监管部门的沟通衔接，大力推进带营销功能（低柜）的多功能离行自助银行项目。优先考虑在离县域城区较近的富裕乡镇、地方特色产品集中地、存量自助设备交易量及手续费收入居前的重点县域城区推进多功能离行自助银行项目立项。

（三）构建 POS 网络

大力发展乡镇助农 POS。遵循合理分布、远近结合、风险可控原则，在人口相对密集区，交通便利，可覆盖周边一至多个村组，电力供应稳定、电话线路或无线网络畅通的地方布放助农 POS，优先考虑经营规范、运营稳定的商户，电信、移动、电网等运营商网点，邮政网点及村邮站，有固定营业场所、信誉较好的便民店、小超市，乡镇的卫生院、卫生所或村委会或由村委会推选的代理人。通过助农取款服务重点拓展农村有效市场，特色经济产业群，烟草结算行业群，新农保、新农合参保人群。

瞄准重点市场、重点客户，大力发展电话 POS。对当地各类专业市场、商贸市场及其他个体工商户集中的物资集散地开展重点营销，做到以点带面、顺藤摸瓜，实现客户的批量营销。要积极利用县乡广播和地方电台，多侧面、多层次和全方位宣传电话支付业务的功能，通过组织农家店电话支付业务培训和上门服务，将电话支付业务相关信息传递到农家店。在用好行内 LED、视频机、网点宣传折页等自有宣传平台的基础上，组织到个体工商户相对集中的专业商贸市场张贴海报、分发推荐单。要根据《电话POS 商户消费手续费优惠方案（试行）》，为客户实行差别化消费刷卡手续费优惠政策，做好客户拓展和产品营销。

积极发展县域商户 POS 业务。重点发展年营业额大于 10 万元的商户；积极推广双 POS 创新项目，在现有 POS 功能基础上增加代缴水电费/话费便民支付、小额转账、体彩资金归集等功能，提供全方位便捷支付服务。积极宣传"刷建行 POS，享支付便捷"口号，并同步推行优惠政策：对符合县乡优惠政策的县域商户，按县乡优惠扣率执行；对归集资金账户开立在建行的商户，可执行建行卡刷卡手续费优惠；根据不同类型的机具可执行机具押金优惠；在条件成熟的经济强县和县域批发市场，重点推广电子签名商户 POS；在餐饮、零售等商户创新推广 MPOS。

（四）大力拓展手机银行、网上银行用户

1. 县域拥有广阔的手机用户市场，要发挥好手机银行、短信金融转账汇款和缴费的优势，以乡镇公务人员、外出务工人员、个体工商户、富裕农户为主要对象，大力拓展农村手机用户。

2. 加快推进县域电子银行民生缴费项目的拓展。重点加快县域水费、燃气费等电子银行民生缴费项目的营销，同时加快"悦生活"全省农电缴费、有线电视费缴费在县域的应用推广，通过应用领域的扩展，提升县域客户电子银行渠道的应用率与忠诚度。

3. 充分利用现有产品，特别是 E 动终端、网上银行、善融商务等，做好富裕乡镇公私客户的营销，加大中心乡镇、特色村庄电子银行服务推广力度，在中心乡镇开展"电子银行进乡镇"活动，扩大我行服务半径。

4. 不断提高电子银行外包团队覆盖率，将县域网点外包团队覆盖率从当前的 90% 提升到 95%，借助外包团队专业、专注的优势，做好电子银行带动式营销、个人业务联动式营销。

5. 加快营业网点电子银行服务区终端设备和服务的升级步伐。用 PC 机、笔记本电脑、平板电脑等通用设备替代现在网银自助服务机和手机演示机，配备电子银行服务区专用桌椅，切实提升电子银行服务区的服务效能。同时，加快柜面转账汇款、投资理财等可迁移业务向电子银行服务区引导，提升电子银行渠道分流能力和存量活跃客户占比。

四、积极开展重点乡镇综合营销服务

湖南省乡镇数量 2100 多个，人口 3600 多万，金融资源丰富，服务需求旺盛。要紧紧依托县市支行本级的业务发展，延伸和带动重点乡镇的业务发展。

（一）确定重点乡镇目标

将国家发改委、住房城乡建设部、财政部、国土资源部、农业部、民政部、科技部联合公布的 3675 个全国重点镇名单中，湖南省 170 个全国重点镇，作为我行开展综合金融服务的首批重点乡镇。此外，各县市支行还

应选取 3 个左右离县城 30 公里以内或高速行驶 0.5 小时内可到达的、有经济特色和发展潜力的乡镇作为重点服务对象。

重点乡镇目标客户：重点农业龙头企业、重点农资销售企业、重点新型农业经营主体（如农业合作社、家庭农场等）、农村区域城镇化建设中的农村地区施工企业，以及特色农业、有机农业、观光农业、生态农业、农业科技创新等产品有市场、有适度规模的经营主体。重点营销政府公务员及企事业单位员工、农民工群体、个体工商户、特色经济从业人员、拆迁户等五类主要客户群体。

（二）建设重点乡镇服务网络

在重点富裕乡镇建设一批离行自助银行。大力发展助农 POS。与经营规范、运营稳定的商户合作，布设助农 POS，满足客户小额取现、转账、缴费等需求。同时，借助助农 POS 满足乡镇客户缴纳、支取社保、农业补贴等金融需求，充分渗入新农保、新农合业务，发挥带动作用。每个重点乡镇应布设助农取款 POS 机 3~5 个，根据条件延伸到人口密集、资金流量较大的富裕村。

在客户分布较为分散、业务规模有限、服务支持成本较高的富裕乡镇，可与邮储银行、信用社等第三方金融机构合作，满足我行持卡客户取现的需求；现金存款和现金缴费业务可根据业务需求、同业合作关系、手续费标准等确定合作银行并签订委托代理协议，由客户在第三方银行柜面办理。或者对持建行卡在无建行机构乡镇使用建行卡产生的跨行手续费，由建行通过其他方式补贴客户。

充分发挥手机银行、短信金融转账汇款和缴费的优势，大力拓展乡镇手机用户。

充分利用 E 动终端、网上银行、善融商务等，做好富裕乡镇客户营销，加大中心乡镇、特色村庄电子银行服务推广力度。

（三）打造重点乡镇服务团队

成立行内重点乡镇综合性营销团队，争取乡镇领导支持，建立与第三方服务公司稳定的合作关系，发展一批忠实守信的助农 POS 商户，打造以行内综合营销团队为主、行内行外结合、行员与客户结合的服务团队。

县级支行要成立以行领导为组长、由营销主管、客户经理和柜员共同组成的重点乡镇营销服务团队，制定重点乡镇营销服务团队工作规则，建立服务团队与乡镇之间现场与非现场、定期与不定期相结合的沟通机制，要一个重点乡镇一个服务团队，目标明确、责任落实、措施到位。

要全面具体的向乡镇领导介绍我行重点乡镇金融服务方案，采集乡镇领导金融服务需求，争取乡镇领导对我行的大力支持并主动宣传我行的产品与服务。

充分借助电子银行营销团队、外包公司等第三方公司的力量，由营销团队人员主动上门营销和服务，并通过 E 动终端为个人客户现场办理开户和电子渠道签约，由外包公司人员负责助农 POS 的安装和售后服务。乡镇商户维护成本较高，外包公司维护乡镇商户采取维护费保底的方式，保障外包公司对乡镇商户的维护质量。

精心选择经营规范、运营稳定的助农 POS 布放点，如供销社、百货公司、农资连锁店、饲料批发店、农副产品批发店；电信、移动、电网等运营商网点，邮政网点及村邮站；有固定营业场所、信誉较好的便民店、小超市；乡镇的卫生院、卫生所等，稳定必要的通讯费、取款手续费投入，加强对 POS 商户的管理、沟通、培训，培养一批忠实守信的 POS 商户，争取把助农 POS 布放点发展为我行的编外网点、产品营销站。

做好手机银行用户、网银用户、建行卡持卡人的维护工作，通过服务赢得客户，通过客户宣传我行的产品和服务。

（四）积极开展产品组合营销

重点针对政府公务及企事业员工、农民工群体、个体工商户、特色经济从业人员、拆迁户等五类主要客户群体，做好产品组合营销［见本方案二（三）"个人客户产品组合及营销要求"］。

注：本方案是建设银行湖南省分行 2014 年的产品创新项目，由赵文明资深客户经理指导，产品创新与管理部、信息调研部（现数据管理部）牵头，会同省分行各业务部门共同完成，2014 年 9 月 1 日以建湘函〔2014〕347 号下发全行实施。本《方案》由本人拟定提纲并总纂定稿。

"大数据" 启示

随着现代信息技术的发展，大数据时代悄然来临。大数据的建设和运用，给经济、科技、军事、社会管理等方方面面将带来深刻影响。我们每个人不一定是大数据的直接涉足者，但大数据时代对我们每个人的工作会有很多新的启示。银行是和数据打交道的，更要增强数据观念和数据意识，提高数据管理和运用能力。

大数据首先要讲数据。数据是对事物的量化描述。大数据时代昭示我们：凭经验、拍脑袋的决策模式应该成为过去，对事物的理解认识，下结论、做判断和决策时，要有数据支撑，不能主观臆断。买东西前"货比三家"，"三"就是数据。

数据要真。现代战争打的是数据战，有了精确的数据，才能做到精确制导，才能对目标进行外科手术式打击。商业银行内控管理的重要任务之一就是力戒假数假账假报表，经营管理中要进行精细化管理、精准营销，必须以真实精确的大数据为依托。数据采集要真，数据在存贮、管理、传输过程中不能失真。

数据要多。所谓"大数据"，大者，多也，海量也。海量数据要求相应的采集、存贮、管理的技术和能力，所谓"云计算"、"云技术"是也。这也启示我们做决策时，视野要宽阔，依据的数据、事实要充分，不能做井底之蛙，不能一叶障目，只见树木不见森林。

数据要活。数据只有活起来才有意义，数据只有用起来才能活。大数据是现代商业银行的关键生产要素，必须加大大数据建设力度，提高大数据运用能力。要运用大数据推进产品创新和流程优化，提高创新能力；运用大数据进行精细化管理，提高管理水平；运用大数据进行精准营销，准确响应客户需求，提升核心竞争力。

注：本文发表于《建设银行报》2015 年 8 月 25 日第 2 版。

四、宣传报道

倾　斜

1954 年仲夏之夜。北京。中南海怀仁堂。共和国的领袖们围着一张硕大的地图，156 项即将开工的重点工程像 156 颗午夜星辰眨着清亮的光。毛泽东主席大手一挥：就这样定了！随后，他老人家又若有所思地加了一句：重点工程要有一个专门机构管理，上百个亿哩！毛泽东提出并寄予厚望的这个机构就是不久后由周恩来、陈云、李富春、李先念等老一辈革命家亲手操持，于 1954 年 9 月 9 日政务院 224 次会议上决定成立的，以经营和管理国家中长期投资为主的中国人民建设银行。与重点工程同步，建设银行也是共和国开国不久就升起的一颗光彩夺目的新星……

毛泽东的故乡。中共湖南省委、省政府连续两届领导者都郑重而又风趣地宣布：本届政府是电政府。湖南缺电啊，全省每年因缺电导致企业开工不足而影响工业产值达 50 亿元之多。对于一个决心开足马力急起直追的内陆省，这时还有什么比发展电力更紧迫的？没有电只能半饥半饱、跑跑停停。

这种痛苦烧灼着省建设银行党组一班人的心。党组召开一系列会议研究部署，原行长张侠，现在主持全面工作的副行长陈岱满，以及他们的同事，都曾多次动情地说过：重点建设是经济发展的主干，重点工程非上不可。不错，几十年来，建设银行就像一座比萨斜塔，它的资金、它的人才、它的情感自然地倾斜于重点工程。先看电力建设吧！

电力建设投资大、周期长，搞个电站或电厂动辄十几、二十几亿元往里投。仅"七五"期间，省建行系统就以"拨改贷"和建贷等形式发放了 30 多亿元贷款。前几年为治理通货膨胀，国家抽紧银根，哪家银行都在勉为其难，能够仅为电力一项就发放和筹措如此多的资金，确实不易。1988年，省电力专业支行成立时，五强溪建设公司账面上的资金只有 4000 元，对像五强溪这样耗资 32 亿元的大电站，4000 元只够塞它的牙缝。没办法，工程不能拖，该花的钱照样得花，这就只好由建行先垫，垫不够，又得去借。那段时间，五强溪电站正在抢建第一期围堰工程，如果资金不能保证，工程就会在枯水期受阻，整个工期要推迟一年，少发电一年就损失上亿元。省建行有关领导先后数次扎到现场办公，把全省几家建行的资金捆起来，一股脑投向五强溪电站。与此同时，刚成立不久的省建行电力专业支行的同志想方设法筹措到 6600 万元资金，确保了五强溪电站的正常施工。五强溪电站的资金问题刚解决，耒阳电厂上马，又赶上资金吃紧，为保"耒电"，衡阳市建行不惜血本，以年息 13% 的高息从其他银行借入资金月平 2000 万元，自己白贴 1200 多万元利息。"耒电"建成发电了，衡阳市建行、耒阳市支行的同志齐整整地站在那里，久久地注视着它，那是一种饱含热泪的注目礼。

有了电，生产好办。但光有电是不够的，在当代社会，科学技术和设备更新的速度令人不容有丝毫的忽视。君不见，电视上那个拖如椽巨笔书写血红广告"L15"的少女音容犹存，哧溜一下就被"J25"取代，产品更新之快简直是变魔术一样。靠的什么？靠的是不断的投入。所以，凡是对科技进步、设备更新有利的事，省投资银行就尽力帮助支持。当他们接到南方动力机械公司准备上年产 10 万台 J25 型摩托车发动机和 5 万台整车生产线的贷款报告后，立即牵头组织"南方银团"，集省建行、省投行、长沙市建行和株洲市建行的 5000 多万元资金支持生产线上马。一年之后，"南方"公司达到了预定目标，年税利创 4000 多万元。继"南方银团"之后又搞起了多种组合式样的银团，为重点工程和重点企业服务。近 5 年内，省建行系统通过多种方式多种渠道为湖南提供了 35 亿元中长期技改贷款。使近 7000 个化工、机械、轻纺、电子、建材、外贸等项目顺利地完成了技术改造，每年新增产值 114 亿元。

前不久，衡阳钢管厂急需外资贷款，6 家外资银行同意用银团贷款解决。一切手续都已办妥，甚至连签字仪式的横幅也已经写好，只等着省投资银行为其提供担保的文书一下达，450 万美元的外资就可履行兑现。6 家外资银行和有关方面的人士已经齐聚深圳，这个时候，湖南省投资银行的副行长还在北京总行努力争取，总行一表态，这位副行长立刻赶往深圳，省投资银行的钢印往文件上一盖，衡阳钢管厂就争得了这笔外资。

像这样的例子不胜枚举。为了建好"华能"火电厂，岳阳市建设银行和城陵矶支行的同志冒着寒冬酷暑深入工地办公，还先后走访了 7 个省、市，反复比较、审核。不仅保证了工期的顺利进展，还为国家节省了数千万元投资。为了加快衡广铁路复线建设，省建行原行长张侠与省建行铁道专业支行的同志一道，顶着烈日，一段一段铁轨地走过去，一个车站挨一个车站看过去，哪里有问题就在哪里解决，就这样解决了上百个大小难题，确保了衡广复线的顺利通车。

晨风如水。面包车载着我们走过一处又一处已经竣工或正在建设的重点工程，惬意之中，我们深深地感受到了倾斜的魅力。呵，信贷资金的倾斜是一种工作重心的倾斜，是省建设银行上万名干部职工情感的倾斜。

注：本文作者李超贵、李振球，发表于《湖南日报》1991 年 7 月 10 日第 3 版。

黎明前的搏斗

5月19日凌晨5时左右，一切都还笼罩在黎明前的黑暗中。建设银行衡山县支行白果分理处库外值班室里，熟睡的谭建辉被一阵金属的碰撞声惊醒。朦胧中，他发现桌前立着一个黑影。"不好，有坏人！"他一个翻身下床，向黑影猛击一拳，并大吼一声："你是谁？"未等谭建辉站稳，歹徒即拔出尖刀捅进了小谭的腹部。谭建辉用左手捂住伤口，一种黏糊糊的液体顿时从指缝中溢出。他强忍剧痛，面对歹徒的尖刀毫无惧色，赤手空拳地与凶残的歹徒展开了搏斗，并大声喊道："有贼啊！快来抓贼！"

睡在隔壁金库的周海清、康向晖两人被喊声惊醒。周海清立即按响警报器，在不知歹徒底细的情况下，紧握电棒坚守库房，以防歹徒声东击西，入库抢钱。康向晖则手拿狼牙棒冲出库房，赶往值班室。

此时，谭建辉已摔倒在地，胸部又被歹徒捅了一刀，剧烈的疼痛使他无力站立起来。歹徒转身正要向营业间奔去，谭建辉哪肯放过：你杀我可以，想抢钱，没那么容易！他一个绊子将歹徒绊倒，用双脚奋力蹬踢歹徒。歹徒挥舞尖刀，朝小谭的双脚一阵乱刺。面对穷凶极恶的歹徒，谭建辉哪肯让步，他顺手操起凳子、椅子奋力向歹徒砸去……

康向晖冲进值班室后，苦于一片黑暗，一时分不清敌我。当他挥起狼牙棒正要向歹徒击去时，竟被歹徒一刀刺中胸部，倒在血泊中。同事的不幸倒下，更激起了谭建辉的愤慨，他不顾一切地与歹徒一直扭打到了营业间。他多次抓住歹徒的手，试图夺过尖刀，但终因伤势过重，力不从心，自己的颈部、胸部、手臂反被歹徒一次次刺中。但他仍然顽强搏斗，终于再一次抓住了歹徒持刀的手，他暗自鼓励自己：这次决不能让这个坏蛋挣脱了。他紧咬牙关，与歹徒相持着，额头上豆大的汗珠直往外冒，伤口的疼痛撕扯着他的每一根神经，渐渐地，小谭气力有些不支，歹徒持刀的手在向他逼近……，小谭清醒地意识到：只要自己手一软，歹徒的尖刀就可能刺倒自己，国家的资金和同事的生命安全就会受到威胁。于是，他调动全身每块肌肉的力量，扳过歹徒的手腕，把刀尖转向歹徒，对准他的咽喉，奋力推去！这一刀刺破了歹徒的喉部，但由于小谭气力耗退，加上歹徒蒙面毛巾的遮挡，这一刀刺得不深。

歹徒挣脱后拼命逃跑。这时，康向晖已顽强地站了起来，他俩拿起武器，前后夹攻，歹徒慌不择路，窜入了分理处的一间煤房，企图越窗逃跑。该房护窗坚固，歹徒无路可逃。谭、康立即锁住房门，准备"关门打狗"。这时，墙外群众闻讯赶来，也大喊"抓贼"。歹徒狗急跳墙，返身破门而出，转入墙洞口妄图向外逃窜。谭建辉紧追不舍，挥起狼牙棒，狠狠地砸在歹徒腿上。这时，只听他说了声"小康，我不行了……"便昏倒在地。

凶犯逃窜不到 300 米，即被合围群众擒获。掀开歹徒的蒙面毛巾一看，原来是白果分理处马路对面铁匠铺的学徒。这家伙趁天黑之机，以毛巾蒙面，携鸭嘴铁棍和锋利的尖刀，从白果分理处厨房后墙掏墙抽砖，钻洞入室，妄图抢劫国家库款，不想却落入法网。

谭建辉，共产党员，24 岁，是去年才分配到白果分理处的复员军人。在这场黎明前的搏斗中，他 8 处负伤。颈部有一刀紧挨动脉血管，胸部有一刀离心脏不到 3 公分，腹部伤口有脂肪溢出，全身失血约 2000 毫升。经白果医院及时抢救，现已转危为安。他和他的同事们忠于职守，勇斗歹徒，用鲜血保卫国家财产的动人事迹，在当地广为流传。

注：本文发表于《湖南共产党人》1991 年第 8 期。

申师傅的方向盘

今年 4 月 3 日，在湖南省建行系统 1990 "双先"表彰会上，一位年过五旬的老同志，矫健地走上主席台，接受先进工作者的荣誉证书。他就是衡阳市中心支行的老司机申湖北同志。

申师傅 1976 年从部队转业到衡阳建行，十几年如一日，总是以高度的责任感，把握着本职工作的"方向盘"。他坚持在出车前后对车况进行认真检查，从不让车辆带病运行。有一天晚上，他从南岳出车回行，车的减震器坏了，当时商店都已关门，他自己加工零件，坚持把车修好洗净，加好油。回到家里，已是晚上九点多钟，这时恰逢行长有事要出车，他的劳累保证了行里工作的需要。

申师傅是穷苦农民的儿子，幼年丧父，新中国成立后参军、入党。几十年来，他抱着对党的深厚感情，全心全意为人民服务。他不仅对自己驾驶的汽车倍加爱护，而且乐于助人。有一次，行里另一司机驾驶的车坏在湘潭，他接到电话就起程，赶到现场已是晚上 11 点，经过 6 个小时的整夜抢修，终于使车子重新启动。申师傅不仅帮人修车，而且从办公室的电扇、门锁、打字机、食堂炉灶，到职工的单车、冰箱、缝纫机等，都是他的"业务范围"，群众夸他是一个"闲不住的好心人"。

申师傅不仅是工作上的强者，也是生活上的强者。司机的工作喊走就走，加班加点、夜间出车是常事，这对每个司机来说都有需要克服的困难，对申师傅来说，尤其不易。他爱人因中风下肢瘫痪，生活不能自理，饮食起居都得由他一手操办。在这种困难条件下，他以一个共产党员的标准，以一种无私奉献的精神，以一种强烈的职业责任感，牢牢地把握着"前进的方向盘"。在他的日历中，从来没有节日和假日，每年安全行车三万多公里。15 年来，他 13 次被评为衡阳市建行系统的先进个人，9 次被评为全省建行系统的先进工作者，6 次被市直工委授予"优秀党小组长"、"优秀共产党员"的光荣称号。

注：此文发表于《投资与信用研究》1991 年第 9 期。

特殊的音乐会

今年 4 月 14 日，株洲市殡仪馆，一场特殊的音乐会在这里举行。随着一曲曲哀婉的乐曲，人们踏着沉重的步子，环绕着死者遗像缓缓起舞。——这是建设银行株洲市中心支行的干部职工在为刚刚去世的离休干部高瑞新同志送行。

高瑞新同志是黑龙江省兰西县人，1929 年 9 月出生，1949 年 3 月加入中国共产党，同年 5 月参加中国人民解放军。离休前是株洲市建设银行科长，因患肺癌医治无效，于 4 月 13 日去世。临终前，他立下遗嘱："我是一个共产党员，去世后，丧事一切从简，遗体直接送火葬场火化。……不开追悼会，不放鞭炮，不摆酒席，不收礼。"在遗嘱中他还说："不要把我的葬礼搞得悲悲切切的，希望安排一支管弦乐队，为我演奏乐曲，请亲朋好友聚集一堂，愿跳舞的就跳舞，不跳舞的就听听音乐。让我在乐曲声中和亲朋好友告别。"

株洲市建行领导按照高老的遗嘱举行了音乐会。当最后一支乐曲，抒情的慢华尔兹《友谊地久天长》的乐曲声响起的时候，场上每个人都站了起来，凡能跳舞的来宾，都环绕着高瑞新同志的遗像深情地起舞，以表达对他老人家的深切怀念和由衷敬意。

注：此文发表于《湖南老年》1992 年第 8 期。

热血写青春

——女青年储蓄员李荣京勇斗歹徒的事迹

4 月 17 日，一个晴朗的早晨，建设银行宜章县支行第一储蓄所女储蓄员李荣京和往常一样，快步向储蓄所走去，准备在同事和送钞车到来之前打扫完卫生。她打开卷闸门，习惯性地锁上卡销，扯亮电灯，打开营业间门销准备拿卫生工具。突然，背后伸来一双粗糙的大手卡住了她的脖子，把她直往里推。强烈的职业意识使李荣京马上想到，一定是抢银行的家伙！于是她抠住歹徒手指，使劲扳开了歹徒的双手，大声喊："抓歹徒啊！抓……"

刚喊出声，她的嘴马上被歹徒用手捂住了。小李用劲一口咬破了歹徒的右手指，痛得他直喊"哎哟"。李荣京一边大声呼喊，一边向办公室对面跑去，想拉响报警器，但刚跨出一步，又被歹徒拖倒在地，一把寒光闪闪的杀猪刀架在她脖子上。歹徒恶狠狠地说："拿钱来！不拿钱就宰了你！"

面对蒙着黑纱的面孔和白晃晃的尖刀，小李干脆地回答说："没有钱！有钱你也别想拿走！"说完又继续呼喊"抓歹徒"。歹徒见无可奈何，又无法脱身，顿生杀机，扬起杀猪刀向小李砍来。此时李荣京已被歹徒用腿按在地上，无法躲闪。说时迟，那时快，小李左手一把握住直刺下来的刀尖，右手紧攥住刀把部位，双手使劲向上顶着。锋利的刀刃扎进了小李的双手，剧烈的疼痛钻心刺骨，像千万只手撕扯着她全身的每一根神经，鲜血顺着她的手臂一股股往下流，染红了袖子，浸红了衬衣，涓涓地已在地上淤积了一摊！但是小李的双手仍然像钢钳一样紧紧地钳住尖刀，此时她唯一的念头是：顶住！坚决顶住！决不能让歹徒轻易地得逞！

就在这生死攸关的时刻，只听有人大喝一声："谁？干什么?！"歹徒回头一看，见门口立着两个大汉，他被吓愣了。那两人一个箭步冲上来，歹徒束手就擒。原来这两人是当地政法委干部易戈安和建委经管站干部单式平。他们上班路过此地，听见储蓄所有呼救声和打斗声，便冲了进来。李荣京双手九处负伤，大量失血，立即被当地群众护送到医院进行了及时抢救。

她，李荣京，22 岁，共青团员，一米五几的个子，瘦削的身材，有着一双小巧单薄的手。1989 年 5 月，她被招入建行当临时储蓄员，勤奋踏实地工作着。1991 年，小李被评为地区建行储蓄先进个人。李荣京用一双女性的纤纤玉手截住了歹徒锋利的尖刀，保护了国家财产。5 月 11 日，郴州地委、行署，湖南省建行分别授予她"金融卫士"光荣称号。6 月 24 日，省妇联授予李荣京"三八"红旗手的光荣称号。

注：此文发表于《湖南妇女报》1992 年 8 月 13 日第 1 版。

治行与治人

　　建设银行湖南省耒阳市支行，作为长期经办国家重点建设投资的县市级支行，每年经办投资额上亿元。十多年来，他们通过提合理化建议，审查工程预结算，为国家节约建设资金近 7000 万元。同时，积极开拓各项新业务，1987 年，在全省建行系统，他们率先对大中型建设项目实施固定资产与流动资金一体化管理，率先开办代发工资业务，到 1991 年底，这个开办储蓄业务仅 4 年，仅有 70 名职工的行，人均存款余额已超过 110 万元。至今为止，该行没有发生一起重大差错事故和违纪违法案件，没有出现一笔呆滞贷款和应收未收利息。

　　他们的秘密在哪里呢？

"一本正经"与"小题大做"

　　说起建设银行耒阳市支行，当地人都知道他们政治学习抓得紧。自建行以来，每周一、三两晚的政治学习从未间断过。一时间，社会上对他们议论纷纷：都什么年代了，还这么一本正经。是的，他们就是这么一本正经，长年坚持时事政治教育，理想前途教育，法纪教育，艰苦奋斗的传统教育和为人民服务的宗旨教育。不仅如此，他们还惯于"小题大做"。

　　那还是 1985 年的事。该行一名会计因工作责任感不强，没有将建行郴州市中心支行汇给铁二处的两笔汇款及时入账，影响了单位用款。行领导收到客户查询信后，当即核实情况，第二天（星期天）带着当事人往返百余公里，登门向客户道歉，责成当事人写出深刻检讨，扣发三个月奖金，并进行全行性清理整顿，开展了"假如我是客户"的大讨论。

　　这是否有些小题大做？不，在耒阳支行，这是制度，也是惯例。他们每月分析一次职工思想状况，召开一次职工民主生活会，每半年进行一次小整顿，是好是坏人人都得亮相，还要互评互帮，他们管这叫"抓活的"。

让我们听听耒阳电厂总会计师的感叹吧："1987 年，建行要求管理我厂的流动资金，我当时是持怀疑和反对态度的，但从试办期直到现在，建行的服务态度、工作作风可真让我服了，这个主我们没认错！"这，不就是"一本正经"和"小题大做"的效应么？

试想：一个"不太正经"或"大题小做"、"小题不做"的行将会怎样？案件的种子不就这样悄悄埋下了么？

"本本分分做人，扎扎实实干事"

"在我们行，你不可能去想歪门邪道，即使想了，你也不敢动。只有一条：本本分分做人、扎扎实实干事。"这是耒阳支行一位青年职工的话，想必是有些道理的。

这是支行那本厚厚的《制度汇编》——《岗位责任制》规定了全行各岗位的工作职责，《目标管理办法》把全行当年工作任务分解到了各股室、分理处、储蓄所直至个人，《劳动组合任务书》明确了被组合的职工组合期内的具体任务和要求，还有新入行职工与支行签订的《保证书》，掌管全行印章的 30 多名职工与支行签订的《印章、密押管理责任状》，还有《本行规章制度落实措施实施细则》等等。

该行行务会记录。1991 年 6 月 7 日，当前小整顿中有关问题的处理决定：支行营业部三次未锁门，罚款 30 元；某司机出私车一次，已作检讨，罚款 20 元；两名行领导因工作意见分歧发生公开争吵，各扣一个月奖金……

今天，当人们把"砸三铁"的口号喊得震天响时，耒阳支行的劳动组合在去年就动了真的。当时有两人未被组合，这两人都当过会计，一个不愿干具体工作，"三天打鱼，两天晒网"，行领导安排他在传达室工作。他开始不愿干，到处告状，被停发两个月工资、奖金后，他乖乖地接受了传达工作，还干得像模像样了。另一个思想意识不好，大错误不犯，小毛病不改，至今无人组合，现未安排工作，已停发工资、奖金、福利，并责令他调出建行。

但是，耒阳支行的制度也有"失效"的时候。储蓄事后监督员李杰每晚硬是把当天数千张凭证审核登记完后才休息，他说："这是我的事，今天的事没做完，睡觉都不踏实。"看来，那位青年职工的话确实是句大实话。

"本本分分做人，扎扎实实干事"这是耒阳支行职工的普遍心态。

"石头菩萨"们

不知什么时候，人们送给耒阳支行在位十多年的老行长段人球同志一个很土很土的绰号："石头菩萨"。他一身正气，两袖清风，事事过硬，这个称呼对他来说再贴切不过了。他的先进事迹，正是以"石头菩萨"为题登上 1991 年 6 月 20 日《金融时报》头版的。现在，耒阳建行当家的，就是他带出来的这些"石头菩萨"们。

这些"石头菩萨"们真够"石"的。行里有台车，车上却很少看到他们的影子。职工人数由几人增加到几十人，从未进过他们的一个亲友。当地有关部门、该行开户单位每年都要开几次会，会上往往少不了一顿吃、一个红包或一份礼物，他们都一概拒绝，有些实在难以当场推辞的，他们先拿回来，再送回去，有时反复三、四次，直到对方说"服了"为止。至于私下向他们"做工作"的，同样行不通。行长梁瑞泽原从事预算审查工作，经常遇到这样的"好事"。一次他收到一封未写地址的信，拆开一看，是写着他姓名的 300 元活期存折，他立即将存折交给了行里。像这样的事，哪个行领导数不出几起呢，大到上千元，小到一副挂历，无论是来明的，还是来暗的，都打不动这些"石头菩萨"们的心。对此，他们的理由也是挺"石"的：如果行领导能以工作之便捞好处，那么全行与客户有联系的职工就会八仙过海，各显神通，与客户没有联系的岗位还有谁愿意干呢？这样，银行还成其为银行吗？

"石头菩萨"还有一个性格：硬。当地政府一位领导的爱人要求调到建行，但不符合进人条件，他们以"支行无人事权"为由，硬是顶着没办。在处理的几个人和几件事中，有的人是上面有来头的，有的扬言要找他们算账，但该怎么处理都处理了。并且，他们不捂盖子，不怕丢面子，大小问题都及时上报，该承担责任的还主动"请罪"。

公生明，廉生威。该行一名自称最爱给领导挑刺的职工说："这样的头儿，我从心底里服！"一位南开大学毕业的外地学生安心在耒阳支行工作，他的理由只三个字："风气正。"

荣誉室的画外音

耒阳支行办公楼有一间特殊的房子：荣誉室。推开房门，呈现在我们面前的画面是：

20 平方米大小的房间，大小锦旗、各种奖状占满了四周墙面，也占满了我们的视角。旗面最大的两面锦旗上写着"文明优质服务优胜单位"、"重点项目财务管理先进单位"字样，授奖单位：建设银行总行。建设银行湖南省分行授予的"先进集体"的锦旗一线挂过去跨过了两个墙面。还有衡阳、耒阳两级市委、市政府授予的"文明建设先进单位"、"目标管理先进单位"、"先进党支部"……

画外音：

"一个中心，两个坚持，只坚持其中任何一个都不行，要两手抓，就得两手硬！"老行长段人球同志坚定有力的声音。

"人的因素是最活跃的因素，决定性的因素。银行管理如果不抓人头，任何工作都会抓不好。"现任行长粱瑞泽同志浑厚的男中音。

注：本文发表于《投资与信用研究》1992 年第 11 期。

服务三湘　共生共荣

——建设银行湖南省分行服务湖南经济发展 50 年纪实

湘江，蜿蜒千里，生生不息；岳麓，相连万峰，层峦起伏；建行，走过五十，一路辉煌。

1954 年 10 月 1 日，建设银行应运而生，50 个春夏秋冬，50 年风雨历程，建行与共和国一同成长。而在三湘大地这片热土上，历经半个世纪的建设银行湖南省分行，用金融之手耕耘，用拳拳之心浇注，与湖南经济发展同呼吸，共命运，取得了世人瞩目的成绩。在经济全球化、金融国际化的今天，湖南建行更以激情改革、锐意创新之势，锻造自身实力，为湖南经济提供更现代化、特色化的金融服务，共同打造湖南的发展大船，在市场竞争中乘风破浪，昂首前行。

山水共生！

山水留痕

这是一组来自建设银行湖南省分行近 5 年来的利税数据：1999 年实现利税 2.91 亿元，2000 年 4.03 亿元、2001 年 6.06 亿元、2002 年 8.03 亿元、2003 年 14.75 亿元。近五年实现利税总额 35.78 亿元！

经济决定金融。丰硕的经营成果，源自三湘四水，源自湖南经济发展的大潮——这是湖南建行 50 年矢志不渝的金融服务根基。

有数据为证：2003 年，湖南省 GDP 总量达 4633.7 亿元，是 1950 年的 262 倍，比 10 年前增加 2967 亿元，年递增 9.8%；固定资产投资达 1556.6 亿元，比 10 年前增加 1032 亿元，较上年递增 14.8%。社会面貌，人们的经济文化生活水平等都年年发生显著变化。而与湖南发展一起走过 50 个春秋的建行湖南省分行，50 年里累计经办各种拨款 648 亿元，1980 年以来累计发放贷款 1052 亿元，其中仅 2003 年便净增贷款 131 亿元，今年来又新增贷款 79 亿元，为湖南经济提供了有效的资金支持。

岁月有痕，服务无限。简单的数字罗列，却是久经考验的相濡以沫！

风起水生

"哪里有建设的热土，哪里就有建设银行"，这是建设银行服务经济建设的真实写照。

"要想富，先修路"。今天的湖南交通，已呈立体网络，四通八达，令人刮目。而建行人的服务，堪称"开路先锋"。在铁路建设上，建设银行先后为衡广复线、湘黔铁路、枝柳铁路、洛湛铁路等提供拨款服务和贷款支持，累计经办拨贷款资金 187 亿元。在公路、航运建设上，京珠高速、衡枣高速、潭邵高速、湘江航道开发、沅水流域梯级开发工程等处处有建行人的身影，资金拨付，送款收款，全程服务。

电是光明，更是动力，支持电力开发，建行人义不容辞。曾一无水电、二无电网的湖南，如今已拥有 20 万千瓦以上的火电厂 8 个，水电站 6 个，总装机容量达 1293 万千瓦。而建行从成立之初，就在长沙、株洲、湘潭等电厂设立专业支行。1988 年又成立省电力专业分行，为全省电业发展提供专业的金融服务。全省建行系统先后支持了柘溪、东江、五强溪等大中型水电站和湘潭、株洲、耒阳、石门等火电站的建设，被誉为"光明使者"。

倾力国企，助推民企。省建行近几年向国企、民企累计投放贷款 130 多亿元，重点支持了乐金飞利浦曙光完全平面彩色显像管、长丰猎豹汽车扩产、华菱涟钢薄板、衡钢集团大口径无缝钢管等项目的建设；并先后为远大、湘计算机、力元新材料、浏阳生物医药园、银河信息等民营企业和中小企业提供金融服务及信贷支持，为培育湖南经济增长生力军加油助力。

服务大众，服务民生。针对 6600 多万湖湘人民，建行的个人金融服务已渐成"亮点"。"乐得家"个人住房贷款、个人额度消费贷款、汽车贷款、助学贷款等系列个人贷款品种拉动消费需求，提升生活质量，至今各类个人贷款余额已达 68 亿多元。龙卡贷记卡、储蓄卡、校园卡等为不同职业、不同收入的群体提供了持卡消费、取现、透支、缴费等各取所需的金融服务。更有速汇通、代理保险、个人理财、网上银行等新的金融产品和服务，让三湘人民享受到信息化、知识化社会的现代金融便利，感受到建行的高品位服务新面貌。大江南北，数百万外出务工人员，用龙卡、速汇通等建行电子产品，轻松、安全、快捷地存取和汇兑资金，领略到"建行与您同行"的风采与情谊。

源远流长

　　湖南强省之路，任重道远；建设银行办国际好银行的战略，肩负重任。

　　2004 年 9 月 21 日，中国建设银行股份有限公司挂牌成立，标志建设银行"脱胎换骨"的改革迈出关键一步。作为建设银行的省级分行，湖南分行实现好银行的目标，与湖南的强省之路唇齿相依。服务湖南经济发展的使命，面临新的要求、新的机遇与挑战。而建行湖南分行的决策者早已审时度势，悄然行动。

　　1998 年以来，该行就率先开始整合营业网点，一批业务单一、低效无效网点被撤并，网点功能逐步得到提升。2003 年至今，开放式、人性化、电子化的金融服务更得到大力推行，综合型、多功能的网点得到扩充。走出柜台的面对面服务、自助设备服务，引导着湖湘人民的金融消费新观念。而电话银行、网上银行、手机银行等电子银行产品相继推出并加大营销力度，提升了人们的金融消费新品位。今年以来，一批批公司客户经理、个人客户经理一边接受现代营销理念和现代金融知识培训，一边走向直接营销产品和服务的前台。今年 8 月以来，全省建设银行开展了以上门服务为主题的"走遍湖南、走近客户、优化服务、联动营销"活动，送产品、服务上门，采纳客户信息，把"为客户创造价值"、"融资与融智结合"的理念灌输给客户经理，传导给客户。

　　同时，信贷投放的加大和结构的调整，为湖南经济提速、提质注入新的动力。2003 年以来，国家实行宏观调控政策，湖南经济发展仍需有力的资金支持，建行湖南省分行一边加快结构调整，整合信贷资源，一边加大有效投放，推动地方经济发展。去年新增的 131 亿元贷款，重点投放到对拉动经济有明显效益的交通、能源、制造、科技等企业和项目，在去年全省"银企合作洽谈会"上签约项目已到位贷款 132 亿元。今年 7 月份召开的湖南"湘西地区开发银企合作暨招商引资洽谈会"上，建行签约项目 85 个，金额达 747 亿元。

　　静水深流。走过 50 年历程的建行湖南省分行，在服务湖南经济、服务三湘大地的舞台上正揭开新的篇章！

　　注：本文作者李振球、詹和平、谭建衡，发表于《湖南日报》2004 年 9 月 29 日头版。

附：

一年放贷上百亿，省建行成为重点建设的主力军

本报9月22日讯 9月的三湘大地到处是火热的建设场面。在建设银行湖南省分行的积极支持下，48个省重点工程齐头并进：洛湛铁路、华菱薄板、长丰汽车基地建设日新月异，耒阳电厂二期、沅水流域梯级开发工程如火如荼……据了解，去年来，该行就对省里重点项目承诺贷款394.5亿元，目前已投放136.24亿元。

近年来，在我省重点工程项目的建设中，省建行立下了汗马功劳。大型基础设施项目如潭邵高速、潭耒高速、洛湛铁路等；大型能源项目如石门电厂、株洲电厂、柘溪水电站、五强溪水电站等；大型工业产业化项目如岳阳纸业林纸一体化项目、LG飞利浦曙光彩色显示器项目、中联重科扩建项目等，该行都不遗余力地支持，成为名副其实的主力军。我省最大的工业项目——华菱薄板项目，总投资55亿元，省建行就给予了10亿元的固定资产贷款。目前，贷款到位5.7亿元，薄板热压板生产线已投产，产品走出了国门。

在宏观调控的新形势下，省建行信贷投放实行有保有压，保证了重点工程项目的融资需求。总投资13亿元的衡钢大口径无缝钢管项目，是我省钢铁工业产业升级的重大项目。因资金不足，项目建设进展缓慢。了解这一情况后，省建行领导带队进京一星期，申贷的7.3亿元全部批了下来，省建行又及时为项目发放信用证，顺利从国外购进了所需的关键设备。该项目今年底可完工试车，明年初正式投产，比原定时间大大提前。今年头8个月，省建行就新增贷款78亿元，其中大部分用在了省重点工程建设。同时，为了保重点，省建行信贷投放有进有退，禁止向不符合信贷准入条件的低端小客户新增信贷投放，严格限制向纺织、商贸、餐饮娱乐、食品等行业新增信贷投放。一年多来，该行就压掉了130个小项目，挤出贷款规模十多亿元。

省建行既重视支持经济效益高的项目，又注重支持社会效益大的项目。去年来，省建行支持了教育、医药、水利等一批大型社会发展类项目。澧水流域是我省洪灾多发区，这里的人民饱受洪灾之苦。省建行在放贷5.7亿元支持建好防洪与发电两用的江垭水电站后，又放贷4亿元，转战皂市水利枢纽的建设之中。

注：本文作者周卫国，通讯员金大明，发表于《湖南日报》2004年9月23日头版。

省建行成为三湘金融"领头羊"

本报1月4日讯（记者金中基　周卫国　通讯员李振球　谭建衡）在湖南金融业，有一家银行愈来愈令人瞩目，它就是建行湖南省分行。它的存贷款总量、新增额均居湖南各银行之首，在"2005年湖南金融保险业总评榜"评选中，该行被评为"湖南最具影响力的银行"，人们称誉它是三湘金融"领头羊"。

岁末年初，这只领跑的金融"头羊"又传来喜报：一条高速公路又将在湖南开工建设，这条长沙至株洲的高速公路，省建行一掷手就投下5亿元资金。据行长龚蜀雄介绍，3年来该行已累计贷款1200多亿元，力助湖南在中部崛起。

这上千亿巨资投向三湘四水，掀起了开发建设的高潮。潭邵高速、潭耒高速、洛湛铁路等一大批大型基础设施项目建成了；岳阳纸业林纸一体化项目、LG飞利浦曙光彩色显示器项目等一批大型工业产业化项目落户投产。而今，一个个重点工程项目，正成长为湖南经济发展的支柱。总投资55亿元的华菱薄板项目，省建行就给予了10亿元的固定资产贷款。2005年初，该行又为华菱提供了38亿元的综合授信贷款。华菱一跃成为我省第一家销售收入过200亿元的企业。

对有"经济生力军"之称的优势中小企业和民营企业，省建行同样青睐有加。该行先后扶持了远大空调、三一重工、唐人神、步步高商业等一大批优秀非公企业。截至目前，该行非公有制经济信贷余额近250亿元，年均信贷投放增速达30%。非公有制经济成为该行新增信贷投放量最大和增速最快的板块。

创新金融服务，帮助客户用好资金，这是省建行服务湖南经济的新举措。进口押汇、网上银行、现金管理平台、双币种贷记卡、存款卡结算网络、重要客户服务系统等新业务如雨后春笋般冒出。仅新推出的手机银行，就吸引了上万名有相当资产的优质个人客户。水电八局在全国有几十个工地，以往一直受资金调动的困扰。甲地资金闲置，乙地却没资金可用。省建行为其量身定做重要客户服务系统后，该局总部财务人员打开电脑，就可将相隔数千里的资金实现瞬时划拨。现在，省移动公司、省电力公司、华银电力等大型企业，都用上了该行的这种新业务。

在推动三湘经济发展之时，省建行自身实力也得以壮大。目前，省建行存款余额达 1215 亿元，比 2005 年初新增 196 亿元；贷款余额 775 亿元，比 2005 年初新增 117 亿元，经营效益、资产质量均居湖南银行业前列。

注：本文是《湖南日报》2006 年 1 月 5 日头版的新闻稿。

五、感怀

无尘境界

从衡阳回到省分行机关上班，在办公室添了些绿植，多了些生机。清理行李时又发现一幅字，裱了，挂在墙上，又多了一分雅致。那幅字是"无尘境界"四个字。

说起这幅字，那是两年前的一天，朋友叫去吃饭，席间有位书法家，神情俊朗，性格豪放，酒量颇佳。酒酣时，乘兴挥毫，空心连笔，令人叫绝。朋友谓书家曰：请为李君题字一幅。书家注视我片刻，会心一笑，挥笔疾书："无尘境界"。众人拍手称好，我自是连连道谢，只是大家都不太清楚什么意思，但谁也不问，好像都懂似的。

这幅字挂在办公室挺抢眼，因为部门负责人办公室很少挂字画的。同事们观赏时问什么意思，我说：建设生态文明呗！有同事笑曰：红尘滚滚，PM2.5漫漫，何处无尘？

把这四字"百度"了一下，首条出现的是一幅摄影作品：广州白云山能仁寺，赫然有"无尘境界"四个大字！我心头一惊：啊？难道我与佛界有缘？

我20多岁入党，是无神论者，不信教。如要说与佛界有所接触的话，也是2009年到衡阳工作之后。南岳衡山，五岳独秀，风景名胜，宗教盛地。劳顿奔波间隙，偶尔也陪外地客人、朋友去参观休闲。有一次陪朋友拜见南岳大庙一位大师，向他请教佛学真谛，他说了三句话：心存善念，口道善言，身行善为。佛学当然是博大精深的，何谓大道至简？此三言是也。那么作为一个单位主要负责人，面对千来号员工、百多名中层干部，管理数百亿商业银行资产负债，怎样才算是"善"呢？不能只喂红萝卜，也要手挥大棒；既发"帽子"，也时常摘"帽子"；既要春风化雨，有时也拍案而起；有成就、荣誉、鲜花和掌声，也有恐吓、诱惑、孤独和失落。不管何种境况，我坚持以员工为立行之本，以客户为业务之源，视合规为生命，把服务当饭碗，着眼长远，把握当前，掌控大局，守住原则。同事们评价我：表情比较严肃，但心中存有大善。

　　八百里衡山，绵绵七十二峰，它的尾峰是延伸到长沙的岳麓山。这里古木参天，幽涧蜿蜒，山峦秀美，风景宜人。夏日枫林葱郁，浓荫覆地，深秋层林尽染，枫叶似火。十八岁那年，我持一纸高考录取通知书，从偏远山区农村来到长沙岳麓山下读书。课余时间，挎着个旧布书包泡在山里头，四年时间，对岳麓山上的沟沟坎坎一草一木就像我老家的山一样熟悉。毕业之后在长沙工作，岳麓山自然是常来之地。山中有一古寺——麓山寺，创建于西晋，是湖南第一所佛教寺庙，也是我国早期佛寺之一，但没引起我多大兴趣，倒是山下的岳麓书院，从上大学到现在一直是我流连忘返的地方。

　　岳麓书院创建于北宋，我国古代四大书院之一，张栻、朱熹、王阳明等大儒在此开堂讲学，宋真宗、清康熙、乾隆亲题匾额，"唯楚有才，于斯为盛"的对联闻名天下。我的兴趣在讲堂那幅长联："是非审之于己，毁誉听之于人，得失安之于数，陟岳麓峰头，朗月清风，太极悠然可会；君亲恩何以酬，民物命何以立，圣贤道何以传，登赫曦台上，衡云湘水，斯文定有攸归。"每次来岳麓书院，都细细品味这副对联，每次读它，都有新的领悟。首先触动我的是它的下联，是那种"为天地立心，为生民立命，为往圣继绝学，为万世开太平"的顶天立地的使命感和责任感，是那种《岳阳楼记》中以天下为忧乐的博大情怀。想我一介寒门学子，山野村夫，能够上大学，能够在省会工作，生逢这个伟大时代，总该有所作为吧。随着时间的推移，我更喜欢玩味它的上联了。它告诉我心往何处安放，告诉我该追求怎样的人生境界，那就是：以仁者不忧，勇者不惧，智者不惑的品格，面对是非、毁誉、得失，能够镇定自若、从容不迫、游刃有余，使自我小宇宙与外在大宇宙悠然相契，和融一体，做到无处不可安，无事不可乐。这该是儒释道思想境界中的无烦忧之乐的境界吧。

　　这，就是"无尘境界"？

　　忽然又想起很小的时候，在外婆家的墙壁上看到的那幅"毛主席语录"，颜色已经陈旧，但字体依然清晰、工整："一个人能力有大小，但只要有这点精神，就是一个高尚的人，一个纯粹的人，一个有道德的人，一个脱离了低级趣味的人，一个有益于人民的人。"现在还在想："纯粹的人"是什么人呢？

　　回想那个书法家题字前投向我的那一瞥，那个不易察觉的神秘的一笑，什么意思？现如今在道上混的，居然还有这么个单纯、呆滞的人，怎么说你好呢？"无尘境界"吧！

　　注：本文发表于《长沙晚报》2014 年 4 月 7 日 A7 版。

电气石汗蒸

前一段时间，感觉身体不适，浑身肌肉酸疼，脑袋昏昏沉沉。忽然想起一朋友家属开了个汗蒸馆，就和妻去试了试。

汗蒸馆是一间 20 平方米左右的精致小屋。馆长小唐非常热情，一见面就向我介绍她的汗蒸馆：准确地说这叫电气石体验馆，电气石是唯一一种带电的天然矿石，加热后放射远红外线，产生负离子，对人体能进行深层按摩，促进新陈代谢，也可活化细胞，抑制身体的氧化和老化。

"那汗蒸馆的四周是不是有电气石啊？"我问小唐。她说不是的，科学证明电气石粉碎后释放的能量更大，面粉的细度是 600 目，韩国人将电气石碎化到 2300 目，像牛奶一样液态化了，再把它嵌击到纤维、木材中。这个体验馆就是用韩国液态电气石加工的建筑材料建造的，是长沙第一家。而液态电气石汗蒸就是"细胞浴"，可以美容，可以减肥，可以预防和治疗各种疾病。

小唐口若悬河，说得一套一套的，听得我都愣了。

说话间半个多小时过去了，在 41 ℃的体验馆里我居然没出汗。小唐说这是我体内寒气太重的原因，她还发现了我颈椎下面的那个"富贵包"，说这是气血不畅、寒湿滞阻淤积而成的，肯定肩颈不舒服，还会引起头部供血不足，脑袋昏昏沉沉。她说的真没错，实际上我还有风湿性关节炎。她为我拔了火罐，疏通了肩颈经络。"李总，您这些症状就适合电气石汗蒸治疗，只要坚持来，您一定会有惊喜。"小唐的话很有煽动性。

抱着试试看的想法，我和老婆每天晚上都来蒸了。汗蒸馆的顾客真多，有中老年顾客，有刚毕业的学生，有教师、公务员、公司老总，有附近街道居民，还有从外省慕名而来的顾客。小唐对每个顾客都非常热情，必说的一句话就是"非常感谢您的光临"。她经常到体验馆内，耐心回答问题，询问顾客身体状况，有针对性地介绍保健知识、饮食偏方或特殊的健身操，还为顾客做按摩治疗。顾客们常常议论：这个馆长这么热情，这么负责，还这么专业，真是难得。

每次从汗蒸馆出来，走在回家的路上，觉得浑身轻松，神清气爽，腿脚轻便有力。有天我们回到家，老婆往地秤上一站，"哇，我瘦了四斤！"老婆数了数说我们蒸了26次了，时间也过去一个月，她说右腿酸胀发麻的毛病没了，皮肤白皙光滑多了，没以前那么干涩粗糙了。我也觉得肩颈酸胀的现象没了，关节肿痛的频率和程度大大减少、减轻了，还发现那个"富贵包"居然消失了。"哇！太好了太好了！"小唐知道我们的效果后，开心得像个小女孩似的，还用毛巾折成两个"韩国帽"戴在我和老婆头上，说是对我们的"奖励"。

每次见到小唐都是忙忙碌碌的，但只要她有空，我们都爱和她聊上几句。我老婆问：每蒸一次只收30元，买卡还更便宜，这赚钱吗？小唐说："确实不赚钱，建馆投资加上电费、房租、人工等开支，刚刚持平。但是客户认可、喜欢，我就很满足了。"

确实，小唐津津乐道的是她的客户的故事，谁谁谁结婚多年因宫寒不生育，在这里汗蒸后生了个大胖小子；谁谁谁行走不便扶着进来，在这里汗蒸后行走自如等等；就连她的老父亲，在馆里体验了一年，光头上都长头发了。我顺便问到她母亲，小唐情绪一下低落下来，原来她母亲几年前因为癌症去世了。她说："知道妈妈的病情后，我立马辞去工作，全身心照顾她。但是，我眼睁睁看着妈妈忍受巨大的痛苦，眼睁睁看着妈妈一天天消瘦，眼睁睁看着妈妈的生命一丝一丝地被病魔夺去，我却无能为力，无能为力啊！"小唐哭了，哭得很伤心，我爱人也在擦眼泪。"妈妈去世后，我偶然接触到电气石汗蒸，我就决定：这辈子就借助这个平台，要让我的家人都健康，要让我的客户都健康，不再像我妈妈那样受到病魔的痛苦折磨。所以，只要我的客户一天比一天健康，就是我最大的快乐。"

针对我的汗蒸效果，唐馆长给我谈话了："李总，恭喜您第一个月取得好的体验效果，但您几十年身体累积的寒湿要比较彻底的清除，还需要更长时间哦。还有，在您这个年龄阶段，通过电气石不断补充身体能量，对细胞、血管、神经进行持续地清理、调整、平衡，也非常必要啊。"她的意思是还要我经常来体验馆。

现在，我和爱人基本上每天到小唐的电气石体验馆蒸一小时。我的瑜伽动作被小唐取名"高温瑜伽",特别是后半个小时的"禅坐",成了我每次汗蒸非常享受的事情。闭上双眼,神定气闲,任汗水流淌,让思绪放飞。

我琢磨着小唐上面那句话,是啊,电气石体验馆,我体验了什么?是吸收电气石能量,是排汗、排毒、排脂。生命是什么?就是一呼一吸,就是吐故纳新,就是不断吸收能量、排除杂质的过程。现在很多人感慨活得好累好累,为什么?也许,我们更需要持续清理、调整、平衡的不是细胞、血管、神经,而是我们的意念、思想、欲望,很多东西看似重要,实际上是包袱,是垃圾,放下才能轻松,排掉方得健康;也许我们更需要吸收和补充的不是各种营养品,而是爱,像小唐那样,爱父母,爱家人,爱客户,爱同事朋友。爱,才是生命中最大的能量啊!

注:本文发表于《建设银行报》2014 年 7 月 18 日第 4 版。

我的音乐夹

终于有时间整理我的音乐夹了。

之前买过很多磁带、歌碟，磁带早就不用了，歌碟东一张西一张的。好在现在有网站可海量下载，有强大的磁盘可海量存贮，建个"音乐夹"就行了。

也曾收了一些歌和曲子在音乐夹里，但不多，又乱，就建了几个目录：民歌与老经典、现代经典、新新歌曲、深情对唱、外国歌曲、戏曲、古典器乐和现代器乐，把搜的东西装在这 8 个目录里，有 390 多首。

搜集的过程是很有意思的。

首先是按记忆来搜，先找记忆中最深刻的歌曲。

《小花》，电影《小花》插曲：《绒花》、《妹妹找哥泪花流》！那年高考前夕，高度的紧张，巨大的压力，人都快透不过气来，就是那个晚上，公社大礼堂，第一次看立体声的彩色宽银幕故事片。随着故事的展开，当立体的全场混响的音乐响起的时候，当李谷一清丽甜润的歌声响起的时候，那个青春期萌动的饥渴的压抑的灵魂就像被突如其来的清泉、甘露包围着，浸漫着，心噗通噗通猛跳，泪哗啦啦直流：如果跨不过高考那个坎，世界上那么美好的东西何从去见识、何从去体味呢！

大学第一个寒假，大冰雪，公路不通，只能坐轮船回家。在嘈杂拥挤寒冷的轮船上呆了两晚一天，好在船上的广播室总在放音乐。齐豫演唱的《橄榄树》一遍一遍地播放着："不要问我从哪里来，我的故乡在远方，为什么流浪，流浪远方？"一个农村娃第一次来到遥远的省城读书，思乡心切啊，我真被这歌声打动了。从偏远乡村到省城，从农民到大学生（那时高考录取率4%），多大、多难的跨越啊。大学一年级，崭新的人生画卷在等着自己去打开，那会是什么呢？"为了天空飞翔的小鸟，为了山间清流的小溪，为了宽广的草原，流浪远方。"哦，我的理想、我的前途应该是美丽的、宽广的，也可能是遥远的，不可预测的，但追求是不会放弃的。不要问我从哪里来，也不要问我到哪里去，我的故乡在远方，在远方。

大学期间，正是改革开放初期，外国民歌、台湾校园歌曲很流行，学校广播经常播放，耳熟能详，记忆深刻，但我最大的收获是认识了贝多芬和柴可夫斯基。记得是一天的晚饭时间，学校广播播出贝多芬的《命运交响曲》，那"命运的敲门声"和雄壮的旋律，像排山倒海的巨浪，一阵阵直冲心扉，全身就像过电一样，每一根神经都在燃烧，每一根血管都在沸腾！知道柴可夫斯基，是一个晚上听音乐系教授的讲座，介绍《第六（悲怆）交响曲》，教授播一段再讲解一段，虽然听得似懂非懂，但乐曲所表达的极度的孤独、痛苦，和命运不屈的抗争给了我真切的感受，特别是第一乐章由小提琴、弦乐部和乐队全奏分层展现的主旋律，是那么的优美动人，那是对幸福的憧憬和向往，是对一个痛苦灵魂的至温至柔的慰藉啊！从此后，我在图书馆阅读和借阅了两位音乐大师的大量书籍，并开始对欧洲古典音乐产生了极大兴趣。音乐夹里，贝多芬的第三（英雄）、五（命运）、六（田园）、九（合唱）交响曲，《降 E 大调第五钢琴协奏曲》（皇帝）以及《月光》、《致爱丽丝》都收在其中。老柴的作品除《悲怆》外，《D 大调小提琴协奏曲》、《天鹅湖》是我的最爱，还有门德尔松的《e 小调小提琴协奏曲》，还有莫扎特、肖邦、比才、施特劳斯等等。

毕业后分配到了建行。时光荏苒，建行上市前，我从省行人力部到营业部任职。根据营业部当时的情况，一个全面的改革方案在我脑子里反复酝酿着：建立管理、结算、营销三个体系，组建若干客户经理小组和支行一起成为若干营销团队，实行客户经理制，产品全额计价考核到人。多少个夜晚，我独自在马路上走着、想着，改革方案同事们会接受吗？省行会同意吗？实施效果会如何？有个晚上，耳边传来齐秦的《北方的狼》，"我是一匹来自北方的狼，走在无垠的狂野中，凄厉的北风穿过，茫茫的黄沙掠过"，是啊，我这是为什么呢？按部就班，别人怎么做我怎么做不行吗？"我只有咬着冷冷的牙，报以两声长啸，不为别的，只为那传说中美丽的草原"，是啊，"上市好银行"就是我心中"美丽的草原"，我得用我的智慧和能力发出几声长啸，在职业生涯中留下一点回响。"美丽的草原"？哦，《橄榄树》的旋律仿佛又在心中响起，那"飞翔的小鸟"、那"清流的小溪"、那"宽广的草原"仿佛出现在眼前。

　　还是在省行营业部，一年国庆节前，省行举行迎国庆合唱晚会，我部排演的曲目是《红旗飘飘》，我和班子成员及80名同事登台演唱。开始是分声部的演唱，"那是从旭日上采下的虹，没有人不爱你的色彩，一张天下最美的脸，没有人不留恋你的容颜"，之后是全唱："五星红旗，你是我的骄傲，五星红旗，我为你自豪。"在第二轮全唱时，台下一片欢呼声和掌声，观众纷纷站起来和我们一起合唱，我知道，巨幅五星红旗正从台后缓缓升起，成为整个舞台的背景，整场晚会达到高潮。此刻，我内心充满着从未体验过的骄傲和自豪，是作为营业部团队一分子、作为建设银行一分子的骄傲和自豪，是作为这个伟大国家的一分子的骄傲和自豪！

　　几年之后，我到衡阳分行任职。2013年4月，在省行宣布我离任的大会上，我讲话的最后几句是这样的："大家还记得，今年农历正月十三，我们隆重举行了2012年度员工表彰晚会，晚会最后的节目是两首歌，一首是我和贺桂萍行长唱的《闪亮的日子》，有几句这样的歌词：'是否你还记得，过去的梦想，那充满希望，灿烂的岁月。你我为了理想，历经了艰苦，我们曾经哭泣，也曾共同欢笑。但愿你会记得，永远地记着，我们曾经拥有，闪亮的日子'。歌词表达了我此刻的心情和愿望，我虽然离开了衡阳，我会永远记得，相信大家也会记得我们共同走过的1500多个闪亮的日子。晚会最后一首歌是全场大合唱——《众人划桨开大船》，我衷心祝愿衡阳分行这艘大船，继续乘风破浪，一往无前，不断从胜利走向新的胜利，从辉煌走向新的辉煌！"

　　当然，记忆中的歌和曲远不止这些，如大学时文娱晚会上我们小组排演的苏联民歌《小路》；单身汉时吼过的崔健的《一无所有》、刘欢的《心中的太阳》等；还有很多经典的影视歌曲，邓丽君、四大天王等港台歌星的歌等等。

　　我儿文彀初中时就老坐在电脑前，有时戴着个耳机，我问他"你在听歌吗？给我听听？"于是我在他的音乐夹里选了《菊花台》、《知足》、《糖纸》、《蓝莲花》等，"新新歌曲"目录这样才建起来。还有的歌、曲来自《中国好声音》、春晚、微信朋友圈等，渠道很多的。

　　几百首，太多了，于是又编了个"动人心弦（经典版）"。有点难，不好取舍，原则是选我最喜欢的，不管它的名气、影响力，好听为先。交响乐、奏鸣曲、协奏曲等大型作品另存，还是有200来首。把它导到手机里和汽车上，随时都可以听，但播出的顺序不再是分类目录，而是按首字母排序了。

音乐，我的精神伴侣。听贝多芬，让你充满激情，充满力量，去"扼住命运的咽喉"；听老柴，入心入肺，像有一只温柔的手轻抚你沧桑的灵魂；听筷子兄弟的《父亲》、王铮亮的《时间都去哪儿了》，你会泪流满面；听 Queen 的 We Will Rock You、Nana 和 Sibela 的 Lonely，你会情不自禁地摇摆起来；听小女孩艾米丽的《醒来》、Paul Simon 的 Scarborough Fair，你会知道什么是天籁之音；回老家时把《铡美案》、《苏三起解》放给父亲听，他苍老的脸上会现出灿然的笑容；练书法、打太极时放着《春江花月夜》、《高山流水》，别有一番韵味。长途自驾，打开"动人心弦"音乐文件夹，听觉上不断经历着从古到今、从中到外、从声乐到器乐、从传统到现代、从舒缓到激越等多重穿越，不知不觉时间一下就过去了，不怎么觉得累。人生的路，不就是个长途自驾吗？

注：本文发表于《建设银行报》2015 年 3 月 27 日第 4 版。

老婆语录

在单位听领导的，在家听老婆的，所以老婆的话也很重要哦，现摘要记录几条。

富得流油

老婆在厨房一边做饭一边跟我说话："看到没有？你家都富得流油啦！"

我说："老婆，低调一点啊，我们家最多算个小康吧。"

"小康你个头！你看看这里，还有这里！"她指着油烟机里流在墙上的几块油渍说。

原来她早就规定过，厨房是我的卫生责任区。

反洗钱

老婆把我叫到阳台上，很严肃地说："你有黑钱！"

"怎么可能？"我说。心想：她可能是要盘查小金库之类的问题。

"别忘了，我是银行稽核合规部的干员，有反洗钱的职业敏感哦。"

听她这口气，又看她在倒腾洗衣机，我心里有底了，马上坦白：

"哦，我……我……我衣服口袋里有点零钱，又忘记掏出来了。"

"没见你长过记性。没收！算便宜你了！"

像你儿子

儿子上大学前，我们父子俩没少挨我老婆的训导。最让我不堪的是，她常当着儿子的面说我"你就像你儿子一样"如何如何，"你就像你儿子一样，要么躺在床上看书，要么老坐在电脑前，早上又叫不起！我懒得管你们！"

这时，儿子一边偷着乐，一副得意洋洋的样子，还冲我做鬼脸：他占我大便宜了！

带薪保姆

每每说起儿子、说起家里的事，老婆总是说"你儿子"、"你家"什么什么的，好像她是局外人或者在家毫无地位似的，其实她在家的主导和强势地位什么时候都没动摇过。

"老婆，应该说我们儿子、我们家才对啊！"

"哼，儿子是你们李家的，户口本上你是户主。我就是你家的带薪保姆！"

文科生与理科生的区别

老婆一阵瞎倒腾居然把电扇遥控器给弄好了，那个得意劲了得！"承不承认？这就是理科生与文科生的区别！"

"怎么个区别法？"

"文科生总在思考问题，理科生在不断解决问题。"

"还有吗？"

"文科男不是抽烟就是听音乐，要么就发呆，理科女做饭，洗衣服，搞卫生！"

夫者，虎也

老婆属龙，我属虎。正如古话说的龙虎斗，几十年的婚姻史简直就是一部明争暗斗的斗争史。

散步时和老婆讨论这个问题，"属龙属虎的夫妻明显八字不合，我们怎么就结了婚，到现在都还没散呢？"

老婆说："我问过算命的婆婆，她说我是旺夫命。"

"旺夫，还旺虎？"

她说："夫者，虎也！"

注：本文发表于《建设银行报》2015年7月10日第4版。

关于家庭卫生那些事

家庭卫生是件很具体的事，因为"扫帚不到，灰尘照例不会自己跑掉"啊。

应该说，家庭卫生在我家不算个事。本人出生贫苦农民，劳动是我的本色。小时候也常听父亲念叨"黎明即起，洒扫庭除，要内外整洁"。进了城，成了家，家庭卫生是我主要的劳动内容。后来，家中大权慢慢旁落，加上有了一点工作繁忙的借口，家庭日常卫生工作就一直由老婆毫无怨言地主持着，她可是个持家好手。但我一直保持着劳动人民的本色，家庭卫生还是要做的，表现形式大致如下：

一是在当家人不在的情况下，临时主持全面卫生工作。我家卫生一般每周周末全面地打扫一次，百十来平方米的房子，扫一遍，抹一遍，拖一遍，老婆一般个把小时就做完了。偶尔老婆不在，任务就由我完成。我先把电脑打开点击音乐文件夹里收藏的音乐，把音量弄得很大（不扰邻就行），一边听音乐一边做卫生，兴之所至，也随着音乐喊几嗓子，或踏着节奏舞动几步，不知不觉一个多小时也做完了。交流到地市工作的那几年，周末回家一般都窝在家里不出去，自然就得做做卫生了，如果老婆不在能有幸全面打扫一次，心里倒有一种把家里角角落落、上上下下都抚摸了一遍的感觉。

二是抓重点和难点。老婆做卫生的时候，一般我不做她常做的地方，我做的是厨房（尤其是抽油烟机）、卫生间、阳台、书柜顶、鱼缸和绿植。前不久，我把客厅、餐厅、洗漱间的墙角用刷子、铲子加抹布仔细清理了一遍，房子立刻亮堂很多。

三是抓日常维护。卫生不能只等到大扫除时才做，平时的维护很重要，看到地上脏了就扫一扫，看到叶子黄了就剪一剪。

也曾经不止一次闪过一个念头：劳神费力搞那么干净干吗？干净不干

净自己过得去就行了，再说一个大老爷们干嘛老陪着老婆做卫生，躲过去的理由随便找一条都行。但看着老婆年复一年日复一日不知疲倦毫无怨言地操持家务还要上班，这个念头又打消了，家里就三个人，家里的事不能老婆一个人做啊，咱得有点责任意识担当精神行不行？再说居家过日子总得让自己整洁舒适一点吧，要有正确的生活态度讲究一点生活品位是不？但这个道理让儿子给颠覆了，他那间六平方米的房子，寒暑假回来，变得一团乱糟，从不整理。正告他时他还振振有词：把家庭卫生外包了，你们也去享受一下有品质的生活吧。

想起古人有句话："一屋不扫，何以扫天下"，应该是对"修齐治平"的具体诠释吧。看来这句话也被颠覆了，扫天下者，几人曾认真扫过自己的屋？而扫屋者想着去扫天下，这样的梦就别做了吧。

注：本文发表于《建设银行报》2015 年 10 月 8 日第 4 版。

"治大国"与"烹小鲜"

夏朝末年，商汤部落逐渐壮大。伊尹是当时一个很有智慧的人，见汤是个贤德的君主，就装作厨师来到商汤府上找机会向汤提出自己的治国主张。一次，汤向伊尹问到做菜的事，伊尹说："做菜既不能太咸，也不能太淡，要调好佐料才行；烹制小鱼不能过多翻动，动多了鱼就散了。治国如同做菜，既不能操之过急，也不能松弛懈怠，只有恰到好处，才能把事情办好。"商汤听了很受启发，知道伊尹不是一般的厨师，就任命伊尹为"阿衡"（宰相）。在商汤和伊尹的经营下，商汤力量日益强盛，于是灭了夏桀，建立了商朝。老子李聃是春秋时期周国的史官，当然谙熟这段历史，"治大国，如烹小鲜"就出现在了《老子·道德经·第六十章》。

这是一个比喻，把大事比作小事，把复杂艰深的事情比作相对简单、通俗易懂的事情。它又像一副对联，"治"对"烹"，"大国"对"小鲜"，对仗工整，对比强烈。这句话饱含哲理，耐人寻味，能给人超出原文本意的很大的理解和想象空间。

对于治国者来说，治大国就像做菜的话，首先得让老百姓有吃的，"民以食为天"啊，解决老百姓温饱问题，是治国者的首要职责。做菜涉及柴米油盐，不当家不知柴米贵，油盐柴米酱醋茶得样样操心，所以治大国必定是一件劳神费力的事，"励精图治"就是这个意思。做菜还要掌握好火候，不能烧焦了，也不能不煮熟，还要精心调配各种佐料，咸淡适宜，所以治国需要高超的本领。中国古代历史上那些盛世明君，应该是深得"烹小鲜"之道吧。

当然还可以有另一种理解：做菜这事谁不知道？没做过的话总是在一日三餐地吃吧？治大国就像做小菜，那我即使治不了大国，做一个巡抚、一个知县总可以吧？再说治国就像做菜好，掌握资源啊，首先自己得吃饱吃好了不是？全家老小、七姑八姨的也都有吃有喝了。所以"烹小鲜"是一件很有吸引力的事，虽然掌到"勺"的人不多，掌不到"勺"的人也是

"虽不能至，心向往之"啊。

可老百姓怎么想呢？你"治大国"如"烹小鲜"的话，我们的日子可就有点悬了：

首先，谁掌勺，谁烹这小鲜？不是看谁烹饪技术好就掌勺，一是靠祖传，我爷爷、我爹是厨师，我就是厨师了，哪怕我只3岁、我是刘阿斗又怎么样？二是靠抢，朝代的更替，无不经过一个尸骨如山、血流成河的过程，哪怕是皇族自家人，为了那把"勺子"也常常是刀刃相见，兄弟相残。不管你是祖传还是抢，对老百姓来说，运气好能碰上"青天大老爷"的话，也许能过上好点的日子，但历史上"青天大老爷"是很稀罕的，所以老百姓的运气总是不好的时候多。

二是为谁掌勺？当然是为自己啦。中国封建社会是"家天下"，"普天之下莫非王土"，还实行"君为臣纲父为子纲夫为妻纲"，把家庭伦理政治化以巩固其家天下。当然我国古代很早就有"君轻民重"、"民惟帮本"的民本思想，意思就是：让老百姓休养生息，百姓的日子好过了，你家的天下才更稳固，如果百姓的日子过不下去，当心会抢了你的"勺把子"。历史上的开明皇帝之所以开明，就是少扰民，少折腾百姓，所以才有开明盛世。但开明皇帝少，开明盛世也不长啊，老百姓始终是砧板上的鱼肉。

第三是怎么掌勺的问题。相对于谁掌勺和为谁掌勺，怎么掌勺的问题就没那么重要、也没几个人用心了，不让外人、身边人、老百姓抢了"勺把子"就行了。其中老百姓是最好对付的，平日有"三纲五常"的紧箍咒给你戴着，谁再管你咸和淡、生和死，想造反？那是要杀头的，阿Q都知道。"掌勺人"的精力主要花在宫争、内斗上，其程度之惨烈，情节之精彩曲折，至今还是影视作品津津乐道的题材。糟糕的是，"勺把子"后来被外人所掠抢，150多年前，满人的"勺把子"被洋人打落，民国时候更有倭寇入侵，"小鲜"无从可"烹"，国之大厦将倾，百姓生灵涂炭……

老子李聃先生可曾想到：几千年后的今天，"烹小鲜"已经成为当今中国偌大的饮食服务行业，饮食文化已成为底蕴深厚的中国传统文化之一。重要的是："勺把子"已掌握在老百姓手里，我们已找到"治大国"之道，并有理论的、制度的、道路的自信。这个时候再品味"治大国如烹小鲜"的原意，应该是能获得一些重要启示的。

注：本文发表于《中国经济时报》2015年11月20日第10版。

我们一起走过

从革命圣地，到风景名胜，我们一起走过

从历史文化遗址，到现代农庄、都市，我们一起走过

从高山到大海，从草原到沙漠到河流湖泊，我们一起走过

滚着小铁环，开着小摩托、骑着大骏马、驾着私家车，我们一起走过

哦，你是那么的英俊潇洒

　　你是那么的艳丽如花

　　你是那么的童真无邪

　　你是那么的雄姿英发

我们一起走过童年、少年、青年、中年

我们一起走过风，走过雨，走过欢乐与忧愁，走过失意与成功

我们一起走过的是我们多彩的人生啊

我亲爱的孩子

我亲爱的老公、老婆

我亲爱的朋友

一路上有你

一辈子有你

一路走来才有意义

记住我们一起走过的路

珍藏我们一起看过的风景

珍惜我们今生的缘分

我们走，一起走，走向未来，走向永远……

2014 年 1 月 14 日

注：10 多年来，几个朋友几家子每年都聚一两次，或休闲，或旅游，照了些照片，编成一个册子，朋友们说册子前面得写几句话啊，我就信手涂鸦了这么几句。

回家的路

书记，镇长，各位父老乡亲，大家好！

感谢书记的盛情邀请，感谢镇长刚才的热情介绍。我离开龙潭到长沙读书、工作，已经 36 年了，此时此刻，在我曾经就读的龙潭中学大礼堂，和镇领导、这么多父老乡亲见面和交流，真是感慨万千啊。借这个机会，我向大家鞠个躬，我要深深感谢养育我的这块土地，感谢这块土地上的父老乡亲们！谢谢！

我家在山里，梨树垭村，离镇里有 10 多公里山路。离开龙潭的这些年每年我都要回家几趟，这几年回家的次数更多。到梨树垭的路以前是条毛公路，落雨下雪去不得车只能走路，现在一条高等级的水泥路已经通车，还到了我家里，这在以前只是梦想，现在变成了现实。确实，这些年来，龙潭镇的面貌发生了很大变化，农民收入水平有了很大提高。所以我还要向大家表示感谢，感谢镇党委、政府，感谢全镇父老乡亲为家乡建设付出的辛勤努力，做出的突出贡献！

在外的这些年，我去过国内、国外很多地方，长沙周边的富裕乡镇不用说，我还参观过全国有名的江苏华西村。我不得不说，龙潭，梨树垭，我的家乡，在我心里是美丽的，但还是比较落后、比较贫穷的。书记告诉我，梨树垭就是省级贫困村，全镇 13 个行政村中还有 9 个省级贫困村，数千贫困人口。每次走在回家的路上，我都在想：家乡怎样才能更美丽，家乡的父老乡亲怎样才能富裕起来？

书记邀请我回来在今天这个大会上给大家讲一课。讲课真不敢当，我就作为在外工作的家乡人，把我对家乡建设的一点个人想法和大家做个交流吧。

龙潭镇的发展首先要有目标。什么目标？小康。到 2020 年全面建成小康社会是中央决策，是国家战略，龙潭不能落后。什么是小康？包括：物质生活状况如食品、衣着、住房、交通等物质生活条件，生活环境状况如空气、交通、水质、绿化等，社会环境状况如社会秩序、安全感、社会道德风尚等，具体指标有十多项，其中人均生产总值 3000 美元合人民币 2 万元左右、农村家庭人均纯收入 8000 元是硬指标。概括起来就是富裕、美丽、文明。这是大的概念，具体到我们龙潭镇，应该有我镇的具体目标。

有了目标，我认为观念要跟上。一是开放的观念，要了解外面的世界，要让外面知道龙潭，让龙潭成为湖南的、全国的甚至世界的龙潭。二是市场化的观念，要知道市场需要什么？龙潭有什么？我们能为市场提供什么？三是科学发展的观念，要根据龙潭的土质地貌、气候雨水、交通条件、乡俗文化等具体情况，做我们适合做、能够做的事情，尤其要爱护环境，保护和恢复龙潭的青山绿水。四是信息化的观念，现在的社会已经是一个数字化、信息化的社会，龙潭要发展，必须跟上数字化、信息化的步伐。五是文明法治的观念。

再就是具体措施了，这是我想讲的重点。发展措施可以概括为：打造种植、养殖、加工、销售、旅游产业链，就是：种植业为养殖业提供产品，种植养殖业又为加工业提供产品，种植养殖加工业共同为销售业提供产品，种植、养殖、加工、销售又共同为旅游业提供产品。这样，上游向下游环节输送产品或服务，下游向上游环节反馈信息，相互进行价值交换，达到产业价值最大化的目的。龙潭镇国土面积有 256 平方公里土地，13 个行政村，3 万多人口，是可以打造这个产业链的。

一、优化种植业

龙潭镇七山一水两分田，山区与平原地区气温相差较大，作物生长周期不同。要根据这些情况统筹规划林木、经济作物、水稻、杂粮、瓜果蔬菜等种植结构，刚才书记报告中讲到了要建 10 万亩林木，我认为这是符合龙潭镇实际的决策。根据相关信息，我还建议：龙潭镇可以大力发展医药、化工、食品、酿酒等工业的原料生产，如生物乙醇对玉米的消耗量很大，龙潭山多，可规模种植；可以大力发展饲料粮和饲草，平均 10 公斤牧草干物质可转化 1 公斤牛羊肉；要注重价值较高的品类如中药材、菌类、紫红薯等。种植业要形成适度规模，要有产值提升目标。还要科学种植，提高品质。

二、调整养殖业

近几年，我国牛羊肉进口快速增长，我国牛肉年消费900多万吨，其中进口（含走私进口）200多万吨，有效供给压力越来越大，所以养殖业是大有可为的。一是龙潭山多，要大力发展牛、羊等草食性畜牧业。二是稻谷、包谷梗、红薯藤等农作物副产品及其废弃物是养殖业生产的主要原料，牲畜每天必需，原料丰富，所以粗饲料加工养畜前景广阔。三是把畜禽粪便处理利用与沼气工程紧密结合起来，每户建沼气池，推广有机肥生产加工利用，可同时解决"出口"的粪尿问题和森林保护问题。四是积极发展鱼虾蟹等水产品，龙潭水面少，应充分利用。

三、发展加工业

"人要衣装，佛要金装"，包装、加工以后的种养殖产品好保存，更值钱。建议实施"品质、品相、品位、品牌"战略，打造龙潭镇的"绿色放心营养"农产品品牌。首先要粗加工，简单包装，全镇应该有一定规模的大米厂、红薯粉厂、木料厂、屠宰厂等，加工后的农产品和没有加工直接出售的东西都要有包装，包装要有设计，要打出龙潭的品牌。再谋求深加工、精加工，应积极引进合作方，如金健米业、唐人神、品牌家俱厂等。

四、做强销售业

我认为龙潭镇可以确立两个目标：一是打造成为木材供给基地，二是打造成为桃源县、常德市企事业单位职工绿色农副产品定点供应基地。第一条措施是靠人脉，凡在外工作的龙潭人都要为龙潭的农副产品做销售员。第二条是靠组织，政府应该担起这个责任，发挥粮站、供销社的作用，还可以成立销售公司。第三条是建立"互联网＋农业"的电商销售模式，通过网络，买农副产品的人可以看到农副产品生产、加工的过程，不仅可以随时买到自己放心的东西，还可以参与生产、管理和服务。

五、开发旅游业

开发旅游业的目的是把城里人吸引过来，赚他们的钱。农家乐、民宿旅游已经是一种新的经济模式，如果有城里人一批一批地、源源不断地来龙潭，龙潭就活了。怎样吸引城里人来龙潭？要做到七"有"：有路可走，交通方便；有房可住，有干净整洁的农家客房；有饭可吃，农家饭要卫生又要有特色；有景可看，有点、线、面相连的自然景观，还要把有龙潭特色的民俗文化搞起来，比如木榨、水碾、水车、磨子、碓、风车、古宅、古庙的展示，还有锣鼓唢呐、三棒鼓、哭嫁、进门茶、傩戏等；有事可做，可以安排客人打猎、捉泥鳅、摘野果、采蘑菇、打糍粑、扯白糖、插秧割稻、种菜等；有物可购，除了丰富的农副产品，还应该有手工布鞋、手工绣花鞋、手工鞋垫、根雕等有龙潭特色的旅游产品；还要有网可上，通讯方便。要在把龙潭打造成为绿色农副产品供应基地的基础上，进一步打造成为休闲旅游基地。

在奔小康的路上，我认为农民是主体，党员、干部是关键。

农民是主体，就是一切工作要以全镇每村每户实现小康为出发点和落脚点，尊重和保护农民的经济主体地位和各项权利，调动他们奔小康的热情和积极性，培养他们创造财富的能力。一是以农户为单位，扩大种植和养殖规模，提升农户收入，尽快完成贫困人口脱贫。二是以农户为主体，以资产或资本为纽带，大力发展新的生产经营组织形式，促进生产规模的扩大，促进生产经营活动的专业化，促进种养加销旅各产业发展。三是以农户为单位，改善居住条件，美化居住环境，家家户户要通路、通电、通电视电话网络，解决人畜饮水问题，每户都要建好沼气池，起到清洁环保能源、牲畜粪便处理、有机肥储存利用等多种效果，还要做好房前屋后的清洁卫生和美化绿化。四是提升技能和素质，做小康社会新农民，要勤劳为本，要学习农林牧渔知识，提高生产技能，做专业化知识化农民，要提高市场经营意识和能力，要养成诚信品质和合作精神。

党员、干部是关键。首先要增强使命感和责任感，牢记习总书记的话："人民对美好生活的向往就是我们的奋斗目标"。二是制定规划，明确目标。到2020年的总体目标要与每年年度目标相衔接，生产总值目标要与分产业、分门类目标相衔接，全镇目标要与各村、每户目标相衔接。要抓好三个重点：基础设施建设和环境建设；提高种养殖产值；组织好销售，保护农民生产积极性。三是抓住中央精准扶贫的机遇，争取扶贫单位支持，搞好各个村的基础设施建设，争取一批产业项目；要大力宣传国家各种补贴政策和产业扶持政策并落实到每个农户。四是抓生产经营活动的组织与调度。年度产值任务要落实到村、组；要大力扶持产业带头人，树立典型，如"农家乐定点农户"、"种植大户"、"养殖大户"等；积极扶持和发展新的生产经营组织形式，如："家庭农场"、"家庭牧场"，特别是要积极扶持包括种植、养殖、加工、销售、旅游各产业在内的各种互助合作经营组织。五是抓文明法治建设和社会环境治理，打击"黄赌毒"，倡导诚实守信生产经营，开展各种文明创建活动，弘扬尊老爱幼传统美德。

我以上讲的纯粹是我个人的一点粗浅的看法，肯定有不对或者有不太符合龙潭镇实际的地方，请镇领导和乡亲们批评指正。

家乡，是每个游子魂牵梦绕的地方。我也是 50 多岁的人了，有句话叫做眼前的事记不得，以前的事清清楚楚。记得在龙潭读中学的时候都是走路回家的，那桃花溪的水、韩家界的坡，春天那烂漫的山花，秋天那阵阵的蝉鸣，现在常常在脑海浮现，在梦中萦回。是啊，不管我走多远，走多久，我都是龙潭人，我的心总是走在回家的路上，我愿为龙潭的发展、为家乡的建设贡献我的微薄之力。我相信，一个富饶的、美丽的、幸福的龙潭就在明天！

谢谢大家！

2016 年 3 月 14 日

注：本文系本人在桃源县龙潭镇 2016 年经济工作会暨党员春训大会上的讲话稿。